Béléko

Voor Jake, Fatou, Yaya en Fanta

Béléko

Jacqueline Gondwe

Luviri Press

Mzuzu, Malawi

EERSTE DRUK 2018

TWEEDE DRUK 2020

COPYRIGHT Jacqueline Gondwe 2018

UITGEVER Luviri Press, P/Bag 201, Mzuzu, Malawi

OMSLAGONTWERP Gerrie van Adrichem

FOTOGRAFIE John Fox
  Voorplaat: de caïlcédrat boom in Béléko
  'Waarom zou het hiernamaals zich niet in de caïlcédrat bevinden?' (p. 197)

DRUK Lightning Source

MET DANK AAN Klaus Fiedler en Gerrie van Adrichem

ISBN 978-99960-66-32-0
eISBN 978-99960-66-33-7

Luviri Press wordt buiten Malawi vertegenwoordigd door:
African Books Collective Oxford (order@africanbookscollective.com)

www.luviripress.blogspot.com
www.africanbookscollective.com

Plaatsnamen, instellingen, politieke ontwikkelingen en
geografische beschrijvingen zijn op waarheid gebaseerd.
Het verhaal zelf, evenals de personen en de organisatie NO, is fictie.

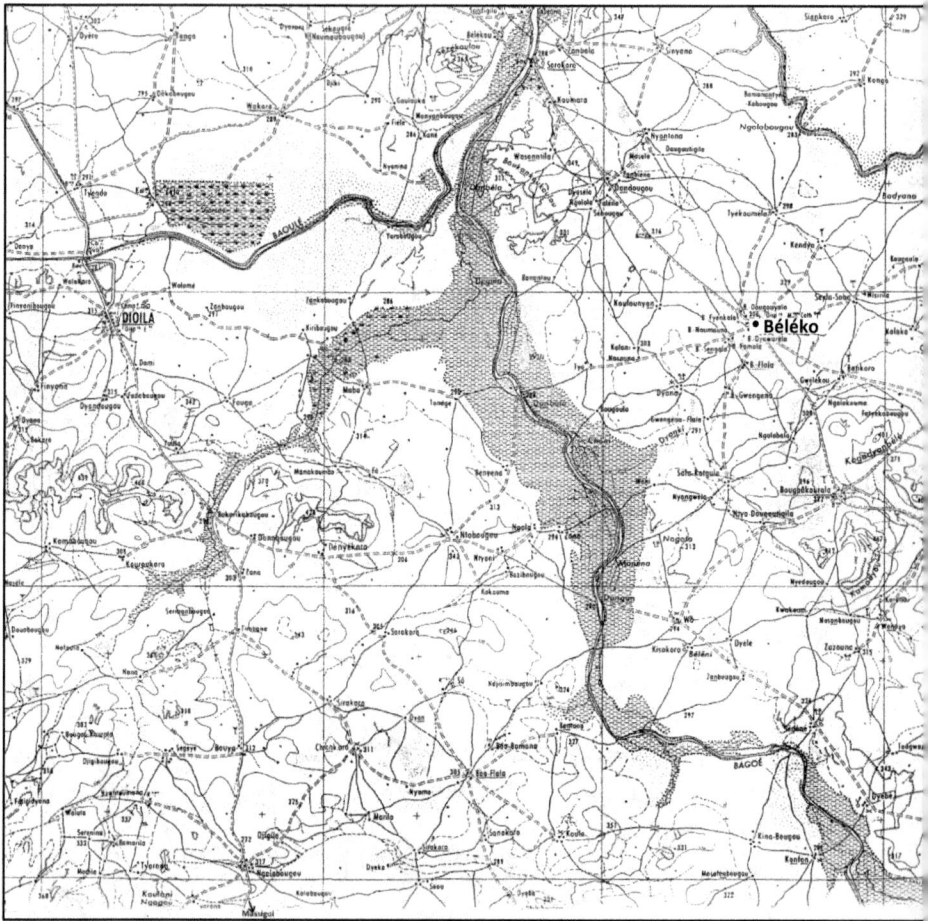

INHOUD

I HET SCHILDERIJ

Bij het wakker worden zag Hanne dat het al licht was. In de jonge neembomen om haar heen kwetterden lustig enkele kleurrijke wevers. Elke ochtend opnieuw was het voor de Nederlandse een belevenis om buiten op de veranda, onder de klamboe, wakker te worden terwijl de bladeren lichtjes ruisten en de vogels vrolijk de morgenzon aanbaden. Op de achtergrond hoorde ze het aanhoudende geluid van graan stampende vrouwen, als het eeuwig kloppend hart van Afrika.

Ondanks het vroege uur was het al warm, het zachte ochtendlicht was niets anders dan een waarschuwende voorbode van de ongenadige vuurzee die hen te wachten stond. Nagenoeg naakt, met niets anders dan een slipje aan, lag de jonge vrouw breeduit in het houten bed dat ze in Bamako gekocht hadden. In tegenstelling tot Hugo, die zodra hij wakker was opsprong en koffie ging zetten, had Hanne altijd even tijd nodig om bij te komen. Met moeite ontdeed ze zich van het lamme gevoel van haar slaap, dat bij 35°C overeenkwam met het wegzinken in een diepe bewusteloosheid. Echt uitgerust was ze niet en vermoeid bedacht ze dat het zeker nog wel vier weken zou duren voordat het regenseizoen zou beginnen, waarna de intense warmte wat zou afnemen.

Het liefst bleef ze nog een tijdje liggen maar Amadou kon elk moment komen. Langzaam zou hij het grote ijzeren hek openen, dat ondanks zijn voorzichtigheid toch altijd lichtjes piepte, en dan zijn oude fiets stallen tegen de stenen muur die hun huis omgaf. Elke ochtend kwam hij voor de blanken waterputten dat daarna met een handpomp de kleine watertoren ingepompt moest worden. Dit was een zwaar karwei; in het begin hadden Hugo en zij geprobeerd het zelf te doen maar al snel besloten ze dat ze hun krachten beter konden sparen en was Amadou, een jonge man van midden twintig, bij hen komen werken.

Amadou Diarra was een rustige, bescheiden jongeman die met vrouw en kind bij zijn ouders in Dabala woonde, de oostelijke

9

wijk van het dorp Béléko. Zijn vader was ambtenaar geweest en had twintig jaar in de cercle Dioila gewerkt, waar ook Béléko toebehoorde. In dit nog traditionele arrondissementsdorp had hij zijn huis gebouwd en hij was er ook na zijn pensionering blijven wonen. Om zijn twee vrouwen en vijftien kinderen te kunnen voeden, was hij gierst, maïs en later tevens katoen gaan verbouwen als aanvulling op zijn magere salaris. Zijn zoon Amadou hield van het werk op de velden. Aan het einde van het hete, droge seizoen keek hij altijd vol ongeduld uit naar de eerste regens. Dan kon hij weer aan het werk op het land. De vijf maanden die daarop volgden kenmerkten zich door hard werken en spanning omtrent de oogst. In die periode gaf Amadou zich volledig over aan de krachten van het land. Hiervoor leefde hij! Terwijl hij achter de ploegende ossen liep of diep voorover gebogen het zaad in de omgewoelde grond liet glijden, voelde hij zijn voorouders aan zijn zijde. Dit was wat de Bambara al eeuwenlang gedaan hadden en wat Amadou zou blijven doen.

Alhoewel hij nog jong was, zijn bruidsschat nog niet was afbetaald, en hij zelf pas één kind had, kwam hij al langzaam maar zeker in de rol van familiehoofd. Zijn vader was oud en men had een jongere man nodig die daadkrachtig de dagelijkse zorgen op zich kon nemen. Zijn oudere broer was ooit als seizoensmigrant naar Abidjan vertrokken maar nooit teruggekomen en met een onbewuste vanzelfsprekendheid had Amadou de leidende positie in de familie ingenomen. Een positie die versterkt werd toen hij bij de blanken ging werken, en een maandelijks inkomen kreeg.

Hanne trok het dunne katoenen laken, dat ongebruikt en nog opgevouwen aan het voeteneinde lag, over zich heen. Het vorige jaar, toen ze voor het eerst buiten hadden geslapen terwijl Amadou hen 's morgens vroeg kwam helpen, was Hanne altijd zodra ze het hek hoorde piepen vlug opgestaan. Ze had zich geschaamd nog in bed te liggen terwijl Amadou en het hele dorp al lang wakker waren. Nu wist ze echter dat de Malinese jongen hun gewoonten met een ruime loyaliteit accepteerde als 'het gedrag van de

10

blanken'. De eerste keer dat Hanne bij Amadou een blik van onbegrip en gelaten acceptatie had gezien, had ze zich er ongemakkelijk bij gevoeld. Op een dag had hij haar namelijk gevraagd of
'monsieur' Hugo niet buiten sliep. Hanne had zijn vraag niet
begrepen en meende dat het aan zijn kromme Frans lag. Nadat ze
hem om uitleg had gevraagd, staarde hij verlegen naar de grond en
zei dat hij maar één bed buiten zag. Bij hen, de Bambara, sliepen
een man en vrouw gescheiden. De vrouw lag bij de kinderen en
deelde alleen het bed met haar man als hij haar bij zich wilde
hebben. Zichzelf verwijtend dat ze hem niet begrepen had, legde
Hanne uit dat bij de blanken een stel wel de hele nacht in één bed
doorbracht. Ze had nagelaten eraan toe te voegen dat het niet betekende dat zij dan constant vrijen, en Hugo pestte haar nog lang
daarna dat ze aan valse mythevorming deed. Amadou was er nooit
op teruggekomen en op de ochtenden dat hij hen beiden in bed
aantrof, begroette hij hen met een ondoordringbaar gelaat.

Hugo kwam met een kop koffie uit de keuken en ging op een
lage taboeret van ruw hout zitten, zijn rug tegen de buitenmuur.
Het korte donkerblonde haar zat in de war en onder zijn grijsgroene
ogen lagen donkere kringen. 'Slecht geslapen?' vroeg Hanne en hij
knikte vermoeid. Hij strekte zijn lange bruinverbrande benen voor
zich uit en sloot zijn ogen.

'Wat ga je vandaag doen?' Ze kon niet tegen die apathie
waaraan hij zich de laatste tijd steeds vaker overgaf. Zijn excuus dat
het heet was wees Hanne geërgerd af. Iedereen had last van de uitputtende hitte. Hugo beantwoordde haar vraag door slechts zijn
schouders op te halen en nam een slok van zijn koffie. Geïrriteerd
pakte Hanne haar pagne die naast haar lag, en sloeg hem om zich
heen terwijl ze opstond. Met een zucht streek ze haar lange donkere krullen uit haar gezicht. 'Ook goeiemorgen', mompelde ze kwaad
toen ze om Hugo heen liep, het huis in.

De hele afgelopen week had Hanne geprobeerd haar vriend
uit zijn teruggetrokken geslotenheid te halen. Ze had tegen hem
aan gepraat en hem gesmeekt iets te zeggen, met haar te commu-

11

niceren. Met een uiterste zelfbeheersing was ze rustig gebleven. Ruzie hadden ze in die twee jaar dat ze in Mali waren al meer dan genoeg gehad. Ze had geen zin meer in heftige verwijten over en weer, die nergens toe leidden. Deze moordende zwijgzaamheid echter vond Hanne eveneens moeilijk te verdragen, en ondanks dat ze elkaar in geen weken meer hadden aangeraakt had ze de avond ervoor geprobeerd de man met wie ze sinds vier jaar haar leven deelde, met haar lichaam te bereiken. Na een korte, zweterige inspanning zonder enige intimiteit voelde ze echter met weerzin dat de afstand tussen hen beiden alleen maar was toegenomen.

Ze liep naar de badkamer in het midden van het huis en keek daar moedeloos naar zichzelf in de spiegel. Ook zij begon kringen te krijgen onder haar anders levendige, bruine ogen. Ze was afgevallen en haar ronde gezicht was nu spitser. 'Hoe lang is het geleden dat hij gezegd heeft dat hij me mooi vond?' dacht Hanne boos en pakte met een ruk haar krullen om ze in een staart achterop haar hoofd te binden. Vaak had ze het lange haar af willen knippen omdat het veel te warm was in dit Sahel-land. Het was Hugo die haar er steeds vleiend van weerhouden had. Wel, hij kon barsten. Ze liep naar de slaapkamer om een schaar te pakken. Buiten hoorde ze Amadou bezig bij de waterput. Hij vroeg iets aan Hugo maar er kwam geen antwoord. 'Klootzak', verwenste ze hem en liep schichtig terug naar de douche. 'Je bekijkt het maar', en met een bruuske beweging knipte ze een lange, dikke lok van haar haar af. Opnieuw keek ze naar haar spiegelbeeld en tranen welden op in haar ogen. Huilend ging ze verder tot er niets overbleef dan korte weerbarstige plukken.

Ze waste zich met het lauwwarme water uit de douchekraan en kleedde zich aan. Gespannen liep ze naar de grote houten eettafel in de huiskamer waar Hugo begonnen was met het ontbijt. Zwijgend nam ze tegenover hem plaats en ontweek daarbij zijn blik.

'Godver!' schreeuwde Hugo plotseling en smeet zijn mes op tafel. 'Wat een idioot gedoe! Belachelijk!'

'Met jou hoef ik geen rekening te houden! Je praat niet eens meer tegen me', riep Hanne hem snikkend toe, terwijl ze nijdig opstond en wegliep. Op dat moment kwam Amadou het huis binnen. Hanne begroette hem met verstikte stem en wilde vlug doorlopen. Ze bedacht zich echter, draaide zich om, liep Amadou achterna naar buiten en begon met hem te praten. Ze hoorde hoe Hugo binnen ruw zijn stoel over de cementen vloer naar achteren schoof en het huis aan de voorkant verliet. Amadou keek haar vertwijfeld aan. Hanne had met hem te doen.

'Hij is boos omdat ik mijn haren heb afgeknipt', legde ze uit. In zijn blik las ze verzwegen onbegrip.

'Les blancs sont compliqués', vulde ze voor hem in en liep de tuin in. De planten hebben het ook al moeilijk, dacht Hanne mistroostig terwijl ze het blad van een half verdorde oleander aanraakte. Moeilijk waarmee? Met de hitte of met het feit dat ze hier niet thuis horen? Wanneer had ze voor het laatst met Hugo over hun situatie gesproken? Een maand geleden, twee maanden? Ze herinnerde zich eigenlijk alleen nog maar de ruzies van de afgelopen tijd. Was Afrika dan toch tussen hen in komen te staan? Was er door de confrontatie met zichzelf geen ruimte meer voor de ander? Vanwaar deze eenzame verwarring, dit angstig van elkaar wegglijden?, vroeg Hanne zich wanhopig af. Konden ze het geïsoleerde leven in dit traditioneel Malinese dorp dan samen niet aan? Zouden ze ieder hun eigen weg gaan door de ontmoeting met deze Afrikaanse cultuur? Hanne slaakte een diepe zucht in een poging het dreigende doembeeld te verjagen. Langzaam draaide ze zich om en sloeg Amadou gade bij het water pompen.

Plotseling, alsof hij haar blik op zich gericht voelde, keerde hij zich naar haar toe en keek haar vragend aan. Zich betrapt voelend keek ze van hem weg en ging het huis binnen. Ze had een afspraak met Petit, haar Malinese collega, en het was tijd dat ze naar de dorpskliniek ging. Erg veel zin in het overleg met de onervaren en arrogante verpleger had ze niet, maar het zou haar even afleiden van de problemen met Hugo. Ze had geen flauw idee waar hij naar-

13

toe was gegaan. Naar zijn vriend Bomba? Of was hij doelloos de brousse ingelopen, weg van haar? Ze wilde zich niet overgeven aan haar boosheid en verdriet en riep naar Amadou dat ze naar haar werk ging. Hij kon de keukendeur open laten, zodat Hugo tenminste het huis in zou kunnen wanneer hij terugkwam. Lala kwam vandaag niet, zij was naar haar ouders in Fougadougou.

Hanne sloot de twee ijzeren openslaande deuren die op de veranda uitkwamen af en verliet het erf door een klein zijhek. Ze stak de zandvlakte over die hun huis en de dispensaire van elkaar scheidde. Beide gebouwen lagen aan de rand van het dorp en tezamen met de enorme caïlcédrat en de lagere, maar even imposante néré vormden ze in Béléko een indrukwekkend geheel. Hanne had een vriendelijk ontzag voor de hoge, statige boomreus met zijn breed uitwaaierende takken en knoestige stam, waarvan de schors als veelzijdig medicijn gebruikt werd. Een natuurlijke zetel voor de geesten. De rol van de donker- en dichtgekruinde néré was minder gemoedelijk. De aard van de macht van deze oude boom was voor Hanne nog steeds onduidelijk. Tegenstrijdige verhalen en ontwijkende antwoorden op haar vragen hulden deze enigmatische buur in een duister mysterie waarbij Hanne zich soms onprettig voelde. Dankbaar was ze echter voor zijn brede, verkoelende schaduw die hij elke middag over hun veranda wierp.

De cementen, geelbruin geverfde polikliniek was voor de Bélékwa een respectabel gebouw. Het was enkele jaren geleden gebouwd in het kader van het Nederlandse project waarin Hanne werkzaam was. De grote cour, waarop eucalyptussen waren geplant die hoog en slank in de wind meebogen, werd omgeven door een lage muur. Die moest de schapen en geiten op zoek naar voedsel buiten houden; ongehinderd kwamen ze echter het grote hek binnenlopen, dat nooit gerepareerd was nadat een zenuwachtige chauffeur het eens kapot had gereden.

Voor de dispensaire zaten Vieux en Demba, twee gezondheidswerkers, in de lichte schaduw van de bomen om aan de al warme ochtendzon te ontkomen. Vieux – een gebruikelijke naam

14

voor een Bambara-jongen met dezelfde voornaam als zijn groot-vader – was een sterkgebouwde, sympathiek uitziende man van eind dertig. Hij werkte al ruim tien jaar als verpleeghulp in Béléko en Hanne en hij konden het goed met elkaar vinden. Na Vieux stond ook de meer verlegen Demba op om haar te begroeten. Hij knoopte daarbij netjes zijn witte jasschort dicht en bood haar zijn kruk aan. Ze sloeg zijn beleefde uitnodiging om bij hen te komen zitten af en ging het kantoortje in dat officieus het hare was.

In de kleine sobere ruimte stond een werktafel met een groen gebloemd plastic zeiltje, een ijzeren muurkast waarin medicijnen en bureauspullen bewaard werden, een lage houten kast en een koelkast op petroleum. Er werd in het kantoortje ook gevaccineerd. In het gebouw was er verder een consultatiekamer waar Petit werkte – als hij aanwezig was – een verbandkamer en een vertrek dat zowel als opslagruimte als ziekenkamer dienstdeed en waarin maar net één bed kon staan. Vergaderingen en opleidingen vonden plaats in een annex lokaal aan de zijkant van de kleine kliniek.

Petit was er nog niet en Hanne wist dat hij lang op zich zou kunnen laten wachten, daarom had ze de maandelijkse rapporten meegenomen die nog ingevuld moesten worden. Ze had geen zin om op hem te gaan zitten wachten terwijl hij, zoals gewoonlijk, probeerde de dienst uit te maken. In de functie van Chef de Poste voelde hij zich almachtig.

Na een uur hoorde Hanne het ratelende geluid van een brommertje en even later kwam de verpleger het kantoortje binnen. Hij begroette haar zoals altijd met een overdreven en onecht aandoende vriendelijkheid. Ze bemerkte zijn teleurstelling over haar afgeknipte haren, waarvan hij echter niets zei.

Bakary Coulibaly, zoals hij eigenlijk heette, was voor veel Malinese vrouwen een aantrekkelijke man. Met zijn gave lichtgeel-bruine huid, zijn in model geknipte haren en zijn nette, moderne kleding zag hij er altijd goed verzorgd uit. Hij had echter een jongensachtig voorkomen en was niet erg groot. Hij compenseerde dit door een kunstmatig gedecideerd optreden. Zijn positie als verantwoordelijk persoon van de overheidsgezondheidszorg maakte hem – vooral in zijn eigen ogen – een groot man. Hanne vroeg zich weleens af of hij iets afwist van de smalende tolerantie waarmee zijn collega-ambtenaren hem bejegenden. In het begin had Hanne haar best gedaan niet toe te geven aan de irritatie die Bakary bij haar opriep. Ze legde nadruk op zijn sterke kanten en probeerde hem als collega te waarderen. Toen na enkele maanden echter bleek dat hij op veel vlakken niet vakkundig was en te eigenwijs om iets van anderen te willen leren, kon Hanne nog maar moeizaam enig respect voor hem opbrengen. Hugo noemde hem al snel minachtend Petit en in de loop der tijd was ook Hanne zo naar hem gaan verwijzen.

Bakary riep naar Demba om hem een stoel te brengen en hij installeerde zich schuin naast Hanne. Beleefd begonnen ze met het dagelijks ritueel van uitgebreid begroeten en vragen naar het wel en wee van elkaars families. Problematisch was daarbij altijd dat Hanne geen kinderen had en haar ouders onbekend en duizenden kilometers ver weg waren.

Het overleg over de komende bijscholing voor traditionele vroedvrouwen verliep moeizaam. Petit was het er niet mee eens dat de opleiding verzorgd werd door de verloskundige, met wie hij op gespannen voet stond, en toonde geen enkele interesse voor hetgeen Hanne ter sprake bracht. Zij op haar beurt had weinig belangstelling voor zijn bekrompen bedenkingen en bezwaren en na drie kwartier gaf Hanne het op. Moe en ontevreden verliet ze de dispensaire en liep richting huis.

In de loop van de ochtend was het flink gaan waaien en Hanne kneep haar ogen halfdicht tegen het fijne zand dat opstoof van de open vlakte. De warme harmattan speelde lustig met haar wijde rok die om haar benen fladderde. De wind blies over de zweetdruppeltjes in haar nek en ze rilde. Ze voelde zich bloot zonder haar lange, veel bewonderde haardos en beschutting zoekend bleef ze even onder de néré staan.

Vanuit Hugo's kamer kwamen de traditionele klanken van Djelimadi Sisokko, zijn favoriete muzikant. Betekende dit dat hij aan het schilderen was? Ze hoopte het. Als hij alleen was met zijn tekeningen en schilderstukken zou hij tot zichzelf komen. Hij zou het conflict van die ochtend kalm opnemen; misschien zou hij nu met haar praten. Ze konden elkaar niet langer ontwijken. Er moest iets gebeuren! Dat Hugo na het beslissende voorval gekozen had te schilderen, bemoedigde haar.

Gespannen en met haar hand onzeker door haar korte krullen strijkend liep ze naar haar vriends vertrek. Hij stond met ontbloot bovenlichaam achter het paneel. Behoedzaam ging Hanne achter hem staan en keek naar het gezicht van een Afrikaanse vrouw met onmiskenbaar westerse gelaatstrekken. Hanne ervaarde een pijnlijke steek van jaloezie bij het zien van de hartstocht die uit dat mooie, doorleefde gezicht sprak. Toen realiseerde ze zich dat ze dit schilderij, dat bijna af was, nog nooit gezien had. Weken moest hij hiermee bezig zijn geweest. Geïnspireerd door iemand die hij kende, goed kende... Hugo had echter nooit over haar gesproken en hij had het schilderij voor Hanne verborgen gehouden...

Ze sleepte zich naar de fauteuil in de hoek van de kamer en liet zich erin vallen. Verslagen wachtte ze op wat Hugo te zeggen had.

II AANKOMST

Met enige twijfel, overstemd door een blijde nieuwsgierigheid, stapte Hanne uit het vliegtuig. Bovenaan de trap bleef ze even staan en liet de warmte als een deken over zich heen komen. Ze snoof de zwoele, enigszins benauwende avondlucht krachtig op. Dus ik ben er. Mali, Afrika! 'Welkom Hanne', zei ze tegen zichzelf. Achter haar kwam ook Hugo naar buiten en glimlachend keek Hanne naar hem om. Hij liet dit moment eveneens even op zich inwerken en ze liepen de steile ijzeren trap af. Beneden pakte Hanne haar vriend bij de hand en trok hem naar zich toe.

'Welkom in Afrika', fluisterde ze hem zachtjes in het oor, waarop hij haar lichtjes op de mond kuste.

Het vliegveld van de hoofdstad Bamako waar ze net geland waren, was klein en overzichtelijk. Vier lichtmasten waren voldoende om het geheel te verlichten. Het vliegtuig dat op Schiphol nietig had geleken, stond hier als een indrukwekkende vertegenwoordiger van de moderne transportmogelijkheden. Op de tweede verdieping van het eenvoudige luchthavengebouw staken menselijke silhouetten af tegen de verlichte ramen van het restaurant. Buiten op het zwarte asfalt stond een aantal Malinezen in prachtige, kleurrijke gewaden. Enkele passagiers liepen op hen toe en werden hartelijk verwelkomd. Hugo mompelde dat hij hoopte dat er ook iemand op hen zou staan te wachten, zoals men in Wageningen, op het hoofdkantoor van hun uitzendende organisatie, had gezegd.

De nieuw aangekomen Nederlanders liepen het gebouw binnen en zagen hoe zich twee rijen voor de controlehokjes met lange vaalblauwe gordijnen hadden gevormd. Het was hier vol bedrijvigheid en de warmte was intenser dan buiten. Hanne trok haar dunne zomertrui uit die ze tijdens de reis had gedragen. Boven alle ondefinieerbare geluiden en geroezemoes uit, klonken vanachter een houten wand opgewonden stemmen. Hanne en Hugo konden echter niets anders zien dan de wachtenden voor hen, die één voor één achter het versleten gordijn verdwenen. Hanne's tegen-strijdige gevoelens van angstige onzekerheid en hoopvolle ver-wachting werden sterker. Ze begon nu vervelend te transpireren en vroeg aan Hugo of hij het niet heet had met zijn jack aan. Hij knikte wat afwezig, zijn gezicht stond gespannen.

'In Kenia hebben ze me toen helemaal gefouilleerd en alles, m'n hele bagage en al mijn kleren ... grondig doorzocht', zei hij somber met zijn blik strak op het gordijn gericht.

Hugo had Hanne vaak over zijn reis naar Kenia verteld. Samen met een studievriend was hij er een maand geweest. Van de moderne hoofdstad Nairobi waren ze via Nakuru en de weidse, natuurrijke Rift Valley naar Kisumu gegaan. Daar hadden ze ruim een week gelogeerd in een missiepost aan de rand van de sloppen-wijk Pandipieri. Het was niet hun bedoeling geweest daar te blijven hangen, maar de gastvrijheid van zowel de westerlingen die er werkten als van de Kenianen, en de vanzelfsprekendheid waarmee ze daar met de Luo-bevolking konden optrekken, maakten een diepe indruk op hen. Voor Hugo was het idee om ooit nog eens in Afrika te gaan werken daar geboren, te midden van de vuile, over-bevolkte en van levenslust gonzende sloppen van Pandipieri. Hij was bij verschillende Kenianen thuis geweest en beschaamd had hij de aangeboden Coca Cola's en Fanta's gedronken terwijl horden kinderen met blote dikke buikjes zich voor de deur verdrongen om de blanke bezoeker te zien. De combinatie van armoede, vrolijk-heid, viezigheid en westerse luxe verbijsterde hem. In sommige schrale vervallen hutjes zaten ze op grote imposante sofa's en moesten ze schreeuwen om dreunende gettoblasters te over-stemmen. Voor de uit het lood hangende ruwhouten luiken hingen kanten gordijntjes. Ondervoede peuters kropen vrolijk over de vuile grond met een stuk wittebrood in hun hand of sabbelend op duur gekochte snoepjes. Voor de kleine, verwaarloosde huizen stond soms een nieuwe glimmende motorfiets geparkeerd, ver-sierd met plastic bloemen en glitterstickers, waarmee de trotse eigenaar indruk probeerde te maken op de speelse tienermeisjes.

Nu, acht jaar later, was Hugo terug op Afrikaanse bodem en het was zijn beurt om achter het gordijn te verdwijnen. De douanebeambte, een grote zwartbruine man, deed een quasi geïnteresseerde greep in Hugo's bagage en maakte al snel met een ongeduldig handgebaar duidelijk dat hij door kon lopen. Opgelucht pakte Hugo zijn tas op, achter hem kwam Hanne het hokje in. Ze begroette de zwijgzame man in het Frans. Ze was blij dat ze dankzij haar veelvuldige vakanties in Frankrijk de officiële taal van Mali goed sprak; het was haar enige zekerheid in deze nieuwe, totaal onbekende situatie. In tegenstelling tot Hugo was ze nog niet eerder in Afrika geweest en gespannen keek ze op naar het brede, donkere gelaat van de man die haar bagage doorzocht. Zijn zwartbruine handen gleden snel over haar spullen en met een enkel woord maakte hij duidelijk dat hij klaar was en ze het hokje kon verlaten. Overweldigd door de chaotische drukte die in het vertrek heerste, sloot Hanne zich weifelend aan bij de rijen voor de paspoortcontrole, welke eveneens zonder vervelende incidenten verliep.

Zodra de paspoorten van Hanne en Hugo gestempeld waren en ze hun bagage konden gaan halen, werden ze omringd door dragers in versleten groene jasschorten. Hugo wees een wat oudere, korte man aan die met verbazingwekkende kracht de zware koffers optilde. Hij loodste de twee blanken behendig door de laatste controle en buiten baande hij zich een weg door de dringende massa die opgewonden bij de uitgang stond te wachten. Beduusd door warmte, lawaai en wanorde lieten Hanne en Hugo het geheel over zich heen komen en voordat ze zich konden afvragen hoe het nu verder moest, stapte er een grote blonde man op hen af.

'Goedenavond', zei hij in het Nederlands, 'zijn jullie misschien nieuw aangekomen NO'ers?'

'Jawel', antwoordde Hugo, opgelucht dat iemand hen inderdaad kwam ophalen.

'Ik ben Stefan van de Wetering en werk op het hoofdkantoor', stelde hij zich voor, met een West-Fries accent. Hugo knikte ter kennismaking en gaf hem een hand. Voordat hij echter iets kon zeggen, ging Stefan verder: 'Jij bent dan dus Hugo Beunders. En jij', zei hij tegen Hanne terwijl hij zich naar haar toedraaide en eveneens een hand gaf, 'Hanne Nieuwhuizen'. 'Een goede reis gehad?' vroeg hij vriendelijk, waarop Hanne bevestigend antwoordde.

'Blij dat we er zijn', voegde ze eraan toe en keek nog even om zich heen.

'Voor het eerst in Afrika?'

'Hugo niet, ik wel.'

'Het went snel hoor, al die zwarten. 't Is een paradijs hier, alleen een beetje te heet zo nu en dan', lachte hij laconiek. Hanne wist niet hoe ze deze opmerking moest opvatten en keek fronsend naar haar vriend. Stefan had zich echter al van haar afgewend en stelde voor naar de auto te gaan.

'Amène ça', zei hij kortaf tegen de drager, wijzend op de bagage. De man leek plotseling ouder en aan kracht ingeboet te hebben, teleurgesteld als hij was omdat hij nu niet op een flinke fooi van onwetende toeristen hoefde te rekenen. Hugo stak hem een helpende hand toe, maar Stefan zei op sarcastische toon in het Frans 'laat toch, daar betaal je hem voor'. Geschrokken trok Hugo zijn hand terug en zwijgend liep hij met Hanne achter de Hollander aan. Bij de auto stond een armoedig jongetje van een jaar of twaalf, gekleed in een gescheurde korte broek, een vuil T-shirt en met kapotte plastic gympjes aan. In gebrekkig Frans zei hij tegen Hanne dat hij op de auto had gepast.

'Wat wil hij?' vroeg ze, aangedaan door zijn armzalige verschijning, aan zowel Hugo als Stefan.

'Geld', antwoordde de laatste en zei tegen de jongen dat hij op moest rotten. De vijandigheid in zijn toon deed Hanne's keel dichtknijpen. Stil kroop ze op de achterbank van de Toyota Hilux en liet het betalen van de drager aan de anderen over. Met lede ogen zag ze toe hoe het kereltje afdroop en naar een groep jongens slenterde die even verderop op de parkeerplaats stonden. Met zijn handen in de gescheurde zakken ging hij met zijn rug naar de auto staan, druk pratend met zijn vrienden.

Hugo en Stefan hadden de bagage in de achterbak geladen en stapten nu ook in. Stefan verontschuldigde zich dat de airconditioning het niet deed, terwijl hij met zijn hand op de sleutel wachtte tot hij de dieselmotor kon starten. Hanne had geen flauw idee hoe het was om met airconditioning te rijden en antwoordde niets. Later zou ze er de voorkeur aan geven om met open ramen te rijden. Ze hield er niet van om zich af te sluiten van de buitenwereld in een dichte auto met kunstmatige koelte, waarbij het landschap en de voetgangers aan haar voorbijgleden als in een stomme film.

Tijdens hun eerste rit van het vliegveld naar het NO-kantoor in 'quartier industrielle', voelde Hanne de warme avondwind zacht langs haar gezicht strijken. Met de wind kwamen steeds wisselende, indringende geuren mee; van het aangenaam frisse Nigerwater tot de smerige luchten van een open riool. Ze werd overdonderd door de chaos van slecht verlichte auto's in het donker, krioelende bromfietsen, rennende kinderen langs de weg en luierende mensen voor schaars verlichte kraampjes. Ze liet het gesprek dat Stefan op vrolijke toon met Hugo voerde aan zich voorbij gaan. Het voorval met de drager en de straatjongen werd langzaam naar de achtergrond verdrongen door de opgewonden spanning waarmee Hanne de laatste weken al constant geleefd had.

Gedurende haar opleiding voor verpleegkundige speelde Hanne vaak met de gedachte naar het buitenland te gaan. Afwisselend zag ze zichzelf op het platteland van Zuid-Frankrijk, in de vochtige rimboe van Indonesië of in een lemen huis in donker Afrika. Concrete plannen maakte ze echter niet en evenmin probeerde ze bij zichzelf te achterhalen wat haar werkelijke motivatie was. Na haar studie werkte ze drie jaar als wijkverpleegkundige in Utrecht, waar ze ook woonde. Door haar werk leerde ze Hugo kennen, die als maatschappelijk werker verbonden was aan het gezondheidscentrum waar ook de wijkverpleging was ondergebracht. Na een jaar trok hij bij haar in. In die tijd begon hij te praten over zijn interesse in Afrika; Hanne herkende het verlangen om te reizen en vreemde landen te zien.

Beiden blij dat ze iemand gevonden hadden waarmee ze hun plannen konden uitvoeren, bespraken ze de verschillende mogelijkheden. Ze besloten om voor een paar jaar aan ontwikkelingssamenwerking te doen. Afrika leren kennen, een inkomen verdienen en – zo mocht je aannemen – tegelijkertijd iets nuttigs doen; dat sprak hen aan. Na een tijd van informeren bij verschillende uitzendende organisaties, solliciteerden ze uiteindelijk bij de stichting Nederlandse Ontwikkelingswerkers. Daarna was het snel gegaan. De baan die hen aangeboden werd was voor een verpleegkundige binnen een project voor basisgezondheidszorg in Mali, en drie maanden later begonnen ze met het voorbereidingsprogramma. Hugo vond het geen enkel bezwaar dat hij weinig kans had om werk te vinden in Mali. Na acht jaar werken zou hij huisman worden, had hij opgemerkt. 'Een zichzelf amuserende huisman wel te verstaan', voegde hij er lachend aan toe. De datum van vertrek werd gesteld op half mei. De laatste maanden was het jonge stel in een constante euforie, ondanks de hectische drukte. Na hun banen werd ook de huur van de flat opgezegd en begon het afscheid nemen. Er moesten spullen voor Mali worden gekocht en in kisten gepakt. Het meubilair en andere spullen die niet meegingen werden opgeslagen. Ze volgden cursussen; naast de acculturatie- en talencursus die ze beiden volgden, kreeg Hanne ook nog zes weken vakgerichte training. Ze lazen veel over Mali en het Bambara-volk en spraken met mensen die er gewerkt hadden. Ze lieten zich vaccineren, de benodigde papieren werden geregeld, het visum werd aangevraagd en ten slotte werden de vliegtickets besteld.

De laatste week logeerden ze bij de ouders van Hanne in Lonneker. Vrienden en familie kwamen afscheid nemen en op maandagmorgen vroeg werden ze naar Schiphol gebracht. Met dezelfde opwinding van de laatste maanden zeiden ze hun ouders gedag en gingen naar het vliegtuig, het avontuur tegemoet. Tien uur later stapten ze uit in Bamako.

Op de Route de Sotuba moest Stefan plotseling remmen voor een paardenkar die onverwachts de weg op kwam. 'Idioot!', schreeuwde Stefan kwaad, 'rijdt zomaar in het donker met die oude kar van hem'. Geschokt keek Hanne van het boze gezicht van Stefan naar de man op de wagen. Deze sloeg schichtig met zijn zweep om het vermoeide paard aan te sporen. In het lichtschijnsel van de fabriek Sonatan zag Hanne met afschuw hoe verwaarloosd, mager en ziek het lichtbruine beest er uitzag. Vlug keek ze weg van het tafereel en drukte zich dieper in de achterbank. Ze vroeg aan Stefan of ze er bijna waren.

'Nog een paar honderd meter. Dan zijn we zowel bij het kantoor als het doorgangshuis. NO'ers kunnen daar slapen als ze in Bamako zijn.'

'Dat hebben ze ons in Wageningen verteld, een mooie regeling', herademde Hugo, opgelucht dat ze ternauwernood aan een aanrijding ontkomen waren en deze nachtelijke rit door Bamako bijna afgelopen was. Ze sloegen linksaf een zandweg vol kuilen en gaten in. Aan beide kanten van de weg stonden grote vormloze huizen met muren eromheen; bij één ervan stond een bord dat aangaf dat NO daar gevestigd was. Het was een anonieme wijk waar met name blanken en een enkele rijke Malinees woonden. 's Nachts werd het straatbeeld bepaald door de nachtwakers die zich, alleen of in kleine groepjes, voor de huizen geïnstalleerd hadden.

Toen ze bij het blauwe hek van het doorgangshuis aankwamen, werd dat direct geopend door een lange, oudere man. Hij was mager en ging gekleed in een tot op de draad versleten overjas.

'I ni su', begroette hij Stefan, die in het Frans terug groette en eraan toevoegde dat hij de koffers naar binnen moest sjouwen. Dit keer liet Hugo zich niet tegenhouden en pakte de grootste koffer uit de laadbak. 'Ik help wel even', zei hij, waarop de Malinees iets in het Bambara terug zei.

'Wel uh, dat begrijp ik niet', antwoordde Hugo langzaam in het Frans en bedacht mistroostig dat dit wel de meest gebruikte zin zou worden de komende tijd. De man knikte hem vriendelijk toe en bracht de rest van de bagage naar binnen. Het huis had een grote huiskamer waar vier deuren van slaapkamers op uitkwamen. Rechts was er een uitbouw waar de badkamer, de keuken en nog een slaapkamer waren. Er draaiden twee grote waaiers aan het plafond die een constante verfrissende bries creëerden. In de huiskamer stonden vierkante houten fauteuils met schots en scheef wat kussens erin, een witte opbergkast en een lange eettafel met stoelen eromheen. Het geheel maakte een onpersoonlijke maar niet onvriendelijke indruk. De nachtwaker zette de koffers neer bij de meest linkse deur, met nummer één erop, en liep naar Hugo om zich voor te stellen.

'Mijn naam is Saliou Coulibaly, ik waak hier', zei hij in gebroken Frans terwijl hij Hugo een hand gaf. Aangenaam verrast dat hij toch met hem kon praten, stelde Hugo zichzelf op zijn beurt voor.

'Jullie slapen in kamer nummer één', zei Stefan in het Nederlands; onderwijl Saliou, die juist Hanne wilde begroeten, volledig negerend. 'Willen jullie misschien iets drinken? Ik stel voor dat we daarna even iets gaan eten in de stad, tenzij jullie geen honger hebben natuurlijk.' Ontsteld keek Hanne Saliou na die naar buiten liep. Hij stapte de veranda af en verdween door een klein zijhek in het donker van de avond.

'Ik heb geen honger', zei Hanne op vlakke toon, 'en als je ons wijst waar het drinken staat, dan vinden we het wel. Ik wil me even verkleden, ik heb het erg warm'.

'Prima', antwoordde Stefan vrolijk, opgelucht dat hij geen verdere plichtplegingen had op zijn vrije avond. De drank in de koelkast was snel aangewezen, evenals het uitleggen van het systeem van je naam opschrijven met daarachter aangestreept wat men gebruikte. Kort daarop zei hij hen gedag met de toevoeging dat ze de volgende morgen om acht uur op het kantoor werden verwacht. Plotseling stonden Hanne en Hugo helemaal alleen in het vreemde huis, waar het ritmisch zoemen van de ventilators boven hun hoofd nu het enige geluid was. Verslagen keken ze elkaar zwijgend aan. 'Welkom in Mali', flitste het door Hanne's hoofd maar dit keer zei ze niets. Langzaam liep ze naar de deur van hun kamer en voelde of hij open was; het zou haar niet verbaasd hebben als ze waren achtergelaten voor een afgesloten slaap-vertrek.

'Zo te zien zijn we hier alleen', verbrak ze de geladen stilte. 'Ik ga me toch echt even verkleden.'

Hugo liep haar achterna en liet zich achterover op het bamboehouten bed vallen. 'Wat is die gozer grof! Verdomme ge-woon een koloniaal', zuchtte hij kwaad en sloeg met zijn vuist op het kale matras. Terneergeslagen door de bevestiging van haar eigen sombere vertwijfeling, ging Hanne naast hem zitten. Ze was volledig ontdaan door Stefans gedrag ten opzichte van de Mali-nezen. Ze had zich geschaamd voor zijn gebrek aan respect en zich geërgerd aan de gebiedende superioriteit waarmee hij sprak.

'Ik begrijp het niet', zei Hanne peinzend, 'het lijkt wel of hij twee persoonlijkheden heeft. Als hij met ons praat is hij totaal anders.'

'Precies', voegde Hugo hier fel aan toe, 'dat is nu een kolo-niaal. Ik heb ze in Kenia ook gezien. Behandelen de zwarten alsof ze vuil zijn'. Hanne kromp ineen. Wat was dit, 'de zwarten'? En wat bedoelde hij met 'vuil'? Dit deed pijn, een steek in haar middenrif. Ze probeerde een misselijkheid terug te dringen.

'Ja maar', stamelde ze onzeker, 'hij zal het toch zeker zo niet bedoelen?' Ongelovig keek Hugo haar aan. Bij het zien van haar angstige gezicht en de met tranen gevulde ogen onthield hij zich van verder commentaar, kwam overeind en sloeg troostend zijn arm om haar schouder. Hij aaide teder haar lange krullen, die in haar nek vochtig waren geworden door de warmte. Zachtjes streek hij met zijn vingertoppen over haar mooie brede wenkbrauwen, langs haar rechte neus en liet zijn vingers lichtjes rusten op haar volle lippen. Dankbaar voor deze vertrouwde gebaren leunde Hanne gerustgesteld tegen hem aan. Op dat moment hoorden ze iemand het huis binnenkomen.

'Madame', klonk de stem van Saliou en Hanne sprong op.

'Ik kom', ze liep snel de huiskamer in.

'Hoe gaat het?' vroeg Saliou in zijn eenvoudige Frans, 'hoe is uw naam?' Hanne antwoordde snel, opgelucht door zijn vriendelijkheid en ze gaven elkaar een hand. Hij legde uit dat ze de enige gasten waren in het huis en vroeg of ze nog de stad in gingen om te eten. Ze vertelde hem dat ze niet meer uit zouden gaan en vond het plotseling jammer dat ze de hele avond in dit grote, lege huis zouden doorbrengen terwijl buiten de onbekende Afrikaanse stad op hen leek te wachten. Hugo had zich snel verkleed en kwam ook de huiskamer in. Hij droeg een lichte katoenen zomerbroek en een ruimvallend wijnrood T-shirt. Aan zijn blote voeten had hij leren sandalen. Met trots en genegenheid zag Hanne dat het hem goed stond. Ook Hanne verkleedde zich; ze trok een luchtige, vrolijk gebloemde jurk aan die ze tijdens haar laatste vakantie in Frankrijk veel gedragen had en bond haar haar in een staart. Opgewekt stelde ze voor om met zijn drieën iets te drinken. Saliou wilde Cola en Hanne en Hugo namen Solibra, een licht bier uit Ivoorkust. Hugo sprak vooral met Saliou en Hanne luisterde geïnteresseerd naar het karakteristieke Frans dat de Malinees sprak. Tijdens de talencursus had ze al veel gehoord over de geheel eigen, creatieve manier waarop de Afrikanen met de taal van hun voormalige overheersers omgingen. Gelukkig had haar Franse lerares het weten te waarderen, in tegenstelling tot vele Fransen die zich ergerden aan het in hun ogen foutieve Frans van de Malinezen. Terwijl de twee mannen, naar aanleiding van het bier dat Hugo dronk, spraken over de verschillende producten die in Mali geproduceerd werden, voelde Hanne langzaam de spanning van de ontmoeting met Stefan van zich afglijden.

Nadat ze zo een klein half uurtje gezellig hadden zitten praten, kwam er een auto aan. Saliou stond langzaam op en ging het hek openen. Ze zagen een kleine rode Suzuki pick-up het smalle erf oprijden.

'Ah, Monsieur Coulibaly, i ni su', riep de jonge vrouw die uitstapte opgewekt. Saliou en zij begroetten elkaar uitgebreid in het Bambara en enthousiast schudden ze elkaar de handen. Hugo en Hanne sloegen het tafereel verwonderd glimlachend gade. Anja – zo stelde de vrouw zich even later voor – droeg een pagne om haar middel die tot op haar kuiten viel. Daar overheen had ze een wijde lange blouse aan van dezelfde stof, een dieppaarse batik. Over haar kortgeknipte haren had ze een lichte hoofddoek geknoopt en ze droeg plastic pumps. Verder had ze enkele bijpassende armbanden om. Anja droeg de Malinese kleding met flair en Hanne vond dat het haar goed stond. Al snel waren ze gedrieën in een geanimeerd gesprek gewikkeld. Anja bleek een collega van Hanne te zijn; sinds een half jaar werkte ze voor hetzelfde project als waar Hanne voor naar Mali was gekomen. De twee Nederlandse vrouwen zouden echter zo'n honderddertig kilometer bij elkaar vandaan komen te wonen.

'Stefan heeft me gevraagd de komende dagen mee te gaan op de fameuze kennismakingsronde door Bamako. Ik herinner me niet meer zoveel van toen ik aankwam, dus dat lijkt me wel een goed idee. Het is trouwens heerlijk om weer eens in de stad te zijn', voegde ze eraan toe.

'Wat voor ronde is dat?' vroeg Hanne met belangstelling aan haar nieuwe collega.

'Oh, heeft Stefan jullie dat nog niet uitgelegd? We gaan allerlei instellingen af op het gebied van de gezondheidszorg. Trouwens', veranderde ze onverwachts van onderwerp, 'gaat hij niet met jullie uit eten? Het is al acht uur, jullie zullen toch wel honger hebben'.

'Wel', begon Hanne voorzichtig, 'ik was eigenlijk...'.

'We hadden geen zin om met Stefan te gaan eten', vulde Hugo haar rustig aan, 'maar ik heb wel trek'.

'Zijn jullie te moe om ergens heen te gaan, hebben jullie daarom geen zin?' vroeg Anja bescheiden. Toen zowel Hanne als Hugo aangaven dat ze niet moe waren, maar verder niets zeiden, merkte Anja op: 'kan ik concluderen dat jullie geen leuk welkom hadden? Laat ik maar gelijk zeggen dat ik Stefan niet erg mag. De manier waarop hij met Malinezen omgaat vind ik afschuwelijk'.

'Waarom? Waarom doet hij zo?' vroeg Hanne vol afkeer.

'Omdat hij tot die groep blanken behoort die denken dat Afrikanen eigenlijk geen volwaardige mensen zijn', klonk Anja bitter. 'Ze voelen zich superieur. Ze gedragen zich als kleine koningen en behandelen de Malinezen als hun nietige onderdanen.' Hanne werd weer gegrepen door een pijnlijke, bedreigende angst. Onder de intense blik waarmee ze Anja aankeek, zei deze dat gelukkig niet iedereen zo was; het klonk echter weinig overtuigend. Anja kwam terug op haar vraag of ze geen honger hadden. Ze stelde voor dat ze wel met hun drieën naar de stad konden gaan.

Dicht tegen elkaar aan gezeten reed Anja hen in haar Suzuki naar een klein Vietnamees restaurant dat gerund werd door een kennis van haar. Ze waren de enige gasten en namen plaats aan een houten tafel die snel gedekt werd toen ze binnenkwamen, onder een rieten afdak. Naast hen, in de hoek van een kleine tuin, probeerden enkele doornachtige struiken en een jonge verdorde mangoboom de vernietigende hitte te overleven, zonder dat ze daarbij – zo te zien – veel hulp kregen. Op de achtergrond hoorden ze vanachter een hoge muur die het huis, tevens restaurant, van de weg scheidde het gonzen van de stad met daar bovenuit zo nu en dan een schreeuwende stem. Ze werden vriendelijk ontvangen en de sfeer in het restaurant was gezellig en ontspannen.

Anja vertelde gemakkelijk en boeiend. Zes jaar had ze met Memisa in Tanzania gewerkt, eveneens in een project voor Primary Health Care. Ze vond de overgang van het werken voor de missie in het overwegend christelijk en Brits georiënteerde Oost-Afrika naar een overheidsproject in het islamitische, cultuurbewuste Mali groot en interessant. Alleen vreesde ze nooit te zullen wennen aan de Franse bureaucratische handelwijze. Direct toen duidelijk werd dat ze ook in Kenia gereisd had en Pandipieri goed kende omdat een vriendin van haar daar werkte, raakten Hugo en zij verwikkeld in een enthousiaste uitwisseling van ervaringen.

Hanne vatte tijdens hun eerste avond in Bamako een warme sympathie op voor haar nieuwe, vierendertigjarige, spontane en enigszins excentrieke collega. Ze hoopte dat ze goed met elkaar zouden kunnen opschieten; ze voorzag dat ze de steun van een vriendin hard nodig zou hebben in dit onbekende, vreemde land. De ontmoeting met Stefan had Hanne niet op haar gemak gesteld; ze was blij dat Anja morgen met hen mee zou gaan.

Om half elf waren de drie Nederlanders terug in het doorgangshuis. Moe van de reis en van alle nieuwe indrukken gingen Hanne en Hugo direct naar bed; waar ze, ondanks de herrie van de airconditioning en de stoffige benauwdheid van de klamboe, die lange tijd niet was uitgeklopt, snel in slaap vielen.

III   BAMAKO

Tijdens hun eerste week in Mali werden de nieuw aangekomen NO'ers, Hanne en Hugo, door hun collega's Anja en Stefan meegenomen naar de belangrijkste gezondheidsinstellingen in de hoofdstad. Stefan was in zijn staffunctie als regiovertegenwoordiger verantwoordelijk voor het project dat de basisgezondheidszorg in de cercles Dioila en Kangaba probeerde te bevorderen. Samen met Hanne waren er vier Nederlanders in werkzaam. Door de kennismaking met de verschillende instituten kreeg Hanne een indruk van de structuren van de gezondheidsdienst in Mali en van hun (on)mogelijkheden.

In Hôpital Gabriel Touré werden ze geconfronteerd met de verschrikkingen van een Afrikaans overheidsziekenhuis, en in het Institut Marchoux kregen ze de indrukwekkende onderzoeks- en behandelmethoden voor lepra uitgelegd. Hugo echter, die als partner van Hanne overal mee naartoe ging, maar weinig begreep van de medische terminologie, moest bij de aanblik van terminale leprapatiënten met stompen van ledematen en half weggevreten gezichten, vergezeld van een weerzinwekkende geur van desinfectans en rotting, bijna overgeven. Verder bezochten ze de belangrijkste polikliniek voor moeder- en kindzorg aan de Boulevard de L'Indépendance en werden ze voorgesteld aan de 'Directeur National de la Santé' die zijn kantoor had op Koulouba, de administratieve heuvel in Bamako waar ook het presidentiele paleis stond. Hanne was aangenaam verrast door de efficiëntie van het CNI dat het nationale vaccinatieprogramma organiseerde, en door het interessante werk van de 'Pharmacopée Traditionnelle' waar geneeskrachtige planten en kruiden werden onderzocht, gecodeerd en verwerkt tot goed hanteerbare doseringsvormen zoals tabletten en capsules.

Het was een intensieve week van duizelingwekkende indrukken voor Hanne, die nog nooit eerder in Afrika was geweest. Naast alle informatie van de bezochte instellingen, haar werk en de men-

31

sen waarmee ze zou gaan werken, was er de verwarrende chaos van de stad zelf, die in de zinderende hitte wachtte op de verkoeling van een regenbui. Als een overdonderende lawine onderging Hanne het geheel van stoffige straten vol donkerbruine mensen, die samenvloeiden tot een warrige kleurrijke massa. En te midden van deze bonte menigte waren er nog de auto's met ongeduldig getoeter, krakende ezel- en paardenkarren, schichtige brommertjes en een enkele onverstoorde fietser. Dit alles speelde zich af in de verstikkende geur van afval, uitlaatgassen, geroosterd vlees, karitéboter, uitwerpselen en af en toe een vleug sterk parfum. Het duurde enkele dagen voordat de Nederlandse in deze totaal onbekende, chaotische wanorde enige herkenbare details kon ontwaren.

Op de laatste dag van hun kennismakingsronde door Bamako gingen ze naar het veel kleinere Koulikoro, de regionale hoofdstad van de tweede provincie van Mali, zestig kilometer ten noorden van Bamako. Hanne en Hugo waren blij even aan de uitputtende drukte van de stad te kunnen ontsnappen en genoten, ondanks de warmte, van de rit door het glooiende rotsachtige landschap. Opgetogen keek Hanne naar de van foto's en films herkenbare beelden van dorpen langs de weg, halfnaakte vrouwen met kalebassen op hun hoofd en druk spelende kinderen met een minimum aan kleding. Ongeduldig verheugde ze zich op hun vertrek naar hun standplaats de volgende dag – het dorpje Béléko. Ze had genoeg van het overvolle Bamako en haar imponerende functionarissen, en eveneens van de constante spanning die er heerste tussen Stefan en Anja. Ze verlangde naar de rust van het dorp en wilde daar kennismaken met de Malinezen zonder de inmenging van haar Nederlandse collega's met hun tegenstrijdige opvattingen.

In Koulikoro werden ze voorgesteld aan Moussa Traoré, de Malinese chef van hun project. De lange man met matbruine huid en fijne gelaatstrekken was gekleed in een donkergroene boubou en maakte een vriendelijke, maar autoritaire indruk. Hanne kon zijn Frans, dat doorspekt was met Afrikaanse diplomatieke beleefdheden, moeilijk volgen. Ze was zenuwachtig en moe en maakte, zo vreesde ze, geen goede indruk op deze man, die de komende jaren haar baas zou zijn. Stefan scheen goed met hem overweg te kunnen en het was voor Hanne en Hugo een verademing hem eindelijk een Malinees met respect te zien behandelen. Anja echter zei niet veel tijdens dit gesprek en Hanne vroeg zich af waarom. Anja was gedurende de eerste dagen dat ze haar hadden leren kennen erg spraakzaam geweest, ondanks haar gebrekkige Frans, dat ze nog regelmatig verwarde met Engels of Swahili.

Op de terugweg naar Bamako waren Stefan en Hugo in een geboeid gesprek gewikkeld, over hun gezamenlijke interesse in auto's. Anja en Hanne spraken over hun verschillende werkervaringen in Nederland, waarbij Hanne ontspannen onderuit zakte op de luxe bank van de 'Runner' waarin ze reden. Vlak voordat ze bij de stad aankwamen, stelde Stefan voor even wat te drinken. Hugo en Hanne reageerden beiden enthousiast en Stefan gaf de chauffeur direct opdracht naar het restaurant Le Central te rijden. Toen Hanne zag dat ze richting binnenstad gingen en de drukte van Boulevard du Peuple inreden, betreurde ze Stefans keuze. Ook Hugo ging enigszins gespannen rechtop zitten en het gesprek stokte. Anja had niet gereageerd op het voorstel van haar collega.

Ze stapten uit op de hoek bij de supermarkt Malimag en vermoeid liep Hanne achter de anderen aan, oplettend dat ze hen niet kwijtraakte in de rumoerige drukte van deze buurt. Het wemelde van de handelaars en jongelui die, aangetrokken door de rijkdom van de stad, doelloos rondliepen, in de verleiding gebracht om achteloze voorbijgangers de zakken leeg te halen. Ze namen met hun vieren plaats aan een wankel formica tafeltje op een smalle veranda en bestelden een drankje.

'Ik heb nog even met Moussa Traoré gesproken over een verloskundige voor Béléko', zei Stefan tegen Hanne en Anja, terwijl hij het zweet van zijn voorhoofd wiste. 'Hij vertelde dat hij nogmaals naar de Direction Nationale heeft geschreven om op het belang van een snelle aanstelling te wijzen.'

'Komt er in Béléko een verloskundige?' vroeg Hanne, hoewel ze liever niet meer over het werk wilde praten.

'Zoals je weet is er een missiepost in Béléko met Franse nonnen. Eén van hen, Simone, was verloskundige en zij heeft in de vijftien jaar dat ze daar werkte een goedlopende kraamkliniek opgezet. Ze werd echter ziek en sinds vorige maand behoort de kliniek aan de overheid toe', legde Stefan uit. 'Nu heeft de Direction Régionale om een verloskundige gevraagd. Het is niet gebruikelijk dat er op arrondissementsniveau, zoals Béléko, een verloskundige werkzaam is. Alleen op cercleniveau kent men die functie. Maar gezien het belang van de kraamkliniek hebben we toch een verloskundige toegezegd gekregen. En dat dankzij Moussa Traoré. We mogen van geluk spreken dat we hem als directeur hebben', merkte Stefan uitdagend naar Anja op. Deze knikte vaag instemmend en zei verder niets.

'Of denk je soms weer dat die eer hem niet toekomt?' vroeg hij nu enigszins geïrriteerd. 'Waarom mag jij die man niet?'

'Omdat hij alleen uit eigenbelang handelt', antwoordde Anja. 'En dat betekent dat hij alles zal doen wat in het kader van het project van hem verlangd wordt ... dus wat jij wil. Maar dat neemt niet weg dat het inderdaad goed is voor Béléko, een verloskundige', voegde ze er snel aan toe toen ze zag dat Stefan kwaad wilde reageren.

'Wat een onzin om te zeggen dat mijn wil het projectbeleid zou zijn. Ik vind dat een grove beschuldiging', reageerde Stefan verontwaardigd. 'En het is belachelijk om Traoré uit te maken voor een soort hielenlikker. Hij is een integere en uiterst serieuze man. Ik snap niet hoe je hierbij komt.'

Vermoeid vroeg Anja zich af waarom ze niet geweigerd had deze dagen samen met Stefan op te trekken. Ze kende de regiovertegenwoordiger sinds haar komst naar Mali, een half jaar geleden. Al snel was duidelijk geworden dat ze beiden te veel van opvatting en, belangrijker nog, van opstelling verschilden om goed met elkaar te kunnen opschieten. Voor Stefan was Mali een trede op de steile ladder van zijn succesvolle carrière; Anja echter wenste niets anders dan in de warme, koesterende schoot van Afrika te worden opgenomen. Ze realiseerde zich dat het tactloos was geweest om Stefan in het bijzijn van twee nieuwe NO'ers te beschuldigen van een monopolistisch beleid en ze wist dat ze hem nu voorgoed tegen zich in het harnas had gejaagd. Ze had echter geen zin om op haar woorden terug te komen en evenmin voelde ze ervoor de zaak te sussen. Het speet haar alleen voor Hanne en Hugo, die er ongemakkelijk bijzaten.

'Ik vind het werkelijk belachelijk hoe jij iedere keer weer probeert mijn autoriteit te ondermijnen', zei Stefan kwaad. 'Alles wat we proberen is het project zo goed mogelijk te laten verlopen en elke keer weer kom jij met idiote kritiek. Het is mij werkelijk een raadsel hoe men jou zes jaar in Tanzania heeft kunnen tolereren.' Bruusk stond hij op en zei tegen Hanne en Hugo dat hij naar kantoor ging. In twee slokken dronk hij de rest van zijn Perrier op en gooide wat geld op tafel.

'Ik zie jou nog wel', richtte hij zich bitter tot Anja en liep met grote stappen de veranda af. Aangeslagen stond ook Hanne op. Anja knikte haar berustend toe, 'het moest er een keer van komen. Ga maar, ik kom wel met een taxi'.

Zodra Hanne en Hugo vanaf het terras de hete middagzon instapten, werden ze omgeven door drie statige Touaregs met de gebruikelijke diepblauwe tulbanden om hun hoofd gewikkeld. Ze probeerden hun waar te verkopen: sabels en zwaarden in lederen scheden en minutieus besneden leren dozen. Hanne bedankte beleefd en maakte duidelijk dat ze niets zouden kopen. De mannen bleven echter aanhouden en drongen zich aan hen op. Hugo, die het steeds warmer kreeg, merkte ongeduldig op dat ze weg moesten gaan. De lange mannen in versleten grauwblauwe tunieken lieten zich echter niet afschrikken in hun poging iets te verkopen en beletten de twee blanken verder te lopen. Stefan was ver vooruit in de drukte en had niet door wat er gaande was. Hanne zag dat Hugo zich vreselijk begon op te winden en ze voelde zich nu bedreigd door de drie opdringerige mannen die ze niet kon verstaan. Enkele voetgangers bleven staan om naar hen te kijken en Hanne vroeg zich in paniek af wat te doen.

'Laat hen gaan, ze kopen niets van u', hoorden ze plotseling de overtuigende stem van Anja zeggen. Hanne draaide zich om en zag hoe haar collega de Toeregs vriendelijk uitnodigde hun koopwaar te laten zien. De mannen keken haar even taxerend aan en liepen toen, schampere opmerkingen makend, weg. Hanne en Hugo bleven terneergeslagen staan totdat ook de omstanders wegliepen. Uitgeput liepen ze zwijgend naar de auto waar Stefan en de chauffeur op hen wachtten. Tijdens de korte rit naar de industriewijk werd er niets gezegd en toen ze allen uitstapten bij het kantoor informeerde Stefan hen enkel dat hij hen morgen voor hun vertrek nog wel even zou zien in zijn bureau.

Het was zeven uur in de avond en Hanne wachtte gespannen op Anja. Ze had een uitnodiging van andere NO'ers, die uit Ségou gekomen waren, om in de stad te gaan eten afgeslagen. Ze bleef liever in het doorgangshuis en Hugo besloot, ondanks dat hij Hanne's onrust niet deelde, bij haar te blijven. Over het voorval van die middag spraken ze niet, tot tien uur, het moment dat ze beiden naar bed wilden gaan en Anja nog steeds niet terug was. In de door de airconditioning heerlijk verkoelde kamer kroop Hanne terneergeslagen onder het roodgeblokte laken en sprak eindelijk haar bezorgdheid uit.

'Anja kent zoveel mensen in Bamako, die is vast naar vrienden toe of zo', antwoordde Hugo kalm, terwijl hij zorgvuldig het muskietennet instopte en naast zijn vriendin kwam liggen. 'Het was stom van haar om Stefan zo tegen zich in het harnas te jagen. Door zijn positie als regiovertegenwoordiger is ze van hem afhankelijk.'

'Maar zijn houding tegenover de mensen hier is werkelijk vreselijk', bracht Hanne ertegenin. 'Ik kan me goed voorstellen dat ze daartegen ageert.'

'Jawel', reageerde Hugo lauwtjes terwijl hij Hanne over haar schouder aaide, 'maar om daar je eigen positie voor in de waagschaal te stellen...' Onwillig draaide Hanne haar schouder onder zijn hand vandaan en steunde op haar elleboog om hem aan te kunnen kijken. Verontwaardigd sprak ze: 'En jij reageerde zo fel die eerste avond dat Stefan ons kwam ophalen. Een vuile koloniaal was het en wat niet meer. Maar nu Anja daartegenin gaat, zeg jij dat ze stom is omdat ze haar positie...'

'Ze ging niet in tegen zijn houding tegenover de zwarten, nee, ze beschuldigde Moussa, een Malinees, en Stefan ervan samen een spelletje te spelen.'

'Wat ze bedoelde', viel Hanne hem fel in de rede, 'is dat de enige Malinees die Stefan respectvol behandelt iemand is die met Stefan meedoet en precies doet wat hij wil. Alleen dáárom mag Stefan hem want Moussa helpt hem prima om zich als regiovertegenwoordiger waar te maken. Dáár ging Anja tegenin'. Ze liet zich terugvallen op het kussen.

Nu kwam Hugo omhoog en keek kalm op haar neer. 'Ik weet niet of ze daar tegenin ging. Misschien voelt ze zich wel buitengesloten door de goede verstandhouding tussen Stefan en Moussa. Wie weet is ze jaloers.' Op de geïrriteerde reactie van Hanne voegde hij er vergoelijkend aan toe: 'Hanne lieveling, ik ben het met je eens dat Stefans houding moeilijk te pruimen valt, maar Anja's reactie was toch enigszins misplaatst. Kom, ze weet wat ze doet, maak je nu maar niet ongerust.'

'Ik mag haar. Ik zou niet graag willen dat er iets gebeurt, of dat ze weggaat.'

'Nee, natuurlijk niet.' en hij boog zich voorover om haar te kussen. Hanne weifelde. Ze was teleurgesteld dat hij Anja niet verdedigde. Koos hij daarmee geen partij voor Stefan? Maar hij vond zelf toch ook dat Stefans houding onacceptabel was? Hugo drukte nogmaals zijn lippen op de hare en liet zijn hand over haar borsten glijden. Of bedoelde Hugo te zeggen dat het voorval van die middag iets tussen Anja en Stefan was en dat zij daar niets aan konden doen? Ze voelde een warme stroom door haar lichaam gaan en zuchtte diep. Hierop drukte Hugo zich tegen haar aan en begon haar te strelen. Hanne voelde hoe haar lijf zich overgaf aan de verleidelijke aantrekkingskracht van zijn soepele, naakte lichaam.

Ze loopt in een vreemd bos. De grote imponerende eikenbomen herkent ze van het bos in Lonneker, waar ze als kind vaak kwam. Toch is dit een onbekende plek en na uren lopen realiseert ze zich dat ze verdwaald is. Dan ziet ze in de verte een onbekende blanke man aankomen. Hij loopt op twee grote eiken af. Nieuwsgierig komt Hanne dichterbij. Ze ziet dat de twee bomen van elkaar verschillen; één is licht van kleur, de ander donker. Plotseling begint de man de donkere boom om te zagen en verbaasd vraagt Hanne zich af waarom hij dat doet. Terwijl de man zaagt begint de boom te bloeden en verschrikt doet Hanne en paar stappen terug. De man blijft doorzagen en het bloed gulpt nu naar buiten. Het rode vocht vloeit over de grond naar Hanne toe. Bang probeert ze aan het bloed te ontkomen en gaat achter de lichte eik staan. Het hele bos verandert nu in een bloederige moddermassa en Hanne voelt hoe langzaam de grond onder haar voeten zacht wordt. Als in een moeras wordt ze naar beneden gezogen en in een paniek klemt ze zich vast aan de stam van de lichtkleurige eik. Dit helpt haar echter niet en ze zakt verder de grond in.

IV JEAN BOMBA

Het was zaterdagmorgen, marktdag in het Malinese dorp Béléko. Jean zat op een klein laag krukje en at als ontbijt de koude 'to' die overgebleven was van de dag ervoor. Terwijl hij op de weinig smaakvolle gierstbrij kauwde, overzag hij zijn cour. Er was niets om trots op te zijn. De drie lemen hutten die het huis telde, waren oud en vervallen. De ronde voorraadschuur voor de gierst was al enkele maanden leeg en stond er nutteloos bij. Onder een wankel rieten afdak scharrelden een paar schamele kippen. Zijn grond werd aan de oostkant van de weg gescheiden door een lage, gedeeltelijk af-gebrokkelde muur; de rest van het erf was onbeschut. Hij was er de laatste jaren niet meer aan toegekomen zijn huis bij te houden; er waren dringender problemen.

De kinderen en zijn vrouw Pauline aten hun ontbijt voor de hut van de keuken en waren spraakzamer dan normaal. Victorine, de oudste dochter had voor het eerst beignets gebakken die ze op de markt zou gaan verkopen. De twee jongens, Paul en Philip, smeekten met haar mee te mogen. Onverschillig haalde hun grote zus haar schouders op en opgewonden sprongen de jongens over-eind. Pauline glimlachte om haar zoontjes, die nog de leeftijd hadden waarop een bezoek aan de drukke handelsplaats reden tot uitbundigheid was. Voor Victorine kreeg de wekelijkse marktgang vanaf vandaag de belastende noodzaak en schrale hoop om een beetje geld te verdienen. Jarenlang was Pauline zelf iedere zater-dag naar het centrum van het dorp gelopen om daar enkele francs te verdienen met het verkopen van wat zelfverbouwde groenten, bijeengezochte vruchten of versgebakken beignets. Na de geboor-te van haar jongste kind, vijf maanden geleden, was ze echter niet goed opgeknapt en had ze de kracht niet meer om helemaal naar de markt te gaan.

Jean keek meewarig naar zijn kleine magere vrouw die met een automatische beweging de baby van haar rug haalde, waarop het kind direct aan een van de slappe borsten begon te zuigen; het verwonderde hem dat er nog steeds melk uitkwam. Pauline klaagde al lang over pijn in haar onderbuik en regelmatig zag hij haar op een matje in de schaduw van de karitéboom liggen. Als jager had Jean kennis van geneeskrachtige planten en kruiden en hij had voor zijn vrouw verschillende medicinale dranken gemaakt van onder andere de kleine, doornachtige erythrine en de heester- achtige securinega. Dit had echter niet afdoende geholpen, even- min als de injecties van Sidibé. Hij had gehoord dat deze Peul een knappe heelmeester met westerse medicijnen was en Jean was hem thuis in de wijk Dabala gaan opzoeken. Na vijf uiterst pijnlijke penicilline-injecties was Pauline echter nog niet genezen en Sidibé had gezegd dat ze beter naar het ziekenhuis in Dioila konden gaan of naar Samake Diarra in Tioribougou. Deze furatigi stond bekend als een kundig traditioneel geneesheer; met zijn medicijnen en zijn krachtige tafo, een dun koordje met knopen waarover hij een magi- sche formule had uitgesproken, had hij al vele vrouwen met buik- klachten genezen. Jean had echter geen geld meer – voor de injec- ties van Sidibé had hij al vijfduizend CFA moeten lenen. Men zei dat Samake voor zijn kunde geen prijs vroeg en aannam wat men hem kon geven. Maar om in het dorp Tioribougou te komen zouden Jean en zijn vrouw met de taxi-brousse moeten reizen en verschil- lende malen moeten overnachten.

Vreemden die hoorden dat Pauline ziek was, vroegen zich af waarom Jean haar niet meenam naar de blanke zusters in Béléko, die al sinds jaren een goede reputatie hadden met hun polikliniek. Hij woonde er toch vlakbij, en was hij bovendien niet een christen? De Bélékwa lachten dan echter schamper en zeiden dat op de dag dat Jean zou besluiten naar de missie te gaan, er in Timboektoe gras zou groeien....

Jean was een volwassen man toen hij zich had laten dopen en zich ontdeed van zijn Bambara-naam Tiéfolo.

Zijn vader was een vermaard jager geweest met een grote kennis van de vier allesbepalende elementen, en met enkele gerespecteerde bovennatuurlijke krachten. Hij had zich volledig afzijdig gehouden van de twee religies die naar zijn zeggen de mensen alleen maar van elkaar vervreemdden en de Bambara-goden onteerden. Voor de huichelaars die zich in een moslim boubou hulden en zich in het openbaar in het stof wierpen, had hij een diepe minachting, evenals voor degenen die hun ziel aan de christelijke blanken verkochten in ruil voor rare kleren en wat leren krabbelen op papier. Met strenge autoriteit verlangde hij van zijn zonen dezelfde houding als hij zelf had en hij wijdde hen in in de aan hun kaste gebonden kunst van het jagen. De moeder van Jean, toen nog Tiéfolo genoemd, stierf op achtentwintigjarige leeftijd aan tyfus. Haar drie dochters en haar enige zoon, die op dat moment acht jaar oud was, bleven achter onder de zorg van hun vaders eerste vrouw. Een jaar later nam de jager een nieuwe echtgenote en zij schonk hem in de loop der tijd vijf zonen; hij was een fortuinlijk man.

Tiéfolo ontwikkelde zich tot een opstandige jongen die zich, als enige zoon zonder eigen moeder, in het grote gezin een buitenbeentje voelde. Hij maakte snel ruzie en zat vaak alleen zijn to te eten terwijl de anderen zich om de gezamenlijke pot groepeerden. De enige met wie hij kon opschieten was zijn vader en hij hield ervan om met hem op jacht te gaan. De enkele keer dat ze samen de grasrijke en dichtbestruikte wildernis van de savanne introkken om aan het einde van de dag met vele fazanten of soms met een wild zwijn thuis te komen, was Tiéfolo blij met zijn bestaan. Toen zijn vader stierf was er dan ook niets of niemand meer die de twintigjarige jongeman nog aan huis bond en na het afsluiten van de rouwperiode vertrok hij met de zuiderzon naar de wereldstad Abidjan.

Vijf jaar trok Tiéfolo Bomba rond en leerde na Abidjan ook de handelsplaatsen Conakry en Dakar kennen. Op zijn eenzame zwerftocht langs deze steden leerde hij noodgedwongen wat Frans spreken en hield zich in leven met allerlei baantjes. Hij werd ruw en grof van taal en toen hij eindelijk terugkwam naar zijn geboorteplaats vonden de Bélékwa hem onbeleefd en eigenwijs.

41

In de wijk Flala, even buiten Béléko, bouwde de jonge jager eigenhandig een lemen huisje en vroeg aan het dorpshoofd om een stuk land dat hij zou kunnen ontginnen. Niet lang daarna liet hij zich als enige van de familie in de katholieke kerk dopen en veranderde zijn naam. Met behulp van de Franse missionaris die in Béléko gestationeerd was, werd Pauline uit het nabijgelegen dorp Bougou- courella gevonden en na een korte onderhandeling tussen Jean en haar familie trouwden ze in de kerk.

Twee jaar later werd hun eerste kind geboren, dat Jean naar zijn moeder vernoemde, Sabine Souka. Hij adoreerde zijn doch- tertje en menigeen was verbaasd de harde, norse man zo zacht- zinnig met het meisje om te zien gaan. Al snel kwamen er meer kinderen in het gezin, maar Jeans aandacht en liefde bleef voor- namelijk uitgaan naar Souka.

Op zesjarige leeftijd kreeg het kind een ernstige malaria- aanval met extreem hoge koorts. Pauline gaf haar enkele op de markt gekochte Nivaquine-tabletten en Jean riep de hulp in van een vermaarde furatigi uit Seyla. De koorts daalde echter niet en op aandringen van de priester ging Jean met zijn dochter naar de Franse zuster Simone die toen al vijf jaar als verpleeg- en verlos- kundige in Béléko werkte. Zij vond het beter om Sabine op te nemen en besloten werd dat Pauline met het zieke kind de nacht zou doorbrengen in de missiekliniek. De Française behandelde het jonge patiëntje met Quinimax-injecties en legde een infuus aan. Ongerust en onwillig zijn zieke dochtertje achter te laten, ging Jean naar huis waar de andere kinderen op hem wachtten.

De volgende ochtend werd Jean door een verpleger in aller- haast naar de kliniek geroepen. Toen hij daar aankwam bleek Souka te zijn overleden. En sinds die dag had Jean Bomba van Flala geen voet meer op de missie gezet.

Maar gedeeltelijk verzadigd stond de bezorgde man op van zijn ontbijt en ging zijn kamer binnen om zijn spullen te pakken. Hij moest naar de markt om gierst te kopen. De voorraad van het

42

vorige seizoen was al twee maanden geleden opgeraakt en ze leefden van kredieten. Binnenkort zou hij het land weer gaan bewerken en hij hoopte dat God hem dit jaar een goede oogst zou geven. Jean droeg zijn traditionele jagerspak dat van grof, bruingroen geverfde katoen geweven was. Over de zakbroek met vanaf de knie strakke pijpen, had hij een wijde hes met vele zakken in verschillende maten. Daarin kon hij zijn benodigdheden als jager stoppen, evenals de tabak die hij graag kauwde. Het pak was al vaak versteld en zag er oud en versleten uit, net als de bijpassende muts met vettige, smalle reepjes leer die tot in zijn nek hingen.

Jean gromde tegen zijn vrouw dat hij wegging en stapte op zijn oude fiets waarop het woord comfortabel al zo'n vijftig jaar niet meer van toepassing was. Het was ruim twee kilometer naar Béléko-Soba, de kern van het verspreid liggende dorp waarvan Flala de buitenste wijk was. In Soba werd de wekelijkse markt gehouden, die in de loop der tijd was uitgegroeid tot een belangrijk handelspunt tussen het zuidelijke Sikasso en het meer noordelijk gelegen Bamako. Iedere vrijdagavond arriveerden de grote, versleten vrachtwagens van de handelaren om op zaterdagmorgen zwaar en gevaarlijk overvol geladen weer te vertrekken. Verder kon men in Soba de bureaus van verschillende instanties vinden, zoals die van de voor Mali belangrijke katoenorganisatie, van water- en bosbeheer, de veterinaire dienst en de staatskliniek. In Soba woonde ook de chef d'arrondissement, die als vertegenwoordiger van de overheid een centrale figuur was. Naast het bewaren van de wettelijke orde was hij belast met het innen van de jaarlijkse, door iedereen verguisde, belasting – een taak die hem mede door de welberuchte corruptie bij de overheid weinig geliefd maakte.

Aan de rand van Soba, vlakbij de wijk Dougouyala lag de imponerende missie met haar helder geverfde kerk, het patershuis waar tegenwoordig twee Malinese priesters woonden, het klooster van de Franse religieuzen met daarnaast een cultureel centrum en een eindje verderop de polikliniek. De lagere school vlak naast de kerk was meer dan vijftien jaar geleden genationaliseerd en aan het hoofd stond een Sarakolé.

Het droge savannelandschap rond Béléko was vlak en weids. Het was het begin van het regenseizoen en hier en daar begon wat gras te groeien in het verder nog dorre land, met imposante baobabs als ware landmarkeringen.

Jean fietste langzaam over het smalle, zanderige pad. Hij was met zijn gedachten bij Pauline die er vanmorgen nog slechter uitzag dan gewoonlijk. Een maand geleden was hij naar de soma, de waarzegger van het naburige dorp, gegaan om te achterhalen waarom zijn vrouw ziek was. Wat hij vreesde werd door de golongise, het gooien van de schelpen, bewaarheid: de geesten van zijn voorouders waren kwaad. Om ze milder te stemmen zou hij een paar kippen moeten laten slachten in het ouderlijk huis. De verstandhouding met zijn oudste broer Karamogo, die nu in het huis van zijn vader woonde, was echter uiterst slecht en Jean wist niet hoe hij dit offer zou kunnen uitvoeren. Diep in gedachten verzonken fietste hij de brede, laterieten hoofdweg op die dwars door Béléko liep. Plotseling schrok hij op door onheilspellend geclaxoneer van een auto en voor hij wist wat er gebeurde, werd hij met een enorme klap van zijn fiets gesmeten.

Verdoofd door pijn en schrik lag hij roerloos langs de weg. Als door een dikke sluier van dichte stof hoorde hij gedempt het slaan van autodeuren. Een man boog zich over hem heen en staarde hem met een intens verschrikte blik aan. Jean maakte een voorzichtige beweging waarop de vreemdeling naast hem neerknielde en hem aansprak. Een hevige pijn doortrok zijn borstkas en belette hem overeind te komen. Toen zag de gewonde man twee blanken staan en verbeten door de verscheurende steken in zijn lichaam vroeg hij kwaad wat zij hier kwamen doen. Verbaasd door zijn vraag keek de vreemdeling naast hem even naar de blanken om en zei dat zij hier kwamen wonen. Hij was de chauffeur uit Bamako en had hen hier naartoe gereden.

44

Intussen waren er vele marktgangers naar de plaats van het ongeluk gekomen en geschrokken herkenden ze Jean Bomba van Flala. Een hevige discussie ontstond over wat er moest gebeuren. Sommigen stelden voor de aangereden man naar de zusters te brengen, maar degenen die de jager beter kenden gingen daar fel tegenin. Ibrahim, de chauffeur begreep niets van de besluiteloosheid van de mensen en liep naar het blanke stel dat bleek weggetrokken wat afzijdig stond.

'Hoe is het met hem', vroeg de blanke man dringend, 'blijft hij leven?'

'Ik denk het wel', zei Ibrahim terwijl hij zenuwachtig aan zijn uniform frutselde. 'Hoe kon hij nu zo stom zijn om zo de weg op te rijden?' vroeg hij kwaad, uit bezorgdheid en angst dat hem schuld trof. 'En waarom doen deze mensen niets? Staan daar maar te bakkeleien waar ze hem naar toe zullen brengen, terwijl we hier verdomme vlakbij de kliniek van de zusters staan!' en hij wees naar het kleine gebouwtje dat zo'n vijftig meter van de weg af lag.

'Kunnen we de zusters niet waarschuwen?' vroeg de jonge blanke vrouw hem ongerust. Ze vreesde voor de gevolgen als de man de aanrijding niet zou overleven. 'We moeten iets doen!' richtte ze zich wanhopig tot haar vriend. Deze zei dat hij wel iemand zou gaan halen en liep gehaast naar de kliniek. Even later kwam hij terug met een Française van rond de veertig die zich voorstelde als zuster Chislaine.

De kleine, tengere vrouw werkte zich door de mensenmassa heen en herkende Jean. Ze kende hem al ruim acht jaar en had voor deze weerbarstige man, die door het noodlot achtervolgd scheen, een warme sympathie ontwikkeld. Hoewel Jean, sinds de dag dat zijn oudste dochtertje overleden was, steeds met een grote boog om alles wat met de missie te maken had heen liep, kon hij niet vermijden dat hij de religieuzen soms op een feest of tijdens marktdagen tegenkwam. Chislaine sprak hem dan altijd even aan en in de loop der jaren was de norse jager haar wat vriendelijker gaan bejegenen.

Nadat ze Jean snel onderzocht had, gebood ze een aantal mannen hem naar haar dispensaire te brengen. Verbijsterd, maar tevens opgelucht dat er eindelijk een beslissing genomen werd, reageerden zij. Jean wilde zich nog verzetten maar had de kracht niet en Chislaine sprak hem in het Bambara toe dat hij het lot op zijn beloop moest laten.

V   HET HUIS

Aangedaan stapten de twee Nederlanders in de Toyota Hilux waarmee ze uit de hoofdstad waren gekomen. Ze hadden zich hun aankomst in het Malinese dorp waar ze drie jaar zouden verblijven heel anders voorgesteld. De aanrijding met een inwoner van het plaatsje had veel opschudding veroorzaakt en terwijl de gewonde man naar de kliniek werd gebracht, hadden de omstanders gevraagd wie zij waren. Zo werden ze voorgesteld als de blanken waarvan de vrouw in de staatskliniek zou gaan werken en die kwamen te wonen in het nieuwe huis dat onlangs door een Nederlander uit Bamako gebouwd was. Het was geen glorieuze introductie en Hanne en Hugo hoopten dat hun aanwezigheid in Béléko niet voorgoed geassocieerd zou worden met het ongeluk. Gelukkig zag het er niet naar uit dat de aangereden man zou overlijden; aan de eventuele gevolgen daarvan durfden ze nu niet te denken.

Ibrahim, de chauffeur, reed hen naar de chef d'arrondissement waar ze verslag van het ongeluk gingen uitbrengen. De gewichtig geklede ambtenaar – in een donkerblauwe boubou – had net een vroege bijeenkomst met alle dorpshoofden achter de rug en stelde na de officiële begroeting voor om in zijn huis thee te drinken. Tot opluchting van het Nederlandse stel nam de donkere Peul uit Mopti het ongeval niet erg zwaar op en gaf alleen de opdracht dat de chauffeur later op het bureau een proces-verbaal moest laten opstellen. Voor Hanne en Hugo zag hij geen vervelende consequenties en hij heette hen nogmaals van harte welkom in hun nieuwe woonplaats.

Tegen het einde van de ochtend werden 'les gens de la NO' of 'les Néerlandais', zoals Hanne en Hugo afwisselend genoemd werden, meegenomen op een voorstellingsronde langs de notabelen van het dorp. In een paar uur tijd bezochten ze het administratieve dorpshoofd, de imam, het traditionele dorpshoofd, de president van de enige politieke partij en de presidente van de officiële vrouwenorganisatie. Verder gingen ze langs de bureaus van de verschillende overheidsinstellingen die zich in Béléko bevonden.

Naarmate de dag vorderde werden de nieuw aangekomen blanken steeds stiller. In Bamako, zo realiseerden ze zich achteraf, hadden ze zich beschermd gevoeld door de aanwezigheid van andere blanken en hadden ze hun nieuwe omgeving vanuit die relatief veilige situatie geïnteresseerd opgenomen. Nu overviel het hen dat ze de enige blanken waren; ze voelden zich vervreemd en onwennig in hun witte huid. Slechts weinig inwoners van Béléko spraken Frans en door deze enorme taalbarrière werd hun anderszijn nog eens benadrukt. Overal waar ze gingen stopten mensen om naar hen te kijken. Een grote groep kinderen liep constant achter hen aan en velen schreeuwden vanaf een veilige afstand 'tubabu, tubabu', waarvan de Nederlanders al snel begrepen dat dat 'blanke' betekende.

Het weidse dorp had een oude dichtbebouwde kern met een wirwar van nauwe steegjes. De lichtgrijze hutten die recentelijk bestreken waren met fijn leem in afwachting van het regenseizoen, leken alle op elkaar. De meeste hadden een laag plat dak, gemaakt van houten palen en harde gedroogde modder, en het geheel gaf een wat benauwde maar ook beschutte indruk. Overal werden Hanne en Hugo beleefd en vriendelijk ontvangen. Het auto-ongeluk van die ochtend kwam hier en daar ter sprake, niemand echter scheen het hen aan te rekenen. Overweldigd door de nieuwigheid van de situatie namen ze verlegen de aangeboden kolanoten aan en wisten niet wat ze ermee moesten doen. Ongemakkelijk zaten ze op gammele, schuin achterover hellende bamboestoelen, lage wiebelende krukjes of op een enkele schapenhuid. Bij iedere Bambara-begroeting mompelden ze binnensmonds beschaamd iets terug.

Tijdens het bezoek bij de traditionele chef van het dorp werd er een eerste poging gedaan de 'tubabu' een Bambara-naam te geven. Het was in Mali de gewoonte om vreemdelingen die lang zouden blijven een stamnaam te geven. De dugutigi vond dat de

48

'Néerlandais' Coulibaly moesten heten. Dit was zijn eigen naam en trots vertelde hij dat een van zijn overgrootouders de stichter van Béléko was geweest. Gecharmeerd door deze bijzondere gewoonte en dankbaar voor de blijk van acceptatie die eruit sprak, antwoordde Hugo dat ze zich zeer geëerd voelden.

Tegen tweeën legden ze het laatste bezoek af en moe van alle indrukken en de benauwde hitte die het einde van het droge seizoen markeerde, werden Hanne en Hugo naar hun nieuwe huis gebracht. Het lag aan de rand van het dorp, netjes geverfd, met een hoog dak van glimmende aluminium golfplaten en omgeven door een enorme, crèmegele, cementen muur.

Hanne schrok toen ze de imponerende villa zag die in schril contrast stond met de hutten die ze zojuist bezocht hadden. Aangeslagen bekeek ze het huis van binnen: twee ruime slaapkamers, een brede L-vormige huiskamer, een badkamer met wc en douche en een behoorlijke keuken. Buiten was er een grote overdekte veranda en in de hoek van het erf waren nog twee schuurtjes gebouwd, die netjes gepleisterd en geverfd op een klein huis leken. Stil liep Hanne achter Hugo aan die druk pratend met Ibrahim de ronde deed door zijn nieuwe domein. De fijngevoelige chauffeur bemerkte haar geschokte reactie en vroeg of het huis haar niet beviel.

'Het is zo groot. Een villa... Voor ons tweetjes is dit toch veel te veel?! Hier zou een hele Malinese familie met weet ik hoeveel kinderen in kunnen wonen!'

'Het doet inderdaad erg villa-achtig aan', mengde Hugo zich in het gesprek, 'maar dat komt doordat het hoog is vergeleken met die lage lemen hutjes van hier. En alles is natuurlijk nieuw geverfd. Maar zo groot is het toch niet?'

'Hugo, het is enorm! Het huis ligt hier als een paleis! Denk je dat ik me hier prettig zal voelen... Dit zet ons nog meer apart van de mensen hier! Ik schaam me voor zo'n huis terwijl iedereen in van die hutjes woont.' Hanne was overgegaan op het Nederlands. Ibrahim merkte op dat hij alvast wat bagage zou gaan versjouwen.

49

Ze waren met een auto vol spullen uit Bamako gekomen, die hij had afgeladen terwijl Hanne en Hugo met de chef d'arrondissement thee hadden zitten drinken.

Hugo keek de chauffeur na die naar buiten liep, en wendde zich toen tot zijn vriendin: 'Hanne, ik zie wel wat je bedoelt, maar wat wil je daar nu aan doen? We zijn hier net aangekomen, we zijn onder de indruk van alles wat we hier zien en dan lijkt het huis misschien wat groot. Maar laten we dat nu even de tijd geven. Als NO dit nou zo gebouwd heeft, dan zal het toch wel normaal zijn. Kom, laten we kijken of we koffie kunnen zetten, of zoiets', en pakte haar zachtjes bij de schouders om haar te overreden haar bedenkingen even te laten rusten. Op dat moment hoorden ze het ijzeren hek van het erf opengaan en een jong meisje kwam aangelopen, met in haar handen twee schalen. Ze zette de emaille schotels op de veranda, zei iets in het Bambara tegen Ibrahim en ging weer weg. Verrast liep Hanne naar buiten en Hugo volgde haar, blij dat hun aandacht door iets anders werd opgeëist.

Ibrahim legde uit dat ze een maaltijd aangeboden kregen door Bakary Coulibaly, de chef de poste van de dispensaire waarmee Hanne zou gaan samenwerken. Bakary was die ochtend met hen mee geweest op de voorstellingsronde en had tegen Ibrahim gezegd dat hij een maaltijd zou laten brengen. De kip in pindasaus met rijst was erg welkom en ze besloten direct te gaan eten. Ze installeerden zich in de nieuw gekochte, ijzeren met nylondraad gespannen, lage stoelen en zetten de pannen tussen hen in op de cementen vloer van de veranda. De chauffeur schepte wat uit de volle pan met rijst op de platte deksel van de grootste schaal en goot een flinke hoeveelheid van de pindasaus over de rest van de rijst. Het gebraden vlees legde hij in het midden van de schaal en nadat ze hun handen hadden gewassen, pakten Hanne en Hugo met hun vingers voorzichtig wat van de hete rijst. Onwennig om met hun handen te eten, maar aangemoedigd door het vrolijke commentaar van Ibrahim, lieten de Nederlanders zich hun eerste Malinese maaltijd in hun nieuwe huis goed smaken.

Tegen het einde van de middag, nadat ze alle zware meubel-stukken met behulp van een paar jongens uit de buurt naar hun plaats hadden gesjouwd, ging de chauffeur terug naar Bamako. Dankbaar voor zijn hulp namen Hanne en Hugo afscheid van de sympathieke man voor wie ze veel genegenheid voelden. Terwijl ze voor het huis stonden en de Toyota nazwaaiden die in een dichte stofwolk uit het zicht verdween, sloeg Hanne haar arm om Hugo's middel. In het moment van eenzame stilte dat daarna over hen neerdaalde, hielden ze zich beschermend aan elkaar vast en liepen zwijgend naar binnen. Daar liet Hugo zich tegen de muur neer-zakken op de kale kamervloer. Hanne bleef staan en keek met haar donkerbruine ogen haar vriend peinzend aan. Ze zei niets.

'Wel schat, hier zijn we dan. In Béléko.'

Hanne knikte even maar zei nog steeds niets, waarop Hugo weer overeind kwam.

'Ik stel voor dat we eerst ons bed in elkaar zetten. Dan kun-nen we vanavond tenminste normaal slapen', sprak hij, terwijl hij naar de slaapkamer liep waar de losse onderdelen stonden van het in Bamako gekochte bed. Hanne volgde hem, maar draaide zich om toen ze iemand op de veranda in de handen hoorde klappen. Snel liep ze naar buiten en zag Bakary op de veranda staan. Met een lichte buiging excuseerde hij zich en hoopte dat hij hen niet stoorde. Hanne bood haar nieuwe collega een van de eenvoudige ijzeren stoelen aan en nam zelf ook plaats. Geamuseerd luisterde ze naar de uitgebreide en officiële begroeting van de jonge man die ze van dezelfde leeftijd als zichzelf schatte. Hij was niet erg groot, had een lichtbruine huidskleur en een netjes kortgeknipt kapsel. Opvallend waren zijn lange nagels en verbaasd vroeg Hanne zich af hoe hij daarmee zijn medisch werk kon verrichten. Hij sprak op een zeer beleefde toon die Hanne kunstmatig aandeed en zijn jongens-achtige gelaat toonde weinig expressie.

Bakary Coulibaly was geboren en opgegroeid in de wijk Falako in Bamako. Zijn vader was een hooggeplaatste ambtenaar bij het postbedrijf geweest. Als benjamin van de familie had hij meestal zijn zin gekregen, vooral nadat zijn vader was overleden toen Bakary zes jaar oud was. Na drie jaar middelbare school was het duidelijk dat hij niet veel verder zou komen en hij besloot de tweejarige middelbare opleiding voor verpleger te volgen. Met behulp van een invloedrijke oom werd hij snel tot de opleiding in het ziekenhuis Point G toegelaten. Na zijn diplomering werd hij in het streekziekenhuis in Dioila aangesteld en na een paar maanden kreeg hij, zonder enige ervaring maar bij gebrek aan personeel, de functie van verantwoordelijk persoon in de staatskliniek in Béléko. Dit was een jaar geleden.

Op vriendelijke maar uiterst formele toon bracht hij Hanne op de hoogte van het introductieprogramma dat hij voor de komende dagen had opgesteld. Hij zou haar de structuur en organisatie van de gezondheidsdienst in het dorp en het arrondissement van Béléko uitleggen. Tijdens een vergadering die over twee dagen zou plaatsvinden zou hij haar voorstellen aan al de werkers. Verder zou hij met haar de administratie doornemen én hij wilde haar meenemen naar enkele dorpen waar hij voor supervisie van de gezondheidswerkers naar toe moest. Ze zouden daar op hun brommertjes naartoe gaan; Hanne had net als Bakary een mobyletje – zoals de Nederlanders de lichtgewicht bromfietsjes noemden – van het project tot haar beschikking gekregen. In een multifunctioneel kantoortje in de dispensaire had de chef de poste een tafel vrijgemaakt die als bureau dienst deed.

Hugo kwam even later ook naar buiten en Bakary sprong op als een militair die in de houding schoot. Gewichtig heette hij hen nogmaals van harte welkom en sprak de hoop uit dat zij een goed verblijf zouden hebben en dat ze zich thuis zouden voelen hier in Béléko, dat ze vooral toch vreedzaam zouden samenwerken en dat Allah hen mocht beschermen. Door de vele kennismakingen bij de verschillende instanties in Bamako en in het arrondissementsdorp die ochtend, waren ze bekend geworden met de statige beleefdheidsvorm waarmee men voorgesteld werd. Uit de mond van deze jonge man vond Hugo het echter aanmatigend klinken en hij erger-

52

de zich. Bakary stond nog steeds en met een kort gebaar maakte Hugo duidelijk dat hij kon gaan zitten. Voor zichzelf haalde hij van-uit het huis ook een stoel en eenmaal gezeten vroeg hij aan Bakary wanneer het zou gaan regenen. Met stijgende verbazing luisterde de Nederlander naar een bombastisch verslag over de klimato-logische omstandigheden van het Sahel-land Mali. Zodra Bakary's monoloog ten einde was, stond Hugo ongeduldig op om weer naar binnen te gaan. Direct daarop kwam de chef de poste ook omhoog en vroeg hen hem te excuseren – hij wilde hen niet langer op-houden en met een stijve handdruk nam hij afscheid.

'Wat een zeikerd', spuide Hugo zodra hun bezoeker het hek uit was.

'Hij doet inderdaad erg stijf', glimlachte Hanne. 'Maar dat zal toch wel veranderen, men is hier nu eenmaal erg beleefd. Gun hem een beetje tijd.'

'Ik betwijfel of het bij hem beleefdheid is. Volgens mij vindt hij zichzelf erg voornaam. Vanmorgen tijdens het bezoek bij alle notabelen gedroeg hij zich ook zo.'

'Ach welnee', suste Hanne hem, 'het zal heus wel meevallen. Trouwens, ik hoop van wel, ik moet tenslotte drie jaar met hem samenwerken'.

'Dat was dus niet erg tactisch van mij. Sorry', veront-schuldigde Hugo zich. 'Het komt vast door de warmte, ik ben erg prikkelbaar.' Hanne sloeg lachend haar armen om zijn nek.

'Al met al weten we nu nog niet wanneer het gaat regenen terwijl een beetje afkoeling welkom zou zijn', ging Hugo door, ondertussen zijn vriendin lichtjes in de nek kussend. 'Het zou voor het erf ook goed zijn. Morgen begin ik met het opruimen van de rotzooi en dan zal ik er een mooie tuin van maken.'

Het terrein rond hun huis was volledig kaal en leek op een verlaten bouwterrein. Er lagen splinters hout, in een van de hoeken had men cement gemixt en overal lagen keien en kapotte resten van cementblokken. Langs de onzorgvuldig geschilderde muren was de harde, rotsachtige grond besprenkeld met verfspetters. Alhoewel Hanne inzag dat er iets aan de rommel en aan de deprimerende kaalheid gedaan zou moeten worden, schrok ze op van de opgewekte vanzelfsprekendheid waarmee Hugo over hun 'tuin' sprak.

'Ik neem aan dat je er niet zo'n bloemen- en plantenzee van gaat maken als de tuinen in Bamako. Ik zou me kapot schamen, al het water dat we dan verbruiken. Ik ben er trouwens echt nog niet uit of ik nu wel in dit huis...'

'Kom op', onderbrak Hugo haar en liet haar los, 'we kunnen in ons eentje niet alle problemen van de Sahel oplossen. Als wij genoeg water uit onze put kunnen halen, zie ik niet in waarom we niet een beetje een redelijke tuin zouden kunnen aanleggen. Toch?!'

Hanne haalde haar schouders op. 'Maar staat het niet erg, wat zal ik zeggen, kolonialistisch of zo, als wij hier tijd en energie steken in een bloementuin, terwijl de mensen zich met moeite in leven houden? Dat klopt toch niet?'

'Ik zie echt het probleem niet zo. Men weet toch wel dat wij rijk zijn, dat wil zeggen, rijker dan zij zijn. Dan mag je er net zo goed iets leuks van maken. Wat veel belangrijker is volgens mij, is dat we gastvrij zijn en mensen ontvangen. Dat is hetzelfde als met het huis. Ik ben het met je eens dat het erg imponerend aandoet, maar wel-beschouwd is het niet zo groot. Het huis van de chef d'arron-dissement bijvoorbeeld is volgens mij groter dan dit. Het ziet er alleen niet zo mooi uit. Dit is mooi geverfd en de rechte, cementen muur eromheen maakt het indrukwekkender. Maar alle percelen hier zijn groot. Heb je het erf van de buren gezien? Dat is ruimer dan dat van ons. Ik denk dat we het even de tijd moeten geven. En verder, vergeleken bij de schitterend betegelde en met van alle comfort voorziene huizen van Bamako, is dit toch best eenvoudig. Kale cementen muren en vloeren, ijzeren deuren en luiken, en in het hele huis drie kranen met koud water vanuit onze eigen watertorentje. Verder geen stroom of enige luxe. Dus zo be-schouwd valt het ook best wel weer mee. En echt, wat belangrijk is, is dat we ons huis openstellen voor de mensen hier. Denk je ook niet?'

Hanne wist niet wat te antwoorden. Wat haar vriend zei, klonk logisch. Het was waar, in de verte konden ze het huis van de chef d'arrondissement zien en ook die ochtend was het haar opgevallen dat het een groot huis was dat die familie tot hun beschikking had. Maar het was uitgeleefd en deed veel armoediger aan dan hun huis. Maar, dat hij in een groot huis woonde, betekende dat dan dat zij dat ook moesten doen? En goed, de huizen in Bamako waren veel luxueuzer en groter dan dit hier, maar dat zagen de mensen van Béléko toch niet? Wat voor haar gold, was dat zij de blanken in dat grote mooie huis zouden zijn, en dat wilde ze niet. Het deed haar denken aan wat ze in Bamako over de neokolonialen gehoord had, die naar Afrika kwamen om de rijke machthebbers uit te hangen. Daar wilde zij absoluut niets mee te maken hebben. Dit huis echter en dan nog met een grote bloementuin eromheen, maakte het al wel moeilijk. Ze voelde zich er absoluut niet prettig bij.

Hugo daarentegen deelde haar gevoelens niet en Hanne vroeg zich pijnlijk getroffen af hoe het nu verder moest. Haar vriend stelde voor het onderwerp te laten rusten, totdat ze de situatie beter zou kunnen beoordelen en ging het huis in om de rest van hun bagage uit te pakken. Hanne bleef alleen achter op de veranda, overspoeld door tegenstrijdige emoties, die haar keel dichtknepen en haar ogen met tranen vulden. Wazig keek ze weg van het huis waar Hugo in verdwenen was en zag boven het zijhek enkele bruine kinderhoofdjes uitsteken.

'Bonjour', riep ze verstikt, waarop alle krullenkopjes verschrikt wegschoten.

'Zou ik ook doen', murmelde Hanne zachtjes in het Nederlands. 'Doodeng, zo'n wit mens in rare klcren dat in haar eentje zit te huilen.' Gelaten wachtte ze af of de kinderen de moed hadden terug te komen. Ze hoorde wat zenuwachtig gegiechel en gefluister en na enkele minuten verscheen het eerste hoofdje weer boven het hek. Dit keer glimlachte Hanne alleen maar en langzaam verschenen ook de anderen. Eigenlijk zitten jullie en ik in hetzelfde schuitje, zei ze in gedachten tegen de kinderen, zich ervoor hoedend dat ze hen niet opnieuw afschrok. We vinden het allemaal doodeng en hebben eigenlijk geen flauw idee wat we van elkaar kunnen verwachten. Jullie moeten het me maar vergeven dat ik in zo'n idioot groot huis woon, we vinden er nog wel wat op.

Toen ze opstond vlogen de kinderen opnieuw angstig weg. Langzaam liep ze naar het hek en droogde de traan die verdrietig op haar wang lag. Ik zal het hek opendoen. Volgens Hugo gaat het daarom. Ik hoop het, ik hoop dat jullie straks terugkomen, sprak ze de kinderen die in de verte verdwenen waren, zwijgend toe.

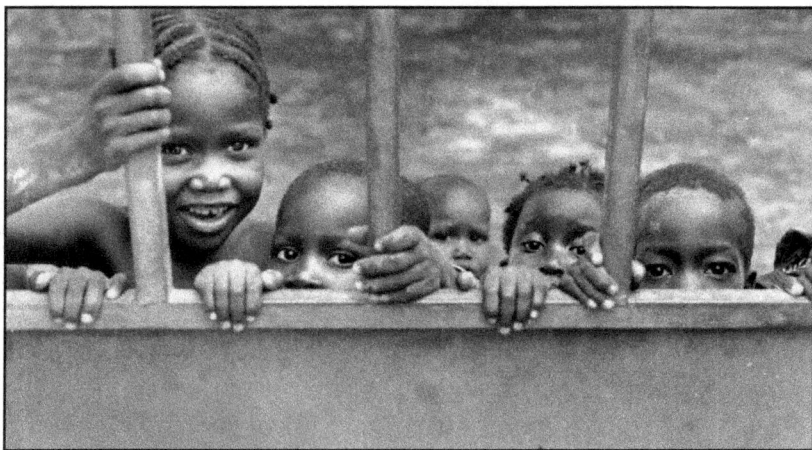

VI   ANJA EN SOLEY

Tachtig kilometer ten zuiden van Dioila lag Massigui, een groot dorp met ongeveer vierduizend inwoners, voornamelijk Bambara. Het was begin juni en het had pas een paar keer lichtjes geregend. Ongeduldig wachtte men op de zware regens die het begin zouden zijn van het nieuwe seizoen, zodat eindelijk begonnen kon worden met het werk op het land. Ook Anja verlangde vol ongeduld naar de verkoeling die het regenseizoen zou brengen, al keek ze niet uit naar de modderige wegen en paden en naar de malariamuggen die hen weer in groten getale zouden belagen.

Ze stond op van de ruwhouten eettafel en bracht haar lege bord naar het aanrecht. Ze had wat rijst met tomaten en kippenvlees van de vorige dag opgebakken en bedacht verheugd dat er binnenkort weer volop parelhoendereieren zouden zijn. Anja probeerde zoveel mogelijk lokaal beschikbare levensmiddelen te eten, hetgeen door enkele Nederlandse collega's als zelfkastijding werd afgedaan. Ze betreurde het dat velen haar om haar levenswijze als een excentriekeling beschouwden; sommigen zeiden dat ze naïef was, anderen dat ze zich belachelijk maakte door de Malinezen na te apen. In een enkele discussie die ze met afwijzende landgenoten gevoerd had in het kleine jaar dat ze nu in het land was, had ze haar mede NO'ers kwaad toegeroepen dat zij de grootste na-apers waren. Met hun kasten van huizen, hun bedienden en hun luxueuze auto's gedroegen ze zich – net als de blanken vroeger – als geile machtswellustelingen. De houding onder de ontwikkelingswerkers, zoals ze zichzelf noemden, ergerde haar mateloos. Met hun mond vol over de kansarme groeperingen en een duurzame ontwikkeling voor de benadeelde bevolking in het neokoloniale tijdperk, waren ze zelf niets anders dan moderne kolonialen. In plaats van slaven hadden ze nu bedienden die ze nagenoeg niets hoefden te betalen en in plaats van de wettelijke, militaire macht van voorheen hadden ze nu volledige economische macht. Opgeschoten jongelui, rechtstreeks van de universiteit, bepaalden soms het beleid voor duizenden inwoners terwijl ze absoluut niets afwisten van de cultuur en de gewoonten van die mensen. Was dat beter dan wat zij deed? Was ze belachelijk omdat ze niet naar hun opgeblazen maatstaven leefde? Was ze naïef omdat ze de Malinezen wilde leren kennen en begrijpen?

Anja ruimde de tafel af en probeerde aan iets anders te denken. Haar bezoek aan Bamako vorige week en de confrontatie met Stefan hielden haar bezig. Ze had er met Soley over gesproken en dat had haar enigszins opgelucht. Haar Malinese vriend had Stefan vier maanden geleden in Massigui ontmoet en had het beeld dat Anja van haar Nederlandse collega gegeven had, bevestigd gezien. Ook hij vond Stefan een pretentieuze carrièrejager zonder respect of interesse voor de Malinezen en sindsdien voelde Anja zich door haar vriend gesteund. Moeilijker was het voor hem om zich te verplaatsen in de twijfel en zelfkritiek die Anja soms overviel.

'Je had als Afrikaanse geboren moeten worden', had Soley eens gekscherend opgemerkt en ze hadden er samen om gelachen. Eenmaal weer alleen had ze zich echter afgevraagd in hoeverre er waarheid in zijn opmerking school. Zocht ze in Mali, net als in Tanzania waar ze zes jaar gewerkt had, misschien naar een identiteit die ze in haar eigen cultuur niet kon vinden? Maar, zo peinsde ze pijnlijk verder, gebruikte ze de Afrikanen dan niet voor haar eigen egoïstische doeleinden? Net als de andere Nederlanders? Was haar uitgangspunt niet even egocentrisch als dat van Stefan?

Anja zette haar oude cassetterecorder aan en luisterde naar een bandje van de Malinese zangeres Oumou Sangaré. En haar vermoeiende gedachtegang onderbrak ze door zich te concentreren op de komst van haar vriend die avond. Ze deed snel de afwas en pakte een in Massigui gemaakte bamboe stoel met daarover een kleurige, handgeweven deken uit Mopti. Ze ging op de veranda bij het licht van een petroleumlamp pinda's zitten pellen.

Soleymane Sogoba was een belangrijk handelaar; hij had drie vrachtwagens die voortdurend op en neer reden tussen Bamako en

Sikasso. Het handelen zat hem in het bloed. Als kleine jongen al wist hij in zijn geboortedorp Ntiontala voordeel te halen uit het ruilen van zelfgekweekte groenten tegen luxe artikelen als batterijen of kleding, die hij weer verhandelde tegen andere bruikbare spullen. Zijn handeltje hielp hem bij het bekostigen van zijn scholing en zijn ouders – arme landbouwers – stimuleerden het talent van hun jongste zoon. Op twaalfjarige leeftijd ging hij in dienst bij de eigenaar van een kleine boetiek op de markt in Massigui. De oude man was blij met de geestdrift en het inzicht van zijn hulp en een paar jaar later draaide de zaak geheel op de jonge Soleymane. Vlak voor het overlijden van de eigenaar kocht de jonge man uit Ntiontala het goed draaiende winkeltje en sindsdien was het uitgegroeid tot een succesvol bedrijf.

Hoewel Soleymane een rijk man was, was hij in het weinig ontwikkelde Massigui blijven wonen. Wel had hij, ondanks dat hij pas begin dertig was, twee vrouwen. Aïssa, met wie hij acht jaar geleden getrouwd was, had geen kinderen. Safiatou, zijn tweede vrouw, had hem een jaar geleden een zoon geschonken. Het geluk was met hem; zijn ouders leefden nog en woonden onder zijn dak, zijn vrouwen konden het goed met elkaar vinden, hij had een zoon en zijn zaak liep goed. En sinds het het laatste droge seizoen kwam daar de liefde van zijn blanke vriendin nog bij.

In de twee grootste steden van Mali had Soleymane vrienden waar hij regelmatig verbleef, zo kwam hij soms in contact met blanken. Nadat hij na lange tijd zijn kinderlijk ontzag voor deze buitenlanders – dat hem vanuit zijn plattelandsdorp was mee-gegeven – was ontgroeid, kon hij hen kritischer benaderen en leerde hen beter kennen. De meesten mocht hij niet. De Fransen in het bijzonder vond hij vaak arrogant en sluw. De enkele Amerikaan die hij had ontmoet, vond hij wel vriendelijk maar tevens onnozel en kortzichtig. Hij bewonderde de blanken voor hun efficiëntie en zakelijke opstelling, maar begreep weinig van hun individualis-tische en egocentrische manier van leven.

Anja had hij leren kennen in Massigui. Als hij niet op pad was voor zijn werk, verbleef hij graag in zijn drukbezochte boetiek en het was daar dat hij haar had gezien toen ze een blik melkpoeder kwam kopen. Gefascineerd had hij haar vanachter de toonbank bekeken; uit de helderblauwe ogen van de jonge vrouw, die eenvoudig gekleed ging in een pagne en een T-shirt, sprak iets levenslustigs. Hij had haar aangesproken en ze vertelde hem dat ze sinds twee maanden in Massigui woonde en samenwerkte met Mohammed Ballo, de chef de poste van de dorpskliniek. Verrast door haar vrolijke uitstraling en bescheiden opstelling, voelde hij zich gedreven deze onbekende vrouw – die bij navraag ongetrouwd bleek te zijn – beter te leren kennen. Een paar dagen later was hij bij haar langsgegaan en Anja had hem beleefd maar afstandelijk ontvangen. Haar huis was voor een blanke ongewoon sober ingericht en hij had dat toen geweten aan de pas korte tijd dat ze in het land woonde.

Na zijn eerste bezoek bleef Anja in zijn boetiek inkopen doen en na twee maanden vroeg hij of hij nogmaals bij haar thuis mocht komen. Door de manier waarop ze zwijgend knikte, meende hij te begrijpen dat zij ook in hem geïnteresseerd was.

In Bamako zou hij haar uitgenodigd hebben naar een bar of dancing te gaan – in dit dorp was er zoiets echter niet en er bleef hem niets anders over dan aan het eind van zijn bezoek te vragen of ze een relatie met hem wilde. Ze lachte even en zei toen 'ja'.

'Je weet dat ik getrouwd ben?' had hij haar verbaasd gevraagd en ook daarop had ze eenvoudig 'ja' gezegd. Hij had bezwaren, of op zijn minst een paar vragen verwacht maar ze had gezwegen. Verwonderd was hij opgestaan en zij volgde zijn voorbeeld. Hij nam haar in zijn armen en snoof haar zoetweeïge geur in zich op. Hij voelde hoe haar lichaam zich gewillig naar het zijne voegde. Even later duwde hij haar zachtjes van zich af; hoewel hij wist dat blanken ook overdag met elkaar naar bed gingen, zei hij met schorre stem dat hij die avond terug zou komen.

Sindsdien bezocht hij haar zo vaak mogelijk. Iedereen in het dorp, zelfs zijn vrouwen, wist van hun relatie. Anja was zelfs een paar keer bij hen thuis geweest. Ze had gewild dat zijn vrouwen haar leerden kennen en ze wilde weten over wie hij sprak als hij het over zijn familie had. De kalme, opgeruimde Soley en de enthousiaste, spontane Anja konden het goed met elkaar vinden. Hij leerde haar alles over de Bambara en vertelde over zijn dagelijkse zorgen thuis en over de zaak. Anja was een interessant verteller en vatte ieder voorval in een spannend of levendig verhaal. Lichamelijk verslonden ze elkaar. In het begin was hij ontsteld zoals zij onder en over hem heen draaide, kreunend zuchtte en hem verleidde tot allerlei sensuele handelingen die hij nooit eerder gedaan had. Hij liet zich echter niet lang intimideren en genoot er al snel van om het initiatief in hun erotisch spel soms aan zijn vriendin over te laten.

Anja hoorde hoe Soley zachtjes het vervallen hek opende dat haar cour afsloot tegen geiten en andere dieren die het op haar groentetuintje gemunt hadden. Warm begroette ze haar Afrikaanse minnaar, wiens donkere gelaat echter zeer bezorgd stond. Ze bood hem een stoel aan, begroette hem opnieuw en vroeg of hij wat wilde drinken. Hij bedankte door zijn hoofd te schudden en verviel in een diep zwijgen. Voorzichtig probeerde Anja hem aan het praten te krijgen terwijl haar hart door zijn ongewone gedrag angstig, sneller, begon te kloppen. Op haar vraag of er iets gebeurd was, keek hij verdrietig naar haar op.

'Ik ben stom geweest', zei hij in zichzelf gekeerd en staarde weer naar de grond. 'Ik heb niets doorgehad. Ik had het moeten weten, maar ik dacht dat ze het niet erg vonden. Ik vond de sfeer wel anders de laatste tijd, maar ik stond er verder niet bij stil.' Anja ging achter de stoel van haar vriend staan en legde troostend haar handen op zijn schouders.

'Aïssa en Safiatou?'

Soley knikte.

'Safi kwam vanmiddag naar me toe in mijn kamer. Ze was erg zenuwachtig. Ze zei dat ze ook namens Aïssa sprak. Je weet hoe Safi meer durft en meer uitgesproken is dan mijn eerste vrouw. Het ging over jou.'

Geschrokken wilde Anja zich terugtrekken, maar Soley sloeg snel een hand over de hare.

'Nee, luister. Dit is pijnlijk voor ons allemaal. Voor mij het meest. Ik wil niet dat jij het je alleen aantrekt. We moeten dit samen oplossen.'

'Wat zei Safi?' vroeg Anja fluisterend.

'Ze was kwaad over de Suzuki. Ze zei dat geen enkele man voor een vrouw een auto koopt.' Anja zuchtte. Hier had ze hem duidelijk voor gewaarschuwd toen hij een maand geleden, zonder haar iets te vragen, een tweedehands auto voor haar had gekocht in Bamako. Soley begreep haar zucht en verdedigde zich: 'Maar ik begrijp het niet. Ik koop voor hen toch ook dure cadeaus! En ben ik niet een enorm groot huis aan het bouwen met elektriciteit en water? Dat is toch ook voor hen! En jij had die auto nodig. Het is geen doen, steeds maar weer op dat brommertje'. Hij liet haar hand los en steunde moedeloos voorovergebogen met zijn gezicht achter zijn handen verborgen.

'Een auto is anders, Soley. Het is een statussymbool dat je aan mij gegeven hebt, en ik ben niet eens je vrouw. Daar komt bij dat zij bijna altijd thuis zitten terwijl ik overal heen kan rijden. En dat huis dat je aan het bouwen bent is nog niet af, ze voelen zich gepasseerd. Begrijpelijk.'

Soleymane antwoordde niet. De Nederlandse begreep dat er meer aan de hand was dan alleen een jaloerse Safi. Bedachtzaam liep ze terug naar haar stoel en zei niets tot haar vriend verder sprak.

'Ik heb haar nog nooit zo kwaad gezien. Ze haalde allerlei kleine voorvallen naar boven die ik allang vergeten was. Ik probeerde haar te kalmeren, maar dat hielp niet. En toen...' Hij slaakte een diepe zucht en Anja wachtte gespannen tot hij weer verder zou gaan.

'Toen dreigde ze dat als ik mijn relatie met jou niet stop, zij alles zal doen om er een einde aan te maken. Maar dat is belachelijk!' schreeuwde hij ineens nijdig en sloeg zichzelf met een vuist op zijn knie. 'Wie denkt ze wel dat ze is. Ik laat me niet bedreigen door mijn eigen vrouw!' Hij sprong op en liep stampend het huis in. Anja volgde langzaam. Ze had haar vriend nog nooit zo kwaad gezien. Ze wachtte tot hij wat rustiger werd en vroeg toen met een angstig vermoeden wat Safiatou precies bedoelde.

'Heb ik je niet alles over mijn volk verteld? Begrijp je het dan niet? Ze zal naar een sorcier gaan. Hekserij Anja!'

'Heeft ze dat dan gezegd?'

'Nee, natuurlijk niet', riep hij kwaad, 'maar dat sprak uit haar woorden. Ze zei: 'Dan zal Anja nog wel zien...''

'Maar wat kan zo iemand dan doen?' riep ze onzeker, het beklemmende gevoel dat zich diep binnen haar roerde angstvallig negerend.

'Alles', schreeuwde hij in haar gezicht. 'Alles!'

Alsof hij haar geslagen had deed Anja een paar stappen achteruit. Verbijsterd staarde ze hem aan.

'Anja.' zei Soley snikkend en trok haar naar zich toe. 'We vinden wel een oplossing', zei hij even later, proberend hen beiden te kalmeren. 'Wat zij kan, kan ik ook', voegde hij er grimmig aan toe.

Anja greep zich steviger aan haar Malinese vriend vast in een wanhopige poging haar bange voorgevoelens op afstand te houden.

VII   PROJECTACHTERGRONDEN

De lange slanke Nederlander stond in de schaduw van de grote, donkere néréboom die vlak voor het huis stond waar hij kort geleden ingetrokken was en keek onder de indruk naar het vlakke, kale landschap dat zich voor hem uitstrekte. Het verdorde gras gaf het land een bruingele aanblik, waarmee de heldergroene kruinen van de mango- en karitébomen in sterk contrast stonden. Hier en daar ritselden enkele verdroogde struiken in de zachte, hete namiddagwind. Van rechts hoorde hij een paar koeien loeien en een nog jonge jongen slenterde met een stok over zijn schouders achter een kleine kudde aan. De zeboes waren mager en zagen er lusteloos uit. Een grote witte, gecastreerde stier met enorme horens sloot de rij. Door zijn neus zat een ijzeren ring met daaraan een touw. Toen het beest ter hoogte van de blanke was, bleef het staan en keek hem met zijn ronde zwartbruine ogen loom aan. De haveloze jongen staarde eveneens naar de nieuwe bewoner van het kleine Malinese plattelandsdorp en leunde gemoedelijk op zijn stok die hij van zijn schouders had genomen. Hugo begroette hem in het Frans; de schuchtere Peul-jongen reageerde echter niet. Even later sloeg hij abrupt met zijn stok op het achterste van de os en ze liepen langzaam verder.

Hugo had zich voorgenomen een begin te maken met het opruimen van de rommel op het erf, maar hij vond het de hele dag al veel te warm en te benauwd om zich lichamelijk in te spannen. Verlangend keek hij naar de lucht en zag dat zich in het noordoosten donkergrijze wolken vormden. Geheel onverwachts stak er plotseling een harde wind op en Hugo sloeg zijn handen voor zijn ogen, ze beschermend tegen het brute natuurgeweld dat nu vlagen fijn zand voortjoeg. Haastig liep hij het huis in waar zijn vriendin al begonnen was met het sluiten van de ijzeren luiken. Nadat ze hun woning zo goed als dat kon hadden afgesloten tegen het opwaaiende zand, gingen ze samen afwachtend op de veranda staan. De dag ervoor hadden ze dezelfde stormachtige wind meegemaakt en ze hadden verondersteld dat het zou gaan regenen. Teleur-gesteld dat de verlossende wolkbreuk toen niet kwam, vroegen ze zich nu gespannen af of dit nogmaals een valse voorbode was. Ineens hoorden ze te midden van het voortrazende geweld van de wind zacht getik op het golfplaten afdak boven hun hoofd. Hugo greep Hanne bij de arm en wees op de druppels water die voor hen in het stof vielen. Opgewonden stapten ze van hun veranda af om de langverwachte regen te verwelkomen en ze voelden het koele water in grote druppels op hun huid neerkomen. Gefascineerd keken de Nederlanders hoe het neervallende vocht gretig door de droge grond opgenomen werd. De lucht vulde zich met de geur van dode aarde die tot leven kwam. Aangestoken door de ver-nieuwende kracht die van dit natuurverschijnsel uitging, viel Hanne haar vriend om de hals. Lachend tilde hij haar op en draaide met haar in het rond terwijl de regen nu krachtiger werd en zij beiden snel doorweekt raakten. Ze bleven in elkaar verstrengeld staan totdat plotseling de hemel open leek te barsten en al de afwezige regen van de afgelopen maanden in één donderende beweging naar beneden stortte. Het land verdronk onder deze gewelddadige zondvloed en er begonnen zich stromen grijs modderwater te vormen. Verrast deinsden Hanne en Hugo terug voor deze over-weldigende watermassa en zochten snel beschutting op de veranda.

Voor het eerst sinds ze in dit land waren, werden ze verlost van de hitte die hen al die tijd gevangen hield. Hanne rilde even en Hugo zag hoe haar tepels hard werden onder haar dunne, door-weekte bloesje. Verlangend deed hij een stap naar voren en liet voorzichtig zijn hand over haar borsten glijden. Hanne beant-woordde zijn gebaar en drukte zich tegen hem aan. Ze voelde zijn gezwollen lid en schoof opgewonden met haar onderlichaam langs hem heen. In een hartstochtelijke omhelzing kusten en likten ze elkaar, buiten zinnen door de ontlade spanning. Binnen lieten ze zich in hun slaapkamer nat op het bed vallen en zochten gedreven naar de blote huid van de ander. Ongeduldig ontdeed Hugo zich van zijn korte broek en vroeg fluisterend aan Hanne of hij binnen mocht komen. Ze verwelkomde hem met een zachte kreet van verrukking en liet zich meedrijven op zijn snelle ritme. Na afloop lagen ze innig tegen elkaar aan en genoten van hun bevredigde, nagloeiende lichamen terwijl buiten de neerstortende regen het begin van een nieuw seizoen inluidde.

Hanne en Hugo werden opgehaald door de chauffeur van het ziekenhuis in Dioila omdat Hanne daar vijf dagen zou gaan stage-lopen. Men zou haar laten zien hoe het streekziekenhuis van waar-uit de gezondheidszorg in Béléko georganiseerd werd, werkte – welke structuren er waren en, zo hoopte Hanne, men zou haar een beeld geven van wat er van haar verwacht werd in het project. Daarvoor zou ze de volgende dag vergaderen met de Malinese 'médecin-chef', de administrateur van het gezondheidscentrum en met Anja. Hanne keek ernaar uit haar Nederlandse collega uit Massigui weer te zien, ze had de behoefte om de belevenissen van de eerste week in hun nieuwe dorp Béléko met haar te delen.

In Dioila logeerden ze bij andere NO'ers, Jan en Elisabeth die twee jaar geleden naar Mali waren gekomen. Ze woonden in een oud lemen huis – een van de eerste huizen door NO gebouwd. Het stond aan een plein onderaan een lage heuvel waarop het eens imponerende, koloniale, maar nu vervallen bureau van de commandant lag. Elisabeth, een zesendertigjarige onderwijzeres die als partner met haar man was meegekomen, ontving hen hartelijk. Jan ontmoetten ze aan het eind van de middag toen hij terugkwam van tournee. Hij werkte voor de bosbouwdienst en was die dag naar enkele dorpen geweest om te praten over nieuwe boomaanplan-ten. Elisabeth en haar twee jaar jongere echtgenoot straalden een huiselijke gezelligheid uit, evenals hun met veel aandacht aan-geklede woning. Bezweet en bevuild van de hele dag 'broussewerk' liet de grote zware Limburger zich op de rotanbank vallen. Uit de koelkast had hij een Castel gepakt en Elisabeth vroeg aan haar gasten of zij nog wat wilden drinken. Er kwamen versgebrande pinda's op tafel en even later kwam Elisabeth uit de keuken met stukjes rauwkost met dipsaus als versnapering. Verrukt aten Hanne en Hugo hiervan en lachend vroeg hun gastvrouw of ze de blik-groenten en de sardientjes die ze in hun eerste week gegeten had-den, al zat waren. Elisabeth was een enthousiaste kokkin en ging regelmatig naar Bamako om inkopen te doen. Daarnaast naaide ze graag en ze vond het heerlijk om gasten te ontvangen. Verder had ze het afgelopen jaar de sociale dienst van Dioila geholpen met het opzetten van een kleuterschooltje en had daardoor in het kleine stadje kennissen gekregen die ze regelmatig bezocht. Soms leek het wel of ze het drukker had dan Jan, die na zijn werk graag thuis zat om wat te lezen, naar de radio te luisteren of eenvoudigweg te genieten van een pilsje op de veranda.

Na het uitgebreide diner dat Elisabeth voor haar gasten had bereid en dat bestond uit meloen met ham vooraf, biefstuk met champignonsaus, en ijs toe, zakten Hanne en Hugo heerlijk voldaan onderuit. Ze zaten met hun viertjes buiten; het was erg drukkend en alle vier hoopten ze dat het weer snel zou gaan regenen. De sfeer was geanimeerd en de nieuw aangekomen Nederlanders waren blij dat ze na een week alleen in Béléko te zijn geweest, eindelijk eens met landgenoten over hun ervaringen konden praten. Jan en Elisabeth luisterden glimlachend naar de verwonde-ring die uit de stemmen van hun gasten sprak, wat hen herinnerde aan hun eigen eerste week in Mali.

De volgende ochtend had Hanne de geplande vergadering met Boubacar Coulibaly de médecin-chef, de administrateur Mountaga Maiga en Anja, die 's morgens uit Massigui was geko-men. De bijeenkomst begon met een lange inleiding door de dokter, waarin Hanne nogmaals officieel welkom werd geheten. Daarna spraken ze over het vaccinatieprogramma dat na twee jaar het initiërende beginstadium voorbij was en nu geconsolideerd moest worden. Anja stelde voor om voor ieder arrondissement een jaarprogramma op te stellen; Mountaga kwam hierop met het idee dat Anja en Hanne de chefs de poste in de andere arrondisse-

67

menten daarmee zouden kunnen helpen. Dit voorstel werd door de anderen positief ontvangen, behalve door Hanne die zich totaal overvallen afvroeg of ze dat wel aankon.

De médecin-chef, een gedrongen donkere Bambara van middelbare leeftijd uit Kati met een gesloten, verweerd gelaat, praatte vlug en geagiteerd. Hij vormde een groot contrast met de lange Mountaga die kalm enkele aantekeningen maakte. Het was aan iedereen in de streek bekend dat het ziekenhuis op de administrateur draaide. De Songhai had de reputatie dat hij niet te corrumperen was en sinds zijn komst, drie jaar geleden, werd er een strenger financieel beleid gevoerd. Dokter Coulibaly liet graag de bureaucratische en administratieve functies, evenals het dagelijkse reilen en zeilen van het gezondheidscentrum, over aan zijn rechterhand en richtte zich volledig op het medische werk. Al jaren hadden ze bij de Direction Nationale gepleit voor een assistent-arts maar tot nu toe was hen die niet toegekend.

Als volgende punt van de vergadering droeg de médecin-chef Anja en Hanne op de komende regentijd te gebruiken voor het maken van een bijscholingsprogramma voor de matrones. Juli tot en met september was altijd een rustige periode, aangezien alle mensen op het veld werkten en bijna alle activiteiten van de dispensaire stilvielen. Anja herinnerde Coulibaly en Mountaga eraan dat Dorothy ooit veel werk verzet had voor de bijscholing van de gezondheidswerkers. Deze oud-collega had als NO'ster drie jaar in het arrondissement Banco gewerkt, dat ten zuidoosten van Dioila lag en grensde aan het arrondissement van Massigui. Zij was acht maanden geleden vertrokken en NO had toen besloten geen nieuwe ontwikkelingswerkster te sturen. Het plaatsje Banco lag twintig kilometer landinwaarts en was een zware standplaats. De Malinese chef de poste, Luc Traoré had al zes jaar met Nederlanders samengewerkt en men verwachtte geen verdere impact van een nieuwe NO'er daar. Anja stelde voor dat zij in Banco met Luc zou bespreken wat hij op papier had staan en wat hun ervaringen waren. Toen zij echter Lucs naam noemde, schoot de dokter even omhoog. Met een paar woorden vertelde hij dat Traoré binnen enkele weken overgeplaatst zou worden. Ontsteld reageerde Anja dat Lucs ervaring de reden was geweest om geen NO'er te plaatsen en dat deze ervaring nu zou verdwijnen. Het project kon hem niet missen. Coulibaly haalde zijn schouders op en antwoordde met een zucht dat dit een bureaucratische beslissing was. Het was nog niet bekend wie er voor Luc in de plaats zou komen en wanneer – het zou wel eens lang kunnen gaan duren. Anja sloeg kwaad met haar hand op het hardhouten bureau waaraan ze zaten en vroeg toen of Stefan, de regiovertegenwoordiger in Bamako, dit al wist. Mountaga antwoordde rustig dat Stefan het drie weken geleden op een vergadering met de Directeur Régional in Koulikoro gehoord had.

'Luc Traoré', ging de administrateur verder, 'wordt overgeplaatst naar Mopti waar hij in een Canadees project gaat werken'. Verbeten hield Anja haar mond. Dokter Coulibaly ging door met de vergadering die hij tegen de middag afsloot. Veel was Hanne ontgaan en ze vroeg ontreddert aan Anja of ze misschien samen konden nabespreken.

'Natuurlijk', antwoordde deze haar nieuwe collega, 'ik moet toch ook stoom afblazen. Ik doe dat alleen liever niet bij Elisabeth thuis. We zijn niet de dikste vriendinnen. Ik stel voor dat we even wat gaan drinken in een barretje hier'. De kleine drinkgelegenheid waar ze naartoe gingen bestond uit een vierkante, schemerige ruimte met een vuilgrijze cementen vloer. Er stonden twee wankele bankjes en een verbogen ijzeren tafeltje dat de sporen droeg van vele vorige bezoekers. Aan de lang geleden geverfde muur hing een aantal kalenderposters. Er was niemand toen Anja en Hanne binnenkwamen en Anja liep direct door naar de tweede opening van de vestibule waar een dun, gescheurd gordijn voor hing. Ze liep de cour op van het bijbehorende huis en begroette de aanwezigen met het gebruikelijke 'Salamu Alaykum'. Ze legde uit dat ze wat wilden drinken. De keuze was beperkt en beiden bestelden cola in een poging de vermoeienissen van de vergadering en de warmte weg te drinken.

'Waar zal ik beginnen?' vroeg de verpleegkundige uit Massigui retorisch, nam een diepe zucht en stak van wal. 'Je herinnert je Moussa Traoré, de Directeur Régional in Koulikoro ... Luc Traoré, de chef de poste van Banco is aan hem verwant. Ze zijn, meen ik, geen directe familie van elkaar maar in ieder geval wel genoeg om elkaar te helpen. Het project waar Luc heen gaat in Mopti is befaamd als het duurste project van Mali. Malinese medewerkers verdienen rond de vierhonderdduizend CFA per maand. Moussa heeft ongetwijfeld deze overplaatsing bij de Direction Nationale bepleit en als tegenprestatie zal Luc wel wat van zijn 'bescheiden inkomen' aan 'm afstaan. Stefan, zo blijkt, is van de overplaatsing op de hoogte. Ons heeft hij niets verteld. Waarom niet? Omdat het hem weinig kan schelen wat er in Banco gebeurt. Dat is namelijk ver van z'n bed. Zolang Moussa Stefan helpt bij het uitvoeren van zijn plannen, legt Stefan Moussa niets in de weg. Verder wist hij dat ik kwaad zou zijn over deze overplaatsing. Acht maanden geleden is er een lange, uitgebreide discussie geweest met alle betrokken partijen over het plaatsingsbeleid van NO. Ik pleitte, samen met Dorothy van Banco en Miriam van Dioila voor meer werkers aan de basis. Wij wilden wel dat Dorothy opgevolgd zou worden, juist omdat de kans bestond dat Luc een keer overgeplaatst zou worden. Verder zijn er genoeg taken uit te voeren die het arrondissementsniveau overstijgen en waar we als team aan zouden kunnen werken, zoals het opstellen van een bijscholingsprogramma wat we vanmorgen besproken hebben. Wageningen had ons een uitbreiding van één persoon toegezegd. Naast Béléko, waar iedereen wel het nut van inzag, wilden wij een voortzetting van de inzet in Banco. Stefan echter, gesteund door Bart, de veldvertegenwoordiger, overtuigde Wageningen van de noodzaak voor een NO'er in Koulikoro. Dat was natuurlijk niet moeilijk omdat het nu eenmaal de tendens is binnen NO om meer op regionaal niveau te werken en minder aan de basis. Maar goed... Wat er dus besloten werd, was dat er geen Nederlandse meer in Banco zou komen', eindigde Anja schamper haar betoog.

'Is het dan geen goede ontwikkeling dat er meer op regionaal niveau wordt gewerkt?' vroeg Hanne die ingespannen had zitten luisteren. Anja haalde moe haar schouders op.

'Ach, hangt ervan af wat je wilt. Mensen zoals Stefan geloven, of houden zichzelf voor, dat de ontwikkeling van een land aan de top bepaald wordt en dat je daar dus mensen moet hebben. Ik denk dat je aan de basis meer kunt doen. De geschiedenis van dit land is de laatste eeuw steeds geweest dat alles van bovenaf aan de mensen werd opgelegd. De mensen hebben geen vertrouwen in de overheid en moeten wij daar dan aan meedoen? Iets opbouwen waar ze zelf in geloven heeft veel meer zin. En dat blijft. Maar', oreerde ze cynisch, 'het staat natuurlijk weinig indrukwekkend om als blanke en universitair afgestudeerde maar tussen de platte-landers aan te rommelen. Dat kan je geen carrière noemen. Want je wilt als ontwikkelingswerker ten slotte wel goed geld verdienen. Ja toch, daar heb je als blanke toch recht op? En een beetje aan-zien... En dus doen we allemaal mee aan de parade van doelgroep-benadering, projectdocumenten, evaluatiecommissies en creëren we een heel eigen wereldje van ontwikkelingswerkers waarin men een leven lang promotie kan maken. Dat het niets te maken heeft met de gewone Malinezen ... ach wel, dat is dan jammer. Maar zij hebben toch nooit wat te zeggen gehad, dus dat maakt ook niet zoveel uit'.

Hanne wist zich geen raad met de bitterheid die uit Anja's betoog sprak en liet dit pijnlijke onderwerp, dat geheel nieuw voor haar was, liever rusten.

'Luc is een christelijke naam, terwijl Moussa Traoré een mos-lim is. Toch helpen die elkaar?'

Anja begreep dat ze Hanne overvallen had en antwoordde rustiger: 'Ja. Voor een Bambara komt religie op de tweede plaats. Ze zijn ten eerste met elkaar verbonden als familie en stam-genoten. Daardoor is er een grote cohesie. Strijd tussen moslims en christenen is er niet echt. Trouwens, het percentage christenen is maar heel klein, anderhalf procent of zo.'

'Dat heb ik gelezen. Het is dus toevallig dat Hugo en ik in een dorp zitten met een missie. Maar iets anders, die Miriam waar je het net over had, waarom is zij voortijdig uit Dioila weggegaan? Ik kreeg in Wageningen geen duidelijk antwoord op die vraag.'

'Ze praten op 't hoofdkantoor niet graag over mensen die besluiten vroegtijdig op te stappen. Dat maakt je een soort afvallige, vooral als niet echt duidelijk is waarom je afhaakt. Maar goed Hanne, ik heb eigenlijk wel honger! Wil je hier wat eten of zullen we naar Elisabeth gaan?' vroeg Anja haar onverwachts. Hanne was in tweestrijd. Het smoezelige voorportaal waarin ze zaten deed ook als restaurant dienst, maar wekte bij de Nederlandse weinig eetlust op, evenmin als de zware ranzige lucht van karitéboter die van het erf kwam. De Hollandse pot of het zelfgebakken bruine brood van Elisabeth was aantrekkelijker. Dan zou ze echter hoogstwaarschijnlijk het verhaal over Miriam niet meer horen omdat Anja die middag weer naar Massigui zou vertrekken. Ze vroeg wat ze hier konden eten – rijst met geitenvlees. Als ze iets anders wilden, moesten ze dat een halve dag vantevoren bestellen. Anja spoorde haar aan het eens te proberen en vroeg om twee porties. Terwijl ze een korte tijd later van het taaie vlees aten vertelde Anja over haar ex-collega.

'Er was voor Miriams vertrek niet duidelijk een reden aan te wijzen. Ze had veel kritiek op NO, maar dat was volgens mij niet het belangrijkste. Miriam had veel twijfels omtrent het hele ontwikkelingshulpgebeuren en daardoor ook over haar eigen rol hier in Dioila. Ik heb me altijd afgevraagd waarom zij naar Afrika is gekomen. Haar vragen en onzekerheden reageerde ze af op de organisatie en op de staf van het ziekenhuis, Mountaga en de dokter. Door haar agressieve houding verliep de samenwerking uiterst moeizaam. En het feit dat ze een vrouw was hielp ook niet bij die twee mannen', merkte Anja schamper op. 'Er waren steeds misverstanden en allerlei conflicten.'

'Miriam had veel moeite met de armoede hier en ook met de hardheid van het leven. Ze zag steeds de negatieve kant van de Malinese samenleving. Op het laatst had ze het alleen nog maar over hoe de mannen hun vrouwen afbeulden, hoe de vrouwen hun gram haalden op hun kinderen en hoe de kinderen gewelddadig tegenover elkaar en tegen de dieren waren. Het is waar dat armoede de mensen hard kan maken en dat men weinig mede-leven toont voor zwakkeren en dieren. Maar Miriam zag alleen nog maar de negatieve kanten. Ze was weinig stabiel, ze wist ook niet wat ze wilde met haar leven, zocht naar zichzelf. En daar kwam ze in Dioila niet uit. De confrontatie met deze cultuur kon ze niet aan. En zoals ik al zei, daar kwam bij dat haar ideeën over ontwikke-lingshulp niet doordacht waren. Ik denk dat ze zich hier begon te realiseren dat het gevaarlijk veel met macht hebben te maken heeft.'

'Ik mocht haar wel. Ze had pit en ze wilde iets met haar leven. Het was jammer dat ze geen goede basis had om op zichzelf terug te vallen. Hoe dat komt weet ik niet. Ze sprak weinig over haar thuissituatie. Ik heb alleen een keer haar broer hier op vakantie gezien en die was vreselijk koud en afstandelijk. Alsof hij geen gevoel had. Het tegenovergestelde van Miriam eigenlijk, die in haar gevoel en emoties dreigde te verdrinken. Gelukkig had ze dat op een gegeven moment zelf ook door en gaf ze toe dat het geen zin meer had nog langer te blijven. Dat is knap, niet iedereen kan die stap maken.'

'Toen ze dus eenmaal besloten had dat ze weg zou gaan, heeft ze alle remmen losgegooid en al haar kritiek op NO gespuid. Je begrijpt dat haar dat niet in dank is afgenomen. Vooral Stefan heeft het slecht opgevat. Hij beschouwde het als een persoonlijke aanval, terwijl het bij Miriam eigenlijk ging om twijfels over de hele filosofie van hulp. Maar misschien zijn twijfels over zijn werk en dus zijn carrière wel te bedreigend voor hem.'

'Maar Hanne, je bent pas twee weken hier en dan al deze verhalen, dat is weinig opbeurend.' Anja keek bezorgd naar haar buurvrouw die geconcentreerd had zitten te luisteren. Ze stelde voor naar Elisabeth te gaan en hoewel Hanne niet veel van de rijstschotel had gegeten, stemde ze direct met haar collega in.

In de loop van de middag ging Anja terug naar Massigui; Hanne en Hugo bleven nog vier dagen in Dioila.

's Avonds, nadat ze weer hadden genoten van de kookkunsten van Elisabeth, vroeg Hanne of Anja niet af en toe bij hen kwam eten. Alhoewel Anja gezegd had dat ze niet erg dik bevriend was met Elisabeth, kon Hanne zich voorstellen dat Anja zich bij tijd en wijle liet verleiden tot een weldadige maaltijd bij haar 'buren'.

'Nee', antwoordde Elisabeth spottend, 'die heeft het veel te druk met haar Malinese vriend'.

'Oh, ik wist niet dat ze een vriend had. Jij?' vroeg Hanne verbaasd aan Hugo.

'Soleymane Sogoba, een rijke handelaar uit Massigui', ging Elisabeth ongevraagd verder. 'We hebben hem een keer gezien toen we bij haar op bezoek waren. Het is een lange, ontzettend zwarte man. Grote neus en zo, maar wel aardig. Beleefd ook. En hebben jullie haar auto gezien? Die heeft hij voor haar gekocht!'

'Wat? Onmogelijk', verbaasde Hugo zich.

'Nee, echt. Het is dik aan. Het zou me niets verbazen als ze erover denken om te gaan trouwen. Het probleem is echter dat hij al twee vrouwen heeft.' Er klonk nu twijfel en afkeuring in haar stem. Hugo begon ongelovig te lachen en vroeg aan Jan of het waar was. Jan knikte alleen, met een serieuze uitdrukking op zijn gelaat.

'Hoelang kennen ze elkaar al?' richtte Hugo zich weer tot zijn gastvrouw, haar aansporend meer te vertellen.

'Een maand of zeven, acht. Ze was een paar maanden in Massigui toen ze al met elkaar gingen. Maar ja, je weet hoe die griet alles verheerlijkt wat Afrikaans is. Nu heeft ze dus ook een zwarte fluit om mee te spelen...'

'Dat is onzin, Eli!' onderbrak Jan zijn vrouw.

'Jij verdedigt haar altijd', viel deze scherp uit, 'terwijl het toch onzinnig is zoals ze haar eigen achtergrond ontkent. Ze ziet er niet uit in die rare kleren van d'r en ze denkt toch zeker zelf ook niet dat ze de mensen helpt door op een houtje te bijten. Maar rijdt nu wel in een auto rond die haar vriend voor haar betaald heeft, terwijl ze zelf toch ook genoeg verdient. En als je haar vraagt of dat niet erg 'on-Afrikaans' is, zegt ze alleen dat ze zo haar werk beter kan doen. Poeh, werk, m'n reet. Volgens mij vindt ze alles wat die Ballo doet al lang goed.'

'Wel', begon Jan kalm tegen Hanne die totaal onthutst Elisabeth aanhoorde, 'mijn vrouw heeft zo dus haar mening over je collega. Ik zie het anders. Anja houdt gewoon van Afrika en alles wat Afrikaans is. Misschien is ze daarom soms wat eenzijdig in haar visie, maar niet méér dan vele anderen die alles vanuit een westers standpunt bekijken. En Anja's houding is in ieder geval minder schadelijk. Zij probeert tenminste de zaken te begrijpen vanuit de Malinezen. Ze heeft er verder absoluut geen behoefte aan zich op de voorgrond te plaatsen en daardoor lijkt het weleens of ze alles aan Ballo, de chef de poste overlaat. Maar dat wil niet zeggen dat ze niet werkt', richtte hij zich nu tot Elisabeth.

'Maar als ze zo begaan is met die arme Malinezen, waarom laat ze dan d'r vriend voor die Suzuki betalen?' beantwoordde deze zijn berisping.

'Omdat hij meer geld heeft dan zij en omdat ze hem in zijn waarde wil laten. Als hij haar niet onderhoudt, is hij in zijn eigen ogen geen goede man en dat weet ze. En trouwens, ik vraag me af of ze niet het meeste van haar salaris aan de mensen hier geeft.'

'Dus toch de rijke blanke die geld ronddeelt aan de arme zwartjes', mengde Hugo zich schertsend in het gesprek.

'Niet noodzakelijkerwijs. Ligt eraan hoe je het doet. Ze besteedt meestal geld aan duurzame dingen als landbouwwerktuigen, materiaal voor een huis en dergelijke. En ze vraagt altijd een groot gedeelte terug; vaak is 't een lening op lange termijn. Ik heb dit gehoord van dorpelingen tijdens mijn tournees. Daarnaast zal ze ook best helpen in geval van nood, bij ziekte en zo. Dat is logisch, dat doet bijna iedereen.'

'Ik vind het toch wel knap van haar', zei Hanne schuchter, 'alhoewel ik zelf moeite heb met het grote huis waarin we wonen in Béléko, geloof ik niet dat ik zomaar bijna alles van mijn salaris zou opgeven.'

'Anja heeft gekozen voor Afrika. Zij ziet zichzelf niet meer in Nederland wonen, heeft dan ook minder financiële lasten. Hier trouwen zou voor haar een goede oplossing zijn. Ik vermoed dat ze in Nederland niet gelukkig was; hier vindt ze iets wat ze daar niet vindt.'

'Hoe bedoel je?' vroeg Hanne geïnteresseerd en opgelucht door de warme toon waarop Jan over Anja sprak.

'Worden we nu niet erg persoonlijk?' onderbrak Elisabeth hen, 'kun je dat niet beter aan Anja zelf vragen?'

'Wel, het is misschien wel goed om stil te staan bij de motivatie waarom we naar Mali, Afrika of waar dan ook komen. Anja is een uitgesproken persoonlijkheid en loopt in het oog. Dat roept discussie op. En ik vind dat we moeten proberen haar te begrijpen en haar niet alleen maar te veroordelen op haar gedrag. Dat doen die lui van Bamako al genoeg.'

'Ik kan me voorstellen dat die er niet veel van snappen, met hun zwembaden, gekoelde kantoren, huizen en auto's en al dat', merkte Hanne op, waarna Hugo haar geamuseerd bijviel: 'vooral Stefan schijnt 't niet op haar begrepen te hebben.'

'Terwijl hij zelf toch ook een zwarte vriendin heeft', voegde Jan eraan toe.

'Een beschaafd meisje dat gestudeerd heeft, schat. Ze heeft een goede baan op het ministerie en ze heeft een paar jaar in Europa gewoond!' kaatste Elizabeth terug.

'Stefan is een hypocriet. Hij veracht de Malinezen maar vindt het gewoon interessant en wel lekker, een donker stuk in zijn bed. Ik vraag me af of die twee elkaar wel begrijpen, maar daar gaat het hem natuurlijk niet om. Anja is anders. Bij haar gaat het om de ontmoeting met een mens op elk mogelijk niveau, cultureel, psychisch en...'

'Lichamelijk! Sorry, Jan. Kortom, al met al is die Anja een controversieel iemand', besloot Hugo, die vond dat ze genoeg gepraat hadden over de vrouw die hij pas twee weken kende en van wie hij eigenlijk nog niet zoveel hoogte had gekregen.

'Ik ga naar bed. Nee, Hugo ik ga wel alleen', voegde Hanne er snel aan toe toen ze zag dat haar vriend teleurgesteld reageerde. Hij vond het gezellig en nog te vroeg om de avond al af te breken.

Hanne wenste de drie achterblijvers welterusten en ging naar de logeerkamer waar Hugo en zij door Elisabeth ondergebracht waren. Ze sloot de deur achter zich en eenmaal alleen kon ze de tranen die achter haar ogen prikten, niet langer bedwingen. Met moeite onderdrukte ze de luide snikken die uit haar keel opwelden – ze wilde niet dat de anderen haar zouden horen.

Het gesprek over Anja had haar volledig uit het veld geslagen. Met afschuw had ze naar de neerbuigende en verachtende toon van Elisabeth geluisterd. Waarom stond deze vrouw zo afwijzend tegenover haar landgenote? Wat had Anja gedaan om zo in ongenade te vallen bij haar? Gelukkig had Jan haar enigszins verdedigd, maar daar reageerde Hugo weer zo vreemd op. Was dit dezelfde man waarmee ze in Nederland al twee jaar had samengewoond en die ze altijd zo meelevend en begaan vond? De laatste tijd, sinds ze in Mali waren feitelijk, herkende ze hem soms niet. Genoeglijk achterover gezeten had hij met pretoogjes zitten luisteren naar wat Jan en Eli allemaal vertelden, alsof hij naar een of andere soapserie op televisie keek. Anja haatte de manier waarop iedereen over 'zwarten' sprak, alsof het om een ander soort mensen ging. Of zag ze dat verkeerd? Bedoelde men het niet zo, was het gewoon een manier van praten?

Hanne werd overvallen door hetzelfde beklemmende gevoel als bij hun aankomst in Bamako, toen Stefan haar schokte door zijn autoritaire gedrag naar de Malinezen toe. Die avond had Hugo ook verontwaardigd gereageerd. Een week later evenwel, toen het op een conflict uitliep tussen Anja en Stefan had hij geen partij voor haar gekozen en nu leek het wel of hij haar afviel. En Hanne mocht

77

Anja. Ze vond haar vriendelijk en warm, was geïnteresseerd in haar werk en ze had tenminste gevoel voor de mensen hier. Ze uitte zich misschien wel erg sterk en joeg Stefan tegen zich in het harnas, maar dat was terecht, toch?

Ondanks dat ze haar pas kort kende, zag ze in Anja eigenlijk al een vriendin. Maar waarom reageerden anderen, zoals Elisabeth, zo negatief?

Verward, vermoeid en door verdriet overmand stapte Hanne in bed. Ondanks de vermoeidheid bleef ze wakker en woelde onrustig onder het muskietennet. Hugo kwam een paar uur later de kamer binnen, voor het eerst echter sinds ze elkaar kenden, hield ze zich slapende en reageerde niet toen hij haar even voorzichtig streelde.

VIII PAULINE

'Victorine, stamp nu eerst die maïs! Anders zijn we weer zo laat met eten!'
    'Jeannette kan het toch wel doen?! Ik heb het vanmorgen ook al gedaan. Oh, waarom kunnen wij nooit naar de graanmolen, altijd maar weer dat idiote gestamp, terwijl alle anderen mooi naar de molenaar gaan.'
    'Zorg jij er maar voor dat je een man krijgt die voor je luiheid betaalt. Stampen hoort erbij. Het is verkwisting om je geld weg te gooien voor dat malen. En het smaakt niet eens lekker. Je proeft het metaal.' Oh dochter, hoe graag zou ik je naar de molen sturen met vijfentwintig francs. Maar ik heb 't niet. Was ik ook zo op die leeftijd? Ging ik er ook tegenin dat ik moest stampen? Er waren toen nauwelijks nog graanmolens. Ik herinner me dat er een in Béléko was, maar dat was ruim twee uur lopen van Bougoucourella. Sommige vrouwen namen hun maïs mee als ze daar naar de markt gingen. Ik herinner me dat ik toen een keer ben meegeweest met onze buurvrouw Nya. Wat vond ik dat indrukwekkend! Een hels kabaal maakte dat ding, en voordat je met je ogen geknipperd had, was het maïs al fijngemalen. Wel even wat anders dan al dat gezwoeg boven die vijzel. Ik zal dus ook best bij m'n moeder gezeurd hebben dat ik het niet meer wilde doen. Maar ik wou dat Victorine begreep dat we gewoon het geld niet hebben. Ze ziet zelf toch ook hoe Jean moet zwoegen om genoeg eten voor ons allen bij elkaar te krijgen. De gierstschuur is al vier maanden leeg. Oh God, laten we alstublieft een goede oogst hebben dit jaar. Wat moeten we doen als we niet voldoende opbrengst hebben. Jean heeft al zoveel kredieten, hoe moet hij die toch allemaal weer afbetalen... Gelukkig dat-ie twee ossen heeft kunnen kopen van de organisatie. Het is wel een heel bedrag, en weer een schuld erbij, maar nu kan hij tenminste het land beter bebouwen. Was ik maar niet ziek! Dan kon ik tenminste helpen. En dan hoefde Victorine niet steeds alles in huis te doen. Dan kon ze ook op het land helpen.

Ik vraag me af of we Jeannette nog naar school kunnen sturen het komende schooljaar. En ze wil zo graag! Het zou veel beter voor haar zijn als ze tenminste de lagere school kon afmaken. Vreselijk, dat geld. Altijd maar weer dat vervloekte geld. Ons hele leven draait om de francs die we niet hebben. En als we ze wel hebben merk je het niet want het verdwijnt uit je handen als de eerste regenbui in de droge aarde. Er is nooit genoeg, niet eens een paar francs om de kinderen naar de graanmolen te sturen.

'Waar is papa naar toe, mama?'

'Naar de blanken.'

'Waar?'

'Die achter de staatskliniek wonen, Paul'

'Zijn dat ook zusters en paters?'

'Nee, zij zijn getrouwd, net als je vader en ik. Alleen hebben ze nog geen kinderen. De zusters wonen in het klooster, naast de kerk.' Jammer dat die blanken nog geen kinderen hebben. Zo jong is ze toch niet meer, ik schat dat ze toch al drie of vier keer gekraamd zou kunnen hebben. Het schijnt dat blanken altijd lang wachten. En dan komen er maar een of twee kinderen. Vreemd hoor, snap eigenlijk niet hoe ze dat doen. Na Helen wilde ik ook wel even wachten. Maar Jean was zo ongeduldig. Nog voordat het jaar om was, kwam-ie al weer bij me. En toen was ik al weer snel zwanger. Dat was ook niet gemakkelijk – Helen overleed en een maand later kreeg ik een miskraam. Daar schrok Jean wel van en sindsdien wacht hij tenminste totdat ze van de borst af kunnen. Blanken schijnen daar medicijnen voor te hebben. Zou dat voor ons Bambara ook werken? Ik zou het wel eens willen proberen. Ik heb nooit veel baat gehad bij onze eigen middelen; dat koordje rond m'n middel bijvoorbeeld. Terwijl dat bij de meeste vrouwen toch goed werkt. Het is een leuk stel. Het was sympathiek van ze om op bezoek te komen toen Jean aangereden was. Je kon zien dat ze zenuwachtig waren. Het was niet hun fout dat Jean dat ongeluk kreeg. Zij reden niet eens, 't was schijnbaar een Diakité uit Bamako, hun chauffeur of zo. Maar die man van mij zal vast met zijn gedachten ergens anders geweest zijn. Hij ziet er erg bezorgd uit. Ik weet waar-ie aan denkt. Laat de Goden ons helpen! Wat moet hij doen als ik wegga?! Oh, alsjeblieft ... laat me toch nog een poosje hier blijven! Ik vraag me eigenlijk af of-ie die kip nog geslacht heeft. Waarom kunnen zijn broer Karamogo en hij het niet bijleggen... Als Jean maar niet zo koppig was. Als Karamogo hem nog Tiéfolo noemt dan springt hij uit zijn vel. Wat geeft dat nou?! Zo heette hij vroeger toch? En als Karamogo nou altijd zijn Bambara-naam heeft gehouden – dan is het toch logisch dat-ie zijn eigen broer niet met die christennaam aanspreekt. Ik had moeten vragen of Jean dat offer nog gebracht heeft. Zou Karamogo hem geweigerd hebben het huis in te gaan? Of zou Jean het nog niet gevraagd hebben? Zou hij bang zijn om naar het huis van zijn vader terug te gaan? Het zal ons vast beter gaan nu Jean terug is bij de missie. Het was verkeerd van hem om hen zijn rug toe te keren. Die mensen, de zusters, zijn altijd goed voor ons geweest en ze hebben ons toch altijd geholpen. Het was zuster Simone's schuld niet dat Sabine overleed. Ach, mijn meisje, je zou nu een flinke, mooie vrouw zijn geweest! Misschien zouden er zelfs al colanoten aangeboden zijn en bereidden we ons nu voor op je huwelijk. Waarom liet je ons toch zo snel alleen. Hoelang is het nu geleden? Minstens al tien regenseizoenen. Jean was zo trots op je en hij hield zo van je. Zijn eerste dochter, vernoemd naar zijn moeder. Maar net als z'n moeder ging ook jij te snel weer weg. Arme Jean, hij voelt zich zo misdeeld.

'Jeannette, pak jij Thérèse even. Ze wil drinken.' Mijn baby. Je bent een lieverd, maar ik word zo moe van je. Hoe lukt 't je om nog melk uit die droge borsten van mij te krijgen? Het vuur in mijn buik verteert me. Als er niets gedaan wordt... Niet aan denken! God zal ons helpen. Jean zei niets toen ik die andere dag naar de kerk ging. Het was vreemd om weer een mis bij te wonen. En toch kende ik alle antwoorden nog. Mensen, ik moest er gewoon van huilen. Sinds Sabine... Zuster Chislaine was ook aangedaan. Zij had me nog nooit in de kerk gezien. Ik was wel erg moe. Gelukkig was Paul bij

81

me. Het is een flinke jongen, ik heb al goede steun aan hem. Jean zou hem liever van school thuishouden zodat-ie zijn vader meer kan helpen, maar die jongen moet toch naar school. Dan zouden we beter nog Jeannette thuis kunnen houden. Die heeft tenslotte al vijf jaar gedaan. En voor een meisje is het toch anders. Om voor Paul een vrouw te vinden als hij niet naar school is geweest... Voor Jeannette zal dat geen probleem meer zijn. Konden we maar een geschikte man voor Victorine vinden. Als Jean zo tegen haar blijft schreeuwen dan geeft ze zichzelf aan de eerste de beste vent weg.

'Deze pagne is nat. Zie je dat dan niet?! Pak die droge die op mijn bed ligt!' Die kinderen zien ook niets. Alles moet je ze zeggen. Kon ik maar weer gewoon alles zelf doen! Steeds maar weer op dit matje onder de karitéboom. Hopelijk vindt Jean er iets op. Als hij maar niet zo'n grote mond had. Iedereen jaagt hij tegen zich in het harnas – zelfs zijn oudste dochter. Hij wilde niet luisteren gisteren, toen ik zei dat hij haar zo het huis uitjaagt. Dat arme kind is het zat om als een klein kind afgesnauwd te worden. Ze is een vrouw nu, dat moet Jean toch inzien. Ik ben zo bang dat hij dat blanke stel ook tegen zich keert. Alhoewel die man wel geamuseerd scheen door Jean. Dat portret was prachtig. Ik heb zoiets nog nooit gezien. Het lijkt op een foto maar het is het niet. En dan mijn gezicht! Ik schrok gewoon toen ik het zag. Zo groot en zo duidelijk herkenbaar. Hij zegt dat hij zoveel tekeningen maakt. Misschien maakt hij er ook wel een van Jean. Ik wist niet wat me overkwam toen hij ineens voor de deur stond. Ik was zo kwaad op Jean dat-ie zo onbeleefd deed. Het was toch aardig van Hugo om op bezoek te komen. Hij is wel erg lang. Hij zat niet erg gemakkelijk op die oude stoel van ons en ik spreek natuurlijk geen Frans. Ben benieuwd of hij Bambara leert. Chislaine spreekt het leuk. Père Patrick sprak het ook goed. Onze hele huwelijksmis deed hij in Bambara. Meid, dat is lang geleden, je wordt oud! De priester schijnt nu in Frankrijk te zijn. Verder ken ik geen blanken die het spreken. Gelukkig spreekt Jean Frans. Jammer dat ik niet mee kan naar het huis van die blanken.

Als Jean zich maar een beetje gedraagt. Au, kind, dat doet pijn. Die andere borst maar, misschien dat daar nog wat in zit.

'Jeannette, help jij anders je zus even. Ik ben zo bang dat het eten niet klaar is als jullie vader thuiskomt.' Het is het enige nog dat ik voor hem kan doen, zorgen dat alles toch nog doordraait. Het maakt hem niet uit om wat later te eten, maar zolang ik hier nog ben wil ik dat mijn huishouden doorgaat. Hopelijk vertelt hij een beetje hoe het bezoek verlopen is. Ik vond haar erg aardig. Ze glimlachte zo verontschuldigend. Die man nam het allemaal rustig in zich op. Hij was gefascineerd door de voorraadschuur. Het is niks bijzonders, maar hij zei dat hij dat ronde en het strodak zo leuk vond. Hebben ze bij hen zeker niet. Ik schaam me voor de rommel hier. En onze cour is zo open. Iedereen kan altijd zien wat hier gebeurt. Ik was wel trots dat de buren zagen dat wij die blanken op bezoek hadden. Maar mijn hut moet ook hoognodig opnieuw gepleisterd worden. En nu kan Jean natuurlijk voorlopig helemaal niets extra's doen. Het is al zwaar genoeg om op het land te werken. Het ongeluk is best hard aangekomen. Die gebroken ribben doen hem nu nog pijn en dan die voortdurende hoofdpijn. Chislaine zegt dat hij meer moet rusten, maar wie werkt er dan op het land? Ik ga liggen, ik ben moe. Al die zorgen.

'Daar komt pa!'

'Victorine, maak het vuur aan en zet een pan met water op.'

'Pak mijn fiets eens zoon. Je vader is moe.'

'Jeannette, pak 't krukje voor je vader en zet dat onder het afdak. Breng hem water.'

'Vrouw, rustig aan. Maak je geen zorgen. Rust liever.'

'Ja, ja.' Hij is erg vrolijk. Wel, dat is lang geleden. Ach wat loopt-ie ongelukkig. Z'n rug doet zeker weer pijn. En wat transpireert hij veel. Als-ie maar geen koorts heeft, want zo warm is het niet. Het heeft vanmorgen nog geregend.

'Philippe, jongen, kom eens bij je oude vader. Kijk 's wat ik heb. Even uit mijn zak halen. Zie, wie is dit?'

'Papa, papa! Paul, een ding van papa's gezicht!'

Heeft die blanke hem ook getekend? Hij is er groos mee.
'Laat je moeder ook even kijken.'
'Hé, dit is ook mooi. Knap van die man.'
'Hugo heet hij.'
'Geef maar weer aan je vader.'
'Mensen, ik heb dorst. Het is best een ritje zo naar Soba.'
'Heb je daar niets gedronken?'
'Ik weigerde maar dat wilden ze niet. Een bier, Castel.'
'Je bent lang weggebleven.'
'Het zijn best geschikte lui. Hij wilde alles van de jacht weten. Heb hem beloofd dat hij wel een keer mee kan. Toen hij ging zitten tekenen, hield-ie z'n mond, maar dat grietje is ook geen slechte. Ze was erg bezorgd om jou. Op een gegeven moment begon ze tegen haar man in hun eigen taal te spreken. Waarover weet ik niet, maar toen ik wegging zei zij dat het beter was als jij naar het ziekenhuis in Dioila zou gaan.'
'Hanne heet zij toch?'
'Knul, ga nu maar weer spelen. Nee, die tekening krijg je niet. Ik zei dat we daar de middelen niet voor hebben en toen zei ze dat we daar niet over in moeten zitten. Begreep ik veel wat ze bedoelde, dus ik zei, ja, u heeft mooi praten maar als er geen geld is dan kan het gewoon niet. Toen zei ze: wij betalen wel. Ik moest even wachten en toen kwam ze met geld voor de taxi. De rekening van het ziekenhuis betaalt ze zelf in Dioila. Ze zegt dat als we er morgen heengaan, zij over drie dagen ook naar Dioila komt. Ze heeft daar een vergadering.'
'Heb je erom gevraagd?'
'Nee! Ik zei je toch dat ze zelf zei dat zij zullen betalen!'
'Is dat zo Jean? Oh, als je er maar niet om gevraagd hebt.' Ik vraag me af waarom.'
'Vrouw, wees blij dat ze je helpen. Je kunt nu naar Dioila. Je wordt weer beter. Ik ga me wassen. Ik zie dat het eten nog niet klaar is.'
'Gaan we morgen naar Dioila?'

'Ja.'

'Jeannette, neem Thérèse van me. Ik ben moe.' Dus morgen naar het ziekenhuis. Ik zou blij moeten zijn. Het is erg vriendelijk van de blanken om mij te helpen. Zouden ze zich toch schuldig voelen vanwege Jean's ongeluk? Zou het haar idee geweest zijn? Volgens Jean zei Hanne iets tegen haar man. Zij lijkt me aardig. Hugo ook wel, maar anders. Het zou leuk zijn als die mannen het goed met elkaar kunnen vinden. Dat is heel wat, dat Jean hem mee op jacht neemt. Volgens mij heeft-ie dat sinds de dood van zijn vader niet meer met een ander gedaan. Zijn vader was de enige jachtmaat die hij had. Zou Hugo zijn aanbod aannemen? Hij weet misschien niet hoeveel het voor Jean betekent om met een ander te gaan jagen. Dus eindelijk een dokter die naar me zal kijken. Weer injecties! Misschien wel net zo pijnlijk als die van Sidibé. Alleen hielpen die niet. Wel iets, maar toen kwam dat brandende gevoel weer terug. Met de taxi-brousse. Dat hele eind. Wie nemen we mee? Jeannette maar, die kan dan voor de baby zorgen. Jean zal wel weer snel naar huis gaan. Ik heb Paul graag bij me, maar dan is Philippe zo alleen en Paul helpt toch ook al op het land. En Victorine kan alleen wel voor het huishouden zorgen. Jeannette dus. Zijn m'n kleren wel gewassen? Ik kan beter maar opstaan en gaan kijken wat ik mee kan nemen. Dan kan Victorine dat na het eten nog even wassen.

'Paul, kom eens hier! Geef me je hand. Voorzichtig! We gaan naar mijn kamer, daar kun je me helpen. Ik ga morgen voor een paar dagen weg.'

'Waarheen, mag ik mee?'

'Nee. Ik ga naar het ziekenhuis. Ik moet naar de dokter.'

'Waarom mag ik niet mee? Ik wil ook naar het ziekenhuis. Ik ben nog nooit in Dioila geweest. Wie mag er dan wel mee? Victorine zeker, die mag altijd zoiets.'

'Jeannette gaat mee.'

'Ik, ma?'

'Ja, dus ga maar vlug kijken of je schone kleren hebt om mee te nemen. Dan kun je ze nog wassen.' Moet je dat kind nu zien dansen. Blij dat ze mee mag naar het ziekenhuis. Ze heeft natuurlijk geen flauw idee wat ze daar kan verwachten. O God, laat me toch alsjeblieft beter worden! Ik kan toch nog niet weg van mijn kinderen. Ik ben wel moe, maar ik moet nog verder. De dokter is een Coulibaly zeggen ze, uit Kati. Even op bed zitten. Misschien kan ik beter hier maar even gaan liggen. Ik heb toch geen honger. Morgen gebeurt er tenminste iets. Oh, ik moet straks wel vragen of hij nog bij Karamogo thuis is geweest voor dat offer. Maar eerst even rusten. Rusten. Eventjes.'

IX   DE PONT

Hugo leunde eens lekker achterover en vroeg zich ontspannen af wat hij die dag zou gaan doen. Het had de vorige avond veel geregend en de warme benauwdheid van de laatste dagen was verdwenen. De tweeëndertigjarige Nederlander wist echter dat deze verfrissende – naar Sahelse begrippen – koelheid niet lang zou duren en besloot voordat hij naar de markt zou gaan, eerst in de tuin te gaan werken. Het erf rond hun huis begon er na drie maanden wat minder kaal en rommelig uit te zien en Hugo was begonnen met het planten van neembomen, een enkele flamboyant en tamarinde, citroenstruiken, en een aantal gevarieerde bloeiende planten. Uit Bamako had hij laatst stekjes meegenomen van oleanders en een Chinese roos, die hoognodig de grond in moesten. Hugo had niet verwacht dat hij zoveel plezier aan het tuinieren zou beleven. Thuis had hij de drie vierkante meter achter zijn woning grotendeels betegeld en in het voorjaar wilde hij er nog weleens viooltjes of geraniums in zetten, afhankelijk van wat de bloemenzaak op de hoek de klanten aanbood. Nu hij in Mali ineens de beschikking had over, ruwweg geschat, honderd vierkante meter grond en daarbij de tijd geheel aan zichzelf, was het voor hem een plezierige uitdaging er wat moois van te maken. Het was daarentegen wel duidelijk dat hij al het werk nooit alleen kon doen. Als straks alles wat hij in gedachten had geplant was en daarbij de droge tijd was begonnen, dan zou het onmogelijk zijn om de hele tuin bij te houden. Daarom had hij hier en daar eens rondgevraagd naar een mogelijke hulp. Al snel had hij enkele aanbevelingen gekregen van verschillende mensen en waren er zelfs mensen langs gekomen om hun diensten aan te bieden. Cissé, de chef d'arrondissement, had een jonge man aanbevolen die volgens hem goed werkte, volledig betrouwbaar was en die wat Frans sprak. De jongen, Amadou Coumare, woonde in Béléko, was een zoon van een gepensioneerde ambtenaar en kwam bescheiden over. Hugo had het direct zien zitten om hem in dienst te nemen; 's morgens en 's avonds zou hij de planten in de tuin water kunnen geven en tevens kon hij iedere dag de watertoren vullen – een moeizaam karwei dat Hugo zich niet drie jaar lang zelf zag doen. Hij was dan ook blij dat zijn vriendin het met hem eens was geweest. Amadou zou met ingang van de volgende maand beginnen.

Kom huisman, doe eens wat, spoorde Hugo zichzelf aan en begon de ontbijttafel op te ruimen. Hanne was voor een vergadering naar Dioila vertrokken en het was stil in huis. Hij zette een bandje op van de Super Rail Band, de eerste cassette die hij in Mali gekocht had, en ging de afwas doen. Daarna verschoonde hij het bed en veegde het huis aan. Hanne had iets gezegd over de spinnenwebben langs het plafond, maar dat kon wel wachten. Hij was haar opmerkingen over wat er allemaal in het huis gebeuren moest eigenlijk een beetje zat. De afspraak was geweest dat hij het huishouden zou doen – waarom liet ze het dan ook niet aan hem over? Alleen de was, daar had hij geen gat in gezien en Hanne had er mee ingestemd dat zij die zou doen. En daar zei hij verder dan ook niets over. Of ze elke dag of één keer in de week wilde wassen, was haar beslissing en hij begreep niet waarom zijn vriendin zich niet zo opstelde ten opzichte van zijn taken.

De oplossing was volgens hem dat ze iemand aannamen, een meisje voor halve dagen die het huis kon bijhouden en die dan gelijk de was zou doen. Dat zou hen een hoop werk besparen, alles zou netjes schoon zijn en, zo had Hugo aan Hanne uitgelegd, het meisje zou hen kunnen helpen met vertalen wanneer er mensen aan de deur kwamen. Het gebeurde regelmatig dat er iemand aan het hek rammelde omdat hij of zij wat te verkopen had, of ze wilden Hanne spreken omdat ze gehoord hadden dat ze 'dokter' was. Dan stond Hugo met een mond vol tanden, daar het kleine beetje Bambara dat hij na drie maanden sprak lang niet voldoende was. Met handen en voeten maakte hij duidelijk dat hij geen vis wilde, geen trek had in zelfgemaakte snoepjes of dat Hanne geen tropische zweren behandelde aan huis. Het leek hem veel handiger, en gezelliger, als ze een hulp in huis hadden die hem met dat alles kon helpen.

Hugo vond het jammer dat zijn vriendin zich tegen de gedachte van een huishoudelijke hulp bleef verzetten, maar oefende verder geen druk op haar uit. Hij zag in dat het haar al genoeg moeite had gekost om dit royale huis waarin ze woonden te accepteren. Verder had ze haar bezwaren tegen zijn plan om een mooie tuin aan te leggen en daarvoor Amadou in dienst te nemen al opgegeven. Hij was het met haar eens dat, indien ze twee mensen in dienst hadden, het erg veel deed denken aan de rijke blanken in Afrika. Daar stond echter tegenover dat er hier veel meer met de hand gedaan moest worden, zoals het waterpompen en de was bijvoorbeeld. Verder had elke ambtenarenfamilie wel een hulp in huis omdat de vrouw(en) en dochters zich niet aan de zware huishoudelijke taken wijdden. Als dit voor de Malinezen gold, waarom kon het dan niet voor hen gelden?! Verder betekende het dat ze niet alleen een vrouw of meisje aan een inkomen hielpen, haar hele familie zou er financieel op vooruitgaan. Hadden ze van Jan en Elisabeth in Dioila niet gehoord hoe het salaris van hun boy werkelijk aan zijn hele familie besteed werd? Misschien zouden de mensen van Béléko hen er zelfs wel op aankijken als ze niemand in dienst namen want, of ze wilden of niet, ze behoorden tot de elite van het dorp en daarvan had men nu eenmaal bepaalde verwachtingen.

Hugo had besloten het onderwerp 'dienstmeid' te laten rusten omdat Hanne de laatste tijd snel over alles inzat. Hij maakte zich zorgen om haar. Sinds ze in Mali waren was haar vrolijke onbezorgdheid totaal verdwenen en haar ronde, lieve gezicht stond vaak gespannen en bedrukt. Het leek wel of ze alles wat ze zag en hoorde in zich opzoog, daarbij zichzelf volledig uit het oog verliezend. Ze was met iedereen begaan en probeerde daarbij ieders standpunt te begrijpen. In Nederland had hij zich door deze karaktertrek tot haar aangetrokken gevoeld en had men haar als verpleegkundige zeer gewaardeerd; hier echter leek het of daardoor de vaste grond onder haar voeten verdween. Vaak was ze vertwijfeld en peinsde ze verdrietig over wat ze gehoord of gezien had. De dagelijkse frustraties van haar werk dat ze met uiterst beperkte middelen moest verrichten, en de confrontatie met de wrede realiteit van armoede en ellende, die zich in de gezondheidszorg zo schrijnend toonde, hadden haar uit haar evenwicht gebracht. Hugo hoopte dat Hanne zou gaan inzien dat ze zich het lot van de mensen in dit arme en onderontwikkelde land niet al te persoonlijk zou moeten aantrekken. Het was onmogelijk de problemen van iedereen op te lossen en ze zou zich er enigszins tegen moeten harden, meende hij.

Het was jammer dat Anja in Massigui momenteel de enige collega was waarmee Hanne regelmatig van gedachten wisselde. In eerste instantie had de dertigjarige Utrechtse hem een leuke, vlotte meid geleken. Nu had hij haar echter iets beter leren kennen en alhoewel hij haar nog wel mocht, vond hij deze enigszins excentrieke vrouw toch wat te ver gaan in haar opstelling. Ze probeerde zich volledig met de Malinezen te identificeren en leek daarbij haar afkomst te verloochenen. Dat was uiteraard haar eigen keuze en Hugo wilde dat ook respecteren, alleen zag hij dat Hanne zich door haar liet beïnvloeden en dat betreurde hij. Hanne had een houvast nodig in de verwarring die de confrontatie met deze vreemde Afrikaanse cultuur teweegbracht en ze zocht die bij Anja. Het deed hem pijn dat zij op dit moment die steun niet bij hem scheen te kunnen vinden.

Thuis hadden ze altijd over van alles goed met elkaar kunnen praten en hadden ze zich verrijkt door naar elkaars mening en opinie te luisteren. Waarom konden ze dat hier niet? Het leek alsof zijn vriendin van het begin af aan moeite had met haar rol als ontwikkelingswerkster. Had hij er fout aan gedaan haar twijfels omtrent hun huis en de tuin weg te wuiven? Maar wat hadden ze redelijkerwijs kunnen doen? Een alternatief was er niet in dit dorp; hadden ze in een lemen hutje moeten gaan wonen en dit aan een Malinees geven? Ze hadden erover gesproken om in de twee schuurtjes, die eigenlijk mooie kamers waren, iemand te laten wonen maar Hanne vond dat ook erg moeilijk – de blanken in de villa en de Afrikanen in het bijhuis. Er was dus geen andere mogelijkheid, dat moest ze toch inzien.

Aan het eind van de ochtend friste Hugo zich op van het modderige, zweterige werk in zijn hortus botanicus – een schertsende benaming die Hanne eraan gegeven had – en ging naar de markt. Buiten de muur die hun huis omsloot bleef hij even staan en liet de beelden rondom hem op zich inwerken. Tussen hun woning en de dispensaire liep een weg naar het naburige dorp Tiecoumella. Laatkomers liepen of reden met de ezelkar richting markt. Twee vrouwen met op hun hoofd een zware vracht van kalebassen en emaille schalen waren in een geanimeerd gesprek gewikkeld. Eén droeg een felblauwe hes met het portret van de paus op haar borsten prijkend. Gefascineerd keek Hugo haar na en zag dat de Roomse man ook vanaf haar volumineuze achterwerk vriendelijk de wereld in keek. Uit de tegenovergestelde richting kwam een man aan gefietst die zijn zaken blijkbaar vroeg afgehandeld had en terugging naar huis. Achterop zijn antieke vervoermiddel spartelde onder luid gemekker een stevig vastgebonden geit. Kalm negeerde de man de schelle jammerklachten van zijn passagier en groette de blanke met een goedaardig 'i ni sogoma'. Eveneens goedemorgen en wel thuis, riep Hugo hem na en goedgehumeurd begaf hij zich op weg.

Op de marktplaats aangekomen ging Hugo naar een klein lokaal 'café' dat langs de hoofdweg lag en installeerde zich, nadat hij een cola had gekocht, voor de gammele opengeslagen houten deuren op een even onbetrouwbare houten bank. Genietend nam de Hollander alle taferelen die zich voor zijn ogen afspeelden in zich op. Twee kleine, schamel geklede jongetjes liepen treuzelend langs hem, de tubabu, heen terwijl ze een ingenieus gemaakte speelgoedauto, bestaande uit niet meer dan enkele ijzerdraden, nonchalant voor zich uit duwden. Ze werden bijna omvergelopen door een in een dikke winterjas geklede man, die met omvangrijke rollen handgeweven katoen op zijn hoofd liep. Terwijl de jongetjes snel een paar stappen opzij deden, schreeuwde een oude vrouw hen vijandig toe dat ze haar tomaten, die ze voor zich op een stuk plastic op de grond had uitgestald, bijna fijntrapten. Zwijgend keken ze haar aan en met een handgebaar stuurde ze hen lachend weg. Op dat moment besloot de chauffeur van een grote oude vrachtwagen, die van de schroothoop uit Europa leek te komen, dat de motor voldoende warm gedraaid was en trok op onder het luide kabaal van oververmoeide cilinders. Vol bewondering staarden de twee kinderen naar de kolossale auto die volgeladen was met zakken aardappelen. Bovenop lag een twintigtal trossen bananen, een stel flinke pakken karitéboter en bovendien waren er vijf levende schapen vastgebonden. Verder had een tiental reizigers met hun bagage een plekje gevonden op de auto, zodat deze topzwaar, gevaarlijk heen en weer slingerde bij iedere kuil in de weg. Aan de zijkant bengelden vrolijk gekleurde emmers en teilen in gezelschap van zo'n dertig kippen en hoenders die met hun koppen treurig naar beneden hingen. Opgewonden renden de jongetjes achter de oude, logge Mercedes aan en geamuseerd vroeg Hugo zich af of hun volgende speelgoedauto misschien op dit model gebaseerd zou zijn.

Ik had m'n tekenspullen mee moeten nemen. Volgens mij kan dat wel, men zal er toch geen aanstoot aan nemen? Zo langzamerhand weet men wel wie ik ben, en als ze willen kunnen ze meekijken terwijl ik aan het schetsen ben, bedacht Hugo met een ongeduldige spanning om alles vast te leggen. Alhoewel het hem lukte sommige indrukken later op papier te krijgen, vond hij het gemakkelijker ter plekke wat schetsen te maken om die dan later thuis uit te werken. Hiervoor was hij naar Afrika gekomen! Vanaf het moment dat duidelijk was geworden dat Hanne een contract zou krijgen en hij als partner mee zou gaan, had hij zich verheugd op de mogelijkheid zich in zijn hobby uit te kunnen leven. Hij vond het heerlijk om na acht jaar zijn werk achter zich te laten en rustig te kunnen genieten van alles wat deze nieuwe, onbekende cultuur voor hen in petto had. Jammer dat Hanne niet kon genieten van de leuke, absurde kant van wat er zich soms afspeelde. Ze nam alles te serieus op en gaf haar humor te weinig ruimte. Hij probeerde haar te betrekken bij hoe hij de dingen ervaarde, maar dat lukte niet altijd. Zijn tekeningen, en het olieverfschilderij dat hij laatst gemaakt had van de stampende vrouw met een kind op haar rug in het zachtrode avondlicht, spraken haar echter wel aan. Hij had de indruk dat hij op dit moment zijn levenspartner het beste met zijn creatieve werk kon laten zien hoe hij de dingen beleefde.

Nadat hij de hele markt uitgebreid bekeken had en moe begon te worden van het slenteren, de drukte en het constant aangesproken worden zonder veel terug te kunnen zeggen, ging hij naar huis. Hij wist niet hoe laat Hanne terug zou komen en besloot een ovenschotel klaar te maken die hij gemakkelijk warm kon houden. Daarmee klaar ging hij op de bank in de huiskamer liggen maar hoorde al snel een auto aankomen die voor het hek stopte. Even later klonk de zachte, ietwat zware stem van Hanne door tot in het huis en Hugo kwam overeind. Ze was in een uitbundige stemming en begroette Hugo vrolijk en hartstochtelijk. Verrast nam hij haar in zijn armen en even bleven ze zo staan.

'Heb je een goede dag gehad?'

'Ja. Veel gezien en gehoord. De vergadering was goed. Anja was er ook en het was gezellig. Maar het hoogtepunt was wel de pont! Wat een gedoe zeg, we zitten hier wel mooi afgesloten zo in de regentijd! Dat stuk ijzer schijnt meer kapot dan heel te zijn. Maar kan ik wat drinken? Ik heb dorst.'

Hugo haalde gefilterd water uit de koelkast en schonk het voor haar in. Hij was blij dat ze in een goede bui was en luisterde aandachtig naar wat ze te vertellen had. Sinds ze in Béléko waren komen wonen, hadden ze allerlei verhalen gehoord over de fameuze pont. Béléko werd namelijk aan drie kanten door rivieren omgeven, welke alle in de regentijd zo hoog stegen dat je het dorp met de auto niet meer kon bereiken. De betonnen 'radiers' door de rivieren waren in de droge tijd goed begaanbaar maar stonden van augustus tot halverwege november diep onder water. De enige verbinding tussen het gebied achter de rivieren en de 'bewoonde wereld' van Dioila en de hoofdstad Bamako was een oude, afgedankte pont. Hanne was die dag voor het eerst daarmee de Bani overgestoken en het bleek dat de rit naar Dioila, die anders een klein uurtje duurde, nu een onzekere reis was geworden met onbekende afloop.

'Sorokoro, waar de pont ligt, is een klein vissersdorpje aan de oever van de rivier. Kleine kinderen stonden opgewonden in hun handen te klappen, ik denk dat ze het leuk vonden dat er nu ineens zoveel drukte in hun dorp was. Onder de bomen zaten vrouwen bakbananen, beignets en ook vis te bakken. Het was uiterst gezellig. Verderop zaten een paar mannen netten te repareren en er was zelfs een restaurantje! Je weet wel, een strooien afdakje met een klein, gammel bankje ervoor waar men koffie en Lipton serveert. Er was een schattig moskeetje in het midden van het dorp en de chef zat buiten op een mat voor zijn huis. De grond is daar veel geler dan hier en het geeft een heel ander beeld van de lemen huizen. Het is wel erg rommelig en vervallen. Maar goed, toen we aankwamen waren er geen andere auto's, de pont lag in de lengte langs de rivier afgemeerd, dus konden we er niet oprijden. Iedereen stapte uit de auto en strekte eens lekker z'n benen. Ik snapte niet waarom de pont niet startte, maar klaarblijkelijk was de accu leeg. Dus moesten ze eerst met mankracht die schuit rechttrekken en een half uur later konden we er oprijden. De motorklep ging open en onze accu kwam eruit! Daarmee startten ze de motor van de pont. Halverwege de rivier echter viel die motor uit en we dreven zo stroomafwaarts. Het zag ernaar uit dat we in Timboektoe terecht zouden komen! Het duurde zo'n tien minuten voordat ze de motor weer aan de gang hadden, en toen moesten we stroomopwaarts weer terug! Dat duurde bijna drie kwartier, dus voordat we aan de overkant waren was het bijna twee uur later! En iedereen was zo laconiek! Ik vond 't wel grappig allemaal maar ik vroeg me af of we 's avonds wel weer thuis zouden komen. Dat vaartuig ziet eruit alsof hij zo in het water zal verdwijnen. Volgens mij kan ik maar beter spullen meenemen om te kunnen overnachten, als ik naar Dioila of Bamako ga.'

'Was het wel leuk om mee te maken? Je klinkt erg enthousiast. Ik zal zelf ook eens gaan kijken.'

'Als je alle tijd hebt en er is niets urgents aan de hand, is het wel grappig. Maar ik kan me voorstellen dat we dat ding nog weleens zullen vervloeken. Als we naar Bamako moeten bijvoorbeeld en hij vaart niet...'

'Bleef Petit er ook rustig onder? Want die stadse collega van jou lijkt me niet iemand die er de charme van inziet.'

'Ja, die klaagde inderdaad nogal dat het toch wel afzien was om alleen voor een vergadering op één dag heen en weer naar Dioila te gaan. Maar hij bleef wel gewoon doorkletsen met de anderen en hij heeft ervan geprofiteerd door flink wat boodschappen in Dioila te doen. Meest medicijnen...'

Hugo stelde voor te gaan eten en Hanne vroeg geïnteresseerd wat hij die dag gedaan had. Hij vertelde van zijn belevenissen op de markt en van zijn werk in de tuin. Hij betreurde het nu dat hij die ochtend niet even de moeite had genomen het plafond te ragen en was blij dat Hanne er niets van zei. Na het eten gingen ze op de veranda zitten en onder het genot van een kop koffie vertelde Hanne dat ze na de vergadering bij Elisabeth en Jan langs was geweest.

'Ze hebben visite, een man en een vrouw, beiden begin veertig. Hij, Rogier, is een broer van Miriam die in Dioila gewerkt heeft.

Hugo vroeg of dat de NO'er was die een paar maanden geleden naar Nederland was gegaan voordat haar contract was afgelopen.

'Ja, zij. Haar broer was al eens hier in Mali met vakantie geweest. En nu is-ie teruggekomen met een vriendin, Hélène heet ze meen ik. Het is geloof ik een wat los-vaste relatie. Elisabeth vertelde me dat Rogier kanker heeft en het schijnt dat-ie weinig kans heeft te genezen. Nu wil hij blijkbaar nog zoveel mogelijk reizen en is hierheen gekomen.

'Hoelang blijven ze bij Jan en Eli?'

'Drie weken. Ze willen nog wel wat reizen, maar ze blijven voornamelijk in Dioila. Hij ziet er slecht uit.'

'Je hebt 'm gezien?'

'Toen ik terugkwam van de vergadering zaten ze op de veranda thee te drinken. Rogier is een knappe man, alleen een beetje stijf, houterig. Wat formeel ook. Hij had een prachtig licht katoenen pak aan, nogal prijzig vermoed ik. Hij droeg een pruik: kort zwart haar. Hij is bestraald geweest.' Hanne stopte even en was diep in gedachten verzonken. Ze vervolgde peinzend: 'Het was vreemd om ineens weer met een typisch westers probleem geconfronteerd te worden. Je weet hoe Elisabeth is. Ze riep me al snel naar binnen en in de keuken vertelde ze me het hele verhaal. Rogier is een zeer geslaagde zakenman. Hij heeft vier modezaken. Een paar maanden geleden ontdekten de artsen darmkanker. Ze hebben 'm geopereerd en hij heeft een chemokuur met bestralingen ondergaan. Het blijkt dat-ie ongetrouwd is en Elisabeth moest daar nog roddelend aan toevoegen dat hij echter wel de nodige vriendinnen heeft gehad. En volgens haar zitten ze achter zijn geld aan. Toen begon ze over Miriam die eigenlijk ook wel wat vreemd was en suggereerde dat ze uit een probleemfamilie kwamen. Ik had absoluut geen zin om daar op in te gaan en antwoordde dat we allemaal wel problemen hebben. Buiten probeerde ik een gesprek te beginnen met Rogier maar hij was nogal afstandelijk. Sprak natuurlijk ook niet over z'n ziekte.'

'Ik voelde weer dat taboe dat ik in Haarlem in de wijk ook zo vaak ervaren heb. En ik kwam net uit een bespreking over de problemen van de kraamklinieken hier en over het vaccinatieprogramma. De kindersterfte is rond de vijfentwintig procent, vreselijk. En het aantal sterfgevallen onder de kraamvrouwen moet ook schrikbarend hoog zijn. En dan plotseling zo'n man, deftig aangekleed met pruik en al, alsof hij daarmee de dood op een afstand kan houden. En hij kan zich de luxe permitteren om nog dure reizen te maken. Het contrast is zo groot', zuchtte Hanne moedeloos.

'Je kunt niet verwachten dat voor Rogier de beleving van zijn eigen sterven verandert omdat er ook zoveel Afrikaanse kinderen en vrouwen doodgaan. Dat is onmogelijk.'

'Ja, ja', reageerde Hanne plotseling ongedurig, 'jij weet altijd wel weer een uitleg en een reden. Wanneer zet jij die rationele kop van je eens af en laat je je gevoel spreken? In de drie maanden dat we hier nu zijn, heb ik je nog nooit bewogen of geraakt gezien door alle ellende hier. Nee, jij ziet alleen maar de leuke kanten. Lekker in je tuin bezig, beetje timmeren, tekenen en lachen om al die Malinezen die alles maar zo anders doen.'

'Hanne, dit is onzin', antwoordde Hugo gekwetst. 'Natuurlijk doet het leed van de mensen hier mij wat. Dat weet je toch. Ik ben geen kouwe kikker die alles onaangedaan aanschouwt. Alleen, en nu moet je me goed begrijpen, ik probeer het van me af te zetten door me op andere, mooie en leuke dingen te concentreren – en dat teken ik dan graag. Voor jou is het veel moeilijker om alles van je af te zetten omdat je in je werk steeds opnieuw met van alles en nog wat geconfronteerd wordt. Daarom probeer ik je een andere kant van de dingen te laten zien. Ik doe dat omdat ik denk je daarmee te helpen.'

'Wel, ik heb er geen behoefte aan om die 'andere kant' van jou te zien. Dit is hoe ik de dingen beleef en dat gevoel hoef je niet te veranderen. Zeker niet door die zogenaamde intelligente redenaties!'

'Nou zeg, je valt nogal uit. Maar goed hoor, als jij denkt dat je door 'bij je gevoel te blijven' de dingen hier beter aankunt, dan moet je dat vooral doen. Ik denk alleen dat jij je laat leiden door medelijden en dat lijkt mij geen goed uitgangspunt om hier te leven. Zo toon je je trouwens ook zwak en daar zullen mensen van profiteren. Volgens mij is het beter om je aan te passen aan de realiteit hier en daarvoor is het nu eenmaal nodig dat je bepaalde dingen 'beredeneert'. Ik zie daar niets verkeerds in. En met een beetje humor is het wel zo gezellig. Maar schat, als jij het anders ziet, dan is dat zo.'

'Ik ga naar bed. Ik ben moe, het was een drukke dag', antwoordde Hanne abrupt terwijl ze opstond.

'Hannie... Kunnen we dit niet uitpraten?'

'Sorry, ik ben moe. Ik reageerde wat fel. Een andere keer...'

'Als je nog even wacht, dan ga ik met je mee.'

'Oh dat hoeft niet. Ik ga echt liever nú naar bed.'

Overrompeld door haar abrupte beëindiging van de dag, ontving Hugo gelaten de vluchtige kus op zijn mond. Zijn vriendin liep het huis in en verward keek hij haar na. Verwondering, teleurstelling en boosheid welden in hem op en lieten hem verslagen achter.

X   CHISLAINE VERTELT

De kerkklokken luidden voor de zondagochtendmis en Chislaine haastte zich. Ze had uitgeslapen op haar enige vrije dag in de week en de veertigjarige Française was met haar gedachten bij een indrukwekkende droom die ze gehad had.

Ze wandelt met een groep mensen in een prachtig glooiend landschap over een smalle landweg. Ze komen bij een groot meer waarvan Chislaine zich niet kan herinneren dat het er was. Verbaasd loopt ze ernaartoe, het water is prachtig helder en er gaat een enorme rust van uit. Dan ziet ze in het midden Jean Bomba, de Bambara-jager uit Flala, wanhopig spartelend om niet te verdrinken. Iedereen van de groep is plotseling verdwenen; Chislaine gaat het meer in en brengt met veel moeite Jean naar de kant. Daar staan twee blanke mannen die haar kwaad uitschelden en de bewusteloze jager zonder verdere uitleg van haar overnemen en met hem verdwijnen. Angstig vraagt ze zich af wat ze fout gedaan heeft. Dan hoort ze Malinese vrouwen huilen en ze weet dat ze haar dankbaar zijn. Gerustgesteld maar verdrietig gaat ze weer verder.

Je vraagt je af wat het te betekenen heeft, die arme Jean Bomba. Maar het water was zo prachtig en de rust, schitterend, mompelde de religieuze verwonderd voor zich uit. Voor Jean zou het een slecht voorteken zijn, een dergelijke droom: bijna verdrinken in een vreemd meer en dan meegenomen worden door twee onbekende blanken. Maar goed, Père André wacht niet met de mis omdat ik over een droom loop na te denken. Depêche-toi! Ze bedekte haar hoofd met de korte donkerblauwe sluier die ze ondanks de warmte dagelijks droeg, en sloot haar kleine kamer af die uitkwam op de veranda aan de achterkant van het klooster. Haar medezusters waren al vertrokken, ze kenden Chislaine's zwakheid op zondagochtend en wachtten niet meer op haar.

De kerk lag schuin aan de overkant van de weg en de kleine tengere vrouw begroette de inwoners die aan kwamen lopen vanuit de omliggende dorpen hartelijk. Nog denkend aan haar droom keek Chislaine of ze Pauline ook zag, de vrouw van Jean. Sinds zij naar het ziekenhuis in Dioila was geweest, was Pauline er veel beter aan toe en kwam ze regelmatig naar de mis. Jean was sinds zijn ongeluk pas één keer geweest en Chislaine verwachtte hem die ochtend dan ook niet te zien.

Het koor, dat uit een twintigtal dorpsbewoners bestond, zong met opgewekt enthousiasme. De anderhalf uur durende dienst was levendig en inspirerend en hoewel Chislaine naar haar ontbijt verlangde, luisterde ze met plezier naar de ritmische tamtam en melodieuze balofon muziek. De preek van Père André, een Bobo uit Tominian, was kort en krachtig – een talent dat iedereen in hem waardeerde. Om half tien kregen de kerkgangers de eindzegen waarna men de eenvoudige, wit gepleisterde kerk verliet onder een luidruchtig geroezemoes met daarbovenuit heldere kinderstemmen.

Velen kwamen naar Chislaine toe om haar de hand te schudden en een praatje te maken; de blanke missiezuster was door haar jarenlange werk als verpleegkundige en veelzijdig geneesvrouw in de wijde omgeving bekend. Pauline bleek aanwezig te zijn en de nog steeds magere, kwetsbaar ogende vrouw, met haar jongste kind op de rug, kwam de zuster groeten. Geïnteresseerd informeerde Chislaine naar haar gezondheid en die van de kinderen. Jean was op het land aan het werk en Pauline vertelde dat hij God-zij-dank zo goed als genezen was van het auto-ongeluk dat hem vier maanden geleden overkomen was. Chislaine zei Pauline gedag met de raad het voorlopig nog kalm aan te doen en begon een praatje met een oude man wiens vrouw kort geleden overleden was en die nu bij zijn zoon vlak achter de missie woonde. Daarna liep ze op haar gemak naar het klooster waar de ontbijttafel klaargezet was.

In de namiddag klonk het rinkelende geluid van de bel die bij de vestibule bevestigd was over de cour van het klooster. Nicole, een van de vier Franse nonnen, ging kijken wie er was. Ze kwam terug met het Nederlandse stel dat vlak voor het regenseizoen in Béléko was komen wonen. Ze bracht hen naar de huiskamer en vroeg hen te gaan zitten. Op de rechte, houten leunstoelen lagen dunne kussens, bekleed met oranje gebloemde stof. Verder stonden er een eenvoudige eettafel en twee praktische kasten in de centraal gelegen leefruimte van het gebouw, die een nette sobere indruk bood. Nicole bood hen zelfgemaakte citroenlimonade aan en ging Chislaine roepen, de enige die verder thuis was; de andere twee nonnen waren voor een paar dagen naar de missie in Ségou.

Chislaine begroette Hanne en Hugo hartelijk. Vooral Hanne kwam regelmatig even langs en de Française was de bezoeken van de jonge Nederlandse op prijs gaan stellen. Ze waardeerde haar kritische directheid en haar onbevangen openheid. Ook als collega kon ze haar waarderen al was het duidelijk dat Hanne nog weinig tropenervaring had en een hoop moest leren.

Ze vond het gezellig dat Hugo met zijn vriendin was meegekomen. Chislaine mocht hem erg graag, al vroeg ze zich af of hij hen ook mocht. Ze voelde dat hij zich enigszins van haar en haar medezusters distantieerde en blijkbaar niet al te veel met de missie te maken wilde hebben. Chislaine vond dit jammer omdat ze zijn scherpe geest en zijn geïnteresseerde vriendelijkheid op prijs stelde. Het was voor het eerst dat er andere, niet-religieuze blanken in Béléko waren en ze vond het verfrissend om hun ideeën te horen over dat wat ze als haar eigen dorp en haar eigen mensen was gaan beschouwen. Ze zag in de welbespraakte tweeëndertigjarige Hugo een boeiende gesprekspartner en betreurde het daarom des te meer dat hij geen verdere toenadering wilde.

'Jullie treffen het dat we er nog zijn. Volgende week gaan we voor een maand naar Bamako. Dat doen we ieder jaar. Het is goed om er even tussenuit te zijn en augustus is daarvoor een goede maand', begon Chislaine het gesprek nadat ze elkaar hadden be-

101

groet en Nicole zich in haar kamer had teruggetrokken. Ze legde uit dat er in die maand weinig activiteiten waren, noch in de kliniek, noch voor de andere nonnen die zich bezighielden met catechisatie en alfabetisering, omdat alle mensen op het land aan het werk waren. Verder vonden ze het vervelend in de regentijd achter de rivieren opgesloten te zitten en ze ontvluchtten dan graag het natte, modderige Béléko.

'En dan te bedenken dat het nu veel beter is dan voorheen, dat wil zeggen een paar jaar geleden. Toen ik hier twaalf jaar geleden kwam, was er absoluut geen mogelijkheid om met een auto de rivier over te steken. Alles moest in uiterst smalle pirogues overgevaren worden en daarna met een ezelkar of iets dergelijks vervoerd worden. Een paar jaar later kwam er een trekschuit waar een auto op kon en nu hebben we dan deze gemotoriseerde pont. Maar het is hier eigenlijk altijd nog een beetje een afgesloten gebied. Een rivier is toch een natuurlijke grens en dat leeft ook nu nog. Jullie weten dat dit gebied Baniko heet, 'achter de Bani'?' Beide toehoorders schudden ontkennend hun hoofd.

'Het is eigenlijk een wat minachtende benaming; voor de andere Bambara, uit Bamako en Ségou bijvoorbeeld, zijn de Baniko zoiets als 'die primitieven achter de rivier'. Vroeger namelijk, in de negentiende eeuw is er in Mali een hevige oorlog gevoerd door Elhadji Oumar. Hij was een Toucouleur uit Senegal die vanuit Noord-Mali de islam wilde verspreiden. Met die jihad wilde hij het animisme van de Bambara verdrijven. Daartoe werden alle fetisjen vernietigd en werden de mensen met grof geweld gedwongen zich tot de nieuwe religie te bekeren. Die oorlog heeft in heel Noord-Mali gewoed, tot aan de Bani hier bij Dioila. In het zuiden is er iets vergelijkbaars gebeurd onder aanvoering van Samori Toure. Hij verzette zich tegen de blanke overheersers. Daarmee ver- spreidde hij ook de islam, want als je tegen hem was werd je af- gemaakt en als je voor hem was, werd je moslim. Die strijd heeft vanuit Sikasso net nog Mena bereikt, van hier zestig kilometer naar het zuiden, maar niet Béléko. Dat betekent dus dat er in dit gebied, dat al geïsoleerd is door de omsluiting van drie rivieren, nooit een vernietigende oorlog is geweest met als doel het animisme uit te bannen. Door dit alles zijn de mensen in dit gebied, waar Béléko het hart van is, veel animistischer dan de andere Bambara. Natuurlijk is niet iedereen in Bamako, Ségou en andere plaatsen door dat geweld een goede, gelovige moslim geworden, maar het heeft wel het proces versneld en er is veel van het animisme en de tradities verloren gegaan. Terwijl hier in Béléko nog erg veel oude Bambara-gewoonten een grote rol spelen in het dagelijkse leven. Maar verveel ik jullie niet?'

'Nee', reageerde Hugo, 'integendeel. Ik heb over die Elhadji Oumar en die Touré gelezen. Ik realiseerde me alleen niet dat Béléko deze oorlogen gespaard is gebleven en dat dat gevolgen heeft tot aan de dag van vandaag.'

'Dat is te zeggen, dát en het feit dat het zo lang een groot deel van het jaar een geïsoleerd gebied was – en tot op zekere hoogte nog is! En dit behoud van hun cultuur is voor velen iets om echt trots op te zijn. Alleen moesten ze op een zeker moment wel mee met de technisch-economische ontwikkelingen en dat geeft op het eerste gezicht de indruk dat ze verwesterd zijn.'

'Waarom moesten ze mee met die ontwikkelingen?' vroeg Hanne, die eveneens met belangstelling luisterde.

'Voor een groot deel werden ze daartoe gedwongen. De katoenindustrie bijvoorbeeld is hen vanuit Frankrijk opgelegd, evenals de geldeconomie. Toen alles eenmaal om geld draaide voelden de mensen zich daar natuurlijk ook toe aangetrokken en pasten ze zich aan de landbouwkundige en technische ontwikkelingen aan. De Bélékwa wilden daarin niet achterblijven bij de rest van Mali. De jongeren willen een radio, een fiets en het liefst een auto. Toch schuilt onder deze uiterlijke aanpassing, of verandering, of hoe je het ook wilt noemen, nog het krachtige en fiere, maar ook angstige Bambara-hart. Dat geldt ook voor de velen die in de laatste tien, twintig jaar tot de islam of het christendom zijn overgegaan. Hun leven wordt beheerst door de voorouders en de geesten.'

'Waarom spreekt u van het angstige Bambara-hart?' vroeg Hugo met een kritische ondertoon.

'Ik zei om te beginnen het krachtige en fiere hart. Die twee kwaliteiten staan voorop!' antwoordde Chislaine direct. 'Maar de Bambara-cultuur is voor een groot gedeelte gebaseerd op angst. Met name de angst om de voorvaderen te ontstemmen en verder vrees voor de geesten die 's nachts rondwaren. Overal loert voor hen gevaar en onheil waartegen ze zich moeten beschermen. Weten jullie waarom jullie huis op die plek gebouwd is?'

Hanne keek verbouwereerd naar Hugo. Deze merkte haar blik niet op en vroeg kalm, maar met ingehouden en misprijzende verbazing aan de religieuze wat hun huis met de Bambara-geesten te maken had.

'Veel, maar laat ik het jullie uitleggen. Toen in Béléko bekend werd dat er blanken zouden komen en jullie organisatie daarvoor een huis wilde bouwen, ontketende dit onder de inwoners een hevige discussie. Velen waren tegen de komst van meer blanken. De enige tubabu's die zij kenden waren wij van de missie en ze vroegen zich af waarom er nog andere wilden komen. Ze waren bang voor onheil en verzetten zich. Ze konden de beslissing echter niet meer ongedaan maken omdat het besluit al genomen was door de overheid. Dat wil zeggen dat het tussen de Nederlandse organisatie en de Direction Nationale van de gezondheidszorg overeengekomen was. Maar goed, dat weten jullie natuurlijk even goed als ik. De beslissing werd hen dus opgelegd en de enige invloed die ze hadden, was het bepalen van de plaats waar het huis gebouwd zou worden. En daarbij wonnen degenen die zich verzetten tegen de komst van nieuwe tubabu's.'

'Wij dus!'

'Ja.'

'En hoe hebben ze hun ongenoegen dan duidelijk kunnen maken? Dat huis staat daar toch prima?!'

'Wat ik ervan weet is dit. Geesten houden zich het liefst op aan de rand van het dorp, en daarbij hebben bepaalde bomen hun voorkeur. Zo zijn er in de caïlcédrat die tussen jullie huis en de dispensaire staat vele geesten gezeteld. Dit zijn echter geesten waartegen men zich normaal gesproken goed kan beschermen. Ingewikkelder is het met de néré die vlak voor jullie huis staat. Een néré is heilig voor de Bambara. Sommige echter schijnen demonisch te zijn en van díe bomen gaat een bepaalde macht uit. Bambara bouwen daarom nooit hun eigen huis naast een néré. Voor andere stammen, Bobo's of Dogon en zo, ligt dat weer anders. Maar voor de Bambara van Béléko is de néré naast jullie huis een boom waarvoor zij angst hebben.'

Hugo begon te lachen.

'Je vindt dit onzin?' vroeg Chislaine hem verbaasd.

'Nee, nee! Of ja, toch wel. Dachten ze, wie dat dan ook mochten zijn, dachten ze echt dat ze invloed op ons konden uitoefenen door ons huis naast die oude boom te bouwen?'

'Wel, er zijn Malinezen die menen dat blanken ongevoelig zijn voor de natuurwetten van de Bambara. De meningen zijn verdeeld over hoe dat mogelijk is – sommigen zeggen dat tubabu's sterke middelen hebben om zich te beschermen, anderen geloven dat blanken van hogerhand beschermd worden. De Bélékwa echter zijn ervan overtuigd dat de machten van hun belevingswereld ook gelden voor de blanken. En dus denken zij inderdaad dat de néré invloed op jullie zal hebben.'

'En wat moet die oude boom dan doen, ons doen vertrekken met de staart tussen onze benen of zo?' Chislaine antwoordde niet en even viel er een stilte waarin Hugo's opmerking smalend naklonk. Voorzichtiger, zijn woorden beter overwogen, ging hij verder.

'Het is erg interessant, zuster, maar ik schaar me achter de Malinezen die geloven dat wij van hogerhand worden beschermd. Hun belevingswereld, zoals u zei, is niet de onze en ik meen dat je eerst in geesten en dergelijke moet geloven voordat ze macht over je kunnen uitoefenen. Maar dat neemt niet weg dat het erg interessant is om dit alles te weten... Want waar het op neerkomt is dat er in Béléko mensen zijn die ons hier liever niet hebben. Wel, dat is denk ik niet abnormaal. Je kunt denk ik niet verwachten dat iedereen ons met open armen zou ontvangen. Ik kan me voorstellen dat onze witte huid voor hen best confronterend is en gemengde gevoelens oproept. Dat lijkt me logisch. Ik zie dus niet in dat ik me daar zorgen om zou moeten maken. Want als ik mag vragen, waarom vertelt u ons dit? Ik bedoel, dit is toch niet iets waar wij iets aan kunnen doen?'

'Doen, nee. Maar ik dacht... wel, ik weet dat jij, Hanne, altijd erg geïnteresseerd bent in wat er hier gebeurt, in de mensen hier en hun gewoonten. Vandaar dat ik dit ter sprake breng.'

'Ja, ik denk dat het goed is om dit te weten', verdedigde Hanne, die gespannen had zitten luisteren, snel haar collega van de missie.

'Want, zie je, het gedrag van de mensen wordt bepaald door hun opvattingen en overtuigingen, dus hun culturele en religieuze gewoonten en die zal je moeten kennen als je hen wilt begrijpen.'

'Dat geldt overal', ageerde Hugo snel.

'Absoluut! Ik vond het alleen niet meevallen om mij in de denkwijze van de mensen hier te verplaatsen. Het heeft me heel wat jaren gekost. Zo zou ik nog een ding willen toevoegen... Ik neem aan dat jullie ook over sorcellerie, toverij, gehoord en gelezen hebben. Dit speelt in Béléko namelijk nog behoorlijk sterk. In heel Mali, wel in heel Afrika neem ik aan, is dit een onderdeel van oude gewoonten dat nog een rol speelt. Maar de vrees van andere Malinezen voor de Baniko, dit gebied dus, wordt veroorzaakt doordat de toverij nog vrij sterk leeft en door het feit dat hier soms nog mensen vergiftigd worden.'

'Oh, nu wordt het echt spannend! De horror wordt steeds sterker', lachte Hugo nu gekscherend.

'Zo klinkt het misschien voor jou, maar ik kan je zeggen dat het wel de reden is waarom er voor Béléko nog steeds geen verloskundige is gevonden.'

'Hoe bedoelt u?' vroeg Hanne nadat ze Hugo een afkeurende blik had toegeworpen.

'Ze zoeken toch een Malinese vroedvrouw voor de kraamkliniek hier, omdat Simone ziek naar Frankrijk is gegaan... Ik hoorde van onze bisschop in Ségou, die hierover contact heeft gehad met Moussa Traoré, de Directeur Régional in Koulikoro dat iedere verloskundige die ze wilden benoemen categorisch geweigerd heeft hier te komen vanwege de reputatie van dit gebied.'

'Ik meen te hebben begrepen', mengde Hugo zich weer in het gesprek, 'dat geen enkele afgestudeerde ambtenaar, of intellectueel zoals ze zichzelf noemen, graag naar het platteland komt. Ze blijven allemaal liever in de stad. En begrijpelijk'.

'Dat is waar, dat speelt ook een rol. Maar goed ... ik ben een slechte gastvrouw. Jullie willen misschien nog wat limonade?' veranderde Chislaine van onderwerp. Bezorgd vroeg ze zich af of ze niet te ver was gegaan met het vertellen over Béléko; Hanne zag er namelijk gespannen uit. Hugo daarentegen leek op zijn gemak en accepteerde haar aanbod om nog wat te drinken.

Ik vrees dat ik Hanne bang gemaakt heb, bedacht Chislaine. Ze luisterde wel erg intens en ze schijnt het niet erg met haar vriend eens te zijn. Die maakt zich niet zo druk. Maar hij onderschat het gebeuren met het huis en die néré. Het is misschien wel goed als hij het wat voor zijn vriendin kan relativeren, als hij er maar niet de gek mee steekt. Dat werkt volgens mij bij Hanne niet. Daarvoor vindt ze het allemaal te overweldigend. Het is ook heel wat. Hoe oud is ze, vijfentwintig? Drie jaar jonger dan ik toen ik hierheen kwam. Ik had natuurlijk wel mijn overtuiging in het begin, waar ik me aan vasthield. En de structuren van het klooster. Dat was misschien wel een voordeel. Simone was hier al zo lang, die kon mij ontzettend veel vertellen. En toch gaf ze mij de ruimte om alles zelf te ontdekken, ze liet me de vrijheid fouten te maken. Het heeft lang geduurd voordat ik me zeker genoeg voelde om de Afrikaanse werkelijkheid goed tot me door te laten dringen. Misschien wil Hanne wel te snel alles in zich opnemen. Hugo zou haar daarin kunnen remmen, maar ik vraag me af of hij door zijn schertsende houding juist niet het tegenovergestelde bereikt.

'Mag ik vragen, zuster, hoe u aan al die informatie over ons huis komt?' hervatte Hanne het gesprek.

'Oh, ik ken hier nu zoveel mensen. Ik hoor wel wat er zoal in het dorp leeft. Het was een groot gebeuren zeg, nieuwe blanken in ons dorp.'

'En u spreekt de taal. Het zal nog wel even duren voordat wij de mensen echt kennen. Wie kennen wij nu Hugo? De mensen met wie ik werk, de buren een beetje, enkele ambtenaren, Karim en Alima, en dan Jean en Pauline. Gelukkig dat het met haar nu iets beter gaat. En hij schijnt dat ongeluk ook redelijk te boven te zijn gekomen.'

'Grappig dat je hem noemt, ik droomde vannacht over hem. En ik droom anders niet zo veel, maar dit was heel duidelijk.'

'Wat deed hij, geesten verjagen?'

'De jager, ja', lachte Chislaine Hugo goedmoedig toe. 'Wel, laten we hopen dat zijn geest voorlopig nog een tijdje hier blijft. Vannacht verdronk hij bijna.'

'Dromen zijn een raar iets. Ikzelf droom gelukkig niet zo veel. Hanne meer, die wordt af en toe zwetend van angst wakker.'

'Bij wijze van spreken, bedoel je.'

'Wel, hier in Mali wil je nog weleens transpirerend wakker worden. Zelfs al droom je niet... Maar die eerste nacht in Bamako, god allemachtig, dat was volgens mij toch van het dromen, want de airconditioning draaide de hele nacht en je had verder niets aan', herinnerde Hugo zich.

'Chislaine, het wordt tijd dat we opstappen geloof ik.'

'Prima. Ik vond het leuk dat jullie op bezoek kwamen. Dat moeten jullie nog eens doen. Al gaan we binnenkort dus voor een maand weg.'

'Goed, als de dames beslissen dat het partijtje afgelopen is, dan leg ik mij daar natuurlijk bij neer. Jammer dat jullie weggaan. Hé Hannie, dan zijn we echt de enige blanken hier. Zo, zo. Dat is toch wel even een vreemd idee.'

Chislaine bracht haar gasten tot aan de vestibule die vlak langs de weg lag en ingericht was om bezoekers te ontvangen. Alleen echte bekenden werden tot in de huiskamer meegenomen; het was ondoenlijk om iedereen die langskwam in het klooster te ontvangen en het betegelde, ruime voorportaal was een goed alternatief, geïnspireerd door de Bambara-bouwstijl. De religieuze wuifde het jonge stel na en was blij te zien dat ze elkaar innig omarmden, al kon ze horen dat de twee in een stevige discussie verwikkeld waren.

XI   KARIM KEITA

De regentijd was tot een einde gekomen in het savannedorp en de klamme, drukkende atmosfeer veranderde geleidelijk in een droge warmte. De insecten trokken zich terug na een maandenlange orgie van uitbundig gekrioel. De malariamuggen streden om de inkrimpende broedplaatsen en verminderden sterk in aantal. De groene, sierlijke maïs- en gierstvelden waren veranderd in kale slagvelden met verminkte stoppels, te midden waarvan de koeien als lome overwinnaars rondslenterden. In Béléko was bijna iedereen tevreden met het resultaat van vier maanden hard werken. De gierst en de sorghum waren opgeslagen in de graanhutten of lag overvloedig opgestapeld in witte en roestbruin gevlamde heuvels van belofte. De gedroogde maïskolven hingen in volle overgave aan de spanten van iedere hut. Het plukken van het katoen was de laatste inspanning die door velen geleverd moest worden voordat men zich kon ontspannen in de relatieve koelte van de aankomende koude tijd. Overal langs de weg en middenin de lage, dichtbebladerde katoenvelden verrezen blanke heuvels van donzige pluizen, die helder afstaken tegen de donkergroene struiken en het stoffige rood van de laterietwegen.

De Zuid-Malinese katoenorganisatie was begonnen met het aankopen van het lucratieve marktgewas. Grote oranje vrachtwagens bulderden in verstikkende stofwolken naar de dorpen over de speciaal daarvoor aangelegde smalle zandwegen. De auto's werden volgeladen bij de lokale opslagplaatsen waar de verbouwers hun kostbare bezit naartoe hadden gebracht. Daar werd het gewogen en het gewicht genoteerd in een schrift dat alleen door enkele aangewezen personen ingevuld en bekeken mocht worden, en aan wier eerlijkheid de boer overgeleverd was. De felgekleurde ijzeren mammoeten brachten hun lading vanuit Béléko en omliggende dorpen naar de fabriek in Dioila, waar het katoen werd ontpit, gesorteerd en in balen verpakt voor de export. De hoop van de individuele landbouwer op een beter inkomen was tevens de nationale (en presidentiële) hoop op buitenlandse valuta.

Karim Keita was in gesprek met een van de mensen die in dienst waren bij de veterinaire dienst, waarvan hij aan het hoofd stond. Een boer uit Seyla was hulp komen vragen voor een zieke koe en Karim gaf instructies aan de jongeman die met de ongeruste boer zou meegaan. Ze zaten onder het brede, met stro bedekte afdak dat de veearts een jaar geleden, bij zijn aankomst in Béléko, had laten neerzetten. Het bood een dichte, koele schaduw en hij zat er graag.

Karim was een gedreven redenaar en op ieder moment van de dag waren er in zijn cour bezoekers te vinden. Zowel hij als zijn vrouw Alima waren erg gastvrij en de Bélékwa hadden de Malinke, die met enig wantrouwen ontvangen was – zoals elke ambtenaar die naar hun dorp kwam – snel in hun midden geaccepteerd. De boeren voelden zich vrij om over hun zieke vee te komen praten en bleven dikwijls hangen om met hem over andere onderwerpen van gedachten te wisselen. Verder hadden hij en zijn vrouw veel vrienden en het gezin ontving regelmatig visite vanuit het hele land. Ook familieleden kwamen geregeld op bezoek, zoals zijn oudste broer met wie Karim het goed kon vinden, zijn jongste ongetrouwde zus of de moeder van Alima, een weduwe. Ze bleven dan minstens een paar dagen, soms wel een paar weken.

Nadat iedereen vertrokken was en hij even alleen was haalde de vijfendertigjarige ambtenaar een compacte kortegolfradio uit zijn kamer en stemde af op France Inter. Hij had de gewoonte om via de Franse zender naar het wereldnieuws en soms ook naar dat van zijn eigen land te luisteren. De enige, sterk gecensureerde staatszender gaf te weinig informatie naar zijn zin over wat er werkelijk gebeurde met betrekking tot Mali en de omliggende landen. Politieke gebeurtenissen werden zodanig belicht dat het de monopolistische positie van de president en zijn regering nooit in diskrediet bracht.

Keita, zoals zijn vrienden hem noemden, was als lid van een kleine verboden politieke partij, actief betrokken bij de oppositie. Tijdens zijn schooljaren had hij meegedaan aan de studenten-opstand in 1979 en was daarvoor zwaar gestraft. Behalve dat hij gedurende de rellen ongenadig op zijn hoofd geslagen was en daar een lelijk litteken aan overgehouden had, werd zijn beurs om in de DDR dierengeneeskunde te gaan studeren op het allerlaatste moment ingetrokken. Hij had het bericht op het vliegveld in Bamako gekregen, toen hij klaarstond voor vertrek. Nood-gedwongen deed hij zijn studie in Mali en bleef in contact met zijn lotgenoten die zich allen tegen het onderdrukkende en dictato-riale beleid van de president bleven verzetten. In Béléko voelde hij zich ver verwijderd van het politieke centrum en ging om die reden vaak terug naar de hoofdstad. Verder had Karim daar al zijn familie omdat zijn ouders, Malinkes van Kangaba, zich jaren geleden in Bamako hadden gevestigd. Hij was in de stad opgegroeid, samen met zijn drie broers en vier zussen.

Alima, een werkloze lerares Engels, had besloten met hem mee te gaan naar het plattelandsdorp Béléko en beiden misten de drukke gezelligheid van de stad. Hun twee kinderen daarentegen, een jongetje van zes en een meisje van drie, hadden zich snel aan-gepast en waren dik bevriend geraakt met enkele dorpskinderen. De kring van functionarissen was klein en er was maar een enkeling die in Karims politieke denkwijze meeging. Gelukkig was zijn werk interessant en had hij goede mensen onder zich. De boeren vanuit de wijde omgeving kwamen naar hem toe om raad en waardeer-den hem zeer. Het vaccinatiepercentage van de runderen was om-hoog gegaan, een gegeven dat door zijn meerderen in Dioila en Koulikoro niet onopgemerkt was gebleven.

De grote zware donkere man installeerde zich behaaglijk in zijn hangmat en ontspande zich na een dag hard werken. Alima kwam met haar naaiwerk bij hem zitten en met welgevallen keek hij naar zijn charmante vrouw. Soms vroeg Karim zich af wat hij zonder haar zou moeten beginnen, en scheen het hem toe dat zijn leven zonder haar geen zin zou hebben. Nimmer had hij, voordat hij haar ontmoette, verwacht dat hij ooit zo over een vrouw zou denken. Twaalf jaar geleden had hij haar voor het eerst gezien op een studentenfeest waar hij aan haar voorgesteld door een vriend. Zeventien was ze toen, jong en mooi! Haar mahoniekleurige huid, de stralende amandelvormige ogen, de lange zachtronde neus en haar lieve mond met de volle, lichtroze onderlip en haar gracieuze lichaam bekoorden hem. Hij had zich direct tot haar aangetrokken gevoeld, maar het had bijna een jaar geduurd voordat ze zijn vriendschap beantwoordde. Ze wilde weten of hij serieus was en niet alleen een flirterig avontuurtje zocht, had ze hem achteraf verteld. Twee jaar later waren ze getrouwd en na vier jaar, waarin Alima haar studie Engels afrondde, werd hun zoontje Sedou geboren. Zijn liefde voor de moeder van zijn kinderen was door het gelukkige huwelijk dat ze hadden alleen maar toegenomen en het was dit geluk dat hem in moeilijke tijden staande hield.

Als hoofd van de veterinaire dienst was hij in de positie dat hij een redelijk inkomen verdiende. Zijn salaris was niet erg hoog, zoals dat van alle ambtenaren in Mali, en Karim was van mening dat corruptie daardoor structureel in de hand werd gewerkt. Om zijn gezin te kunnen onderhouden was hij genoodzaakt voor zijn diensten geld of goederen te vragen aan de mensen die hij hielp. Dit was een gewoonte waar iedere overheidsbeambte gebruik van maakte en dat door bijna alle Malinezen als normaal werd beschouwd. Zo betaalde de gewone man en vrouw onder andere voor de diensten van de chef d'arrondissement, van de gezondheidswerkers, de onderwijzers, de politie en de militairen. Het meest berucht wegens hun hebzuchtige gewoonte om over de ruggen van de bevolking rijk te worden, waren de paramilitaire bosbouwbeheerders. Als controleurs van het hakken van hout en van de verboden vuren die ieder jaar opnieuw door boeren en herders aangestoken werden om het hoge droge gras te verbranden, voelden ze zich machtig genoeg om grote bedragen van de dorpelingen af te dwingen. Karim betreurde het dat de openbare diensten op deze manier functioneerden. Het zou voor iedereen beter zijn als de functionarissen betere salarissen zouden hebben en mensen de diensten waar ze recht op hadden, en waar ze belasting voor betaalden, zonder 'bijbetaling' konden krijgen. De meeste ambtenaren echter meenden dat het belonen van een geleverde dienst een gewoon Afrikaans gebruik was en vonden dat dat zo moest blijven. Ze gingen daarmee voorbij aan het feit dat op die manier de wet zich liet kopen; niet de regels bepaalden wat er gebeurde, maar de relatie tussen ambtenaar en klant – en het geld dat van hand verwisselde was beslissend.

Zo was de veearts zeer geïrriteerd door zijn 'collega' van de staatskliniek. Coulibaly, de chef de poste, vroeg aan iedere patiënt die bij hem op consultatie kwam minstens een paar duizend francs. De Bélékwa waren zijn onrechtmatige praktijken al lang zat en vermeden hem zoveel mogelijk. Ze riepen liever de hulp in van Sidibé, een onbevoegde verpleger die bij de mensen thuis kwam. Of sommigen gingen naar de nonnen van de katholieke missie. De dorpelingen die niet met de situatie bekend waren echter, betaalden noodgedwongen voor Coulibaly's diensten, om daarna niet meer terug te komen. Tevergeefs had Karim geprobeerd de jonge chef de poste te laten inzien dat hij met zijn praktijken de mensen tegen zich in het harnas joeg, en hen daarbij onrecht aandeed. De jongen had echter niet naar hem willen luisteren en was eigenwijs doorgegaan met het vragen van absurd hoge prijzen. De inwoners van Béléko hadden gehoopt dat met de komst van de blanke vrouw er iets zou veranderen. Helaas was al snel gebleken dat Bakary zijn Nederlandse collega volledig buiten zijn curatieve werk hield zodat zij geen enkele greep kreeg op wat hij deed. Hanne, die het goed met Alima kon vinden en regelmatig langskwam, had een paar keer voorzichtig naar Karims mening over haar collega gevraagd en hij had haar verteld dat de situatie weinig hoopgevend was. De verpleger had de steun van de médecin-chef uit Dioila en ook van Cissé, de chef d'arrondissement van Béléko. Bakary speelde namelijk een sluw spel om met de administrateur op goede voet te blijven door hem regelmatig een beleefdheidsbezoek te brengen met 'een aardigheidje'. Karim wist dat de meeste functionarissen dit deden, maar Coulibaly spande hierin de kroon. De veearts vond dat het niet voor Cissé pleitte dat hij zich door Bakary's 'getoonde respect' liet beïnvloeden.

Er waren momenten dat Karim Keita zich ontmoedigd afvroeg wat er van zijn land terecht moest komen. Met een dictatoriale president die niets anders dan een egoïstisch eigenbelang en een gulzige machtswellust ten toon spreidde; met een economische crisis waarin heel Afrika met de dag dieper wegzonk en met een volledig corrupt overheidssysteem, moest men een geboren optimist zijn, wilde je een uitweg zien. Misschien dat men enige hoop kon putten uit de ontwikkelingen in de USSR, waar de moedige Gorbatsjov de wereld voorbereidde op verstrekkende veranderingen. Hoe en wanneer dit echter Mali zou helpen, was voor Karim nog niet duidelijk en soms overwoog hij in een depressieve bui om zijn land te verlaten. Wat voor toekomst hadden hij en zijn gezin hier? Zijn eigen studie in het buitenland was hem ontzegd, carrièremogelijkheden waren gering en niemand had de vrijheid om voor zijn politieke overtuigingen uit te komen. Hij werd gedwongen om aan de corruptie mee te doen en moest met lede ogen aanzien hoe door een kleine elite de bevolking uitgebuit en het land leeggeroofd werd. Het was door Alima's steun en moed, en door zijn aangeboren opgewektheid dat hij niet opgaf en zich voor zijn eigen rechten en die van het volk bleef inzetten.

Ontspannen achterover gelegen dwaalden Keita's gedachten af naar het bezoek van Hanne en Hugo de vorige avond. Zoals ze wel vaker deden, kwamen ze tegen het einde van de middag even langs en Alima had hen gevraagd te blijven eten. Het was opmerkelijk zoals beiden het Malinese eten wisten te waarderen en het waren een paar gezellige uurtjes geweest. Hugo had verteld van hun laatste verblijf in Bamako de week ervoor, waar ze een tweedehands Peugeot gekocht hadden. Hun eerste rit de stad in leidde tot grote hilariteit omdat een jonge politieagent hen staande hield bij de recentelijk geïnstalleerde verkeerslichten op de Boulevard de la Liberté. Hanne, die chauffeerde, was gewoon door groen gereden maar volgens de ijverige wetsambtenaar was ze in overtreding. Verontwaardigd had ze uitgelegd dat ze niets fout gedaan had, totdat er een wat oudere agent naar hen toe kwam en zei dat ze door konden rijden. Hij verontschuldigde zich voor zijn jongere collega, die het systeem van de stoplichten nog niet onder de knie had. Karim had lachend, maar met een gegriefde ondertoon, tegen zijn vrienden opgemerkt dat ze geluk hadden blank te zijn. Als Malinezen door een agent aangehouden werden kwamen ze niet weg zonder te betalen.

Voor de tubabu's was Mali eigenlijk een speeltuin. Ze kwamen met hun goed gevulde portemonnees, kochten direct een auto, haalden in de supermarkt alles wat ze wilden hebben, keerden bij het eerste het beste pijntje terug naar hun eigen land, gingen elk jaar lekker op vakantie en stonden welbeschouwd boven iedere wet of regel waaraan de gewone Malinees zich niet kon onttrekken. Zoals gewoonlijk had Hugo zich aardig weten te weren. Karim hield ervan een beetje te provoceren en de Nederlander had zijn woordje klaar gehad. Wie hadden de blanken gevraagd of toegestaan naar hun land te komen? Wie had er baat bij als die blanken verstoken van enige luxe, half ziek, weinig efficiënt, of zelfs geheel niet konden werken? En wie waren trouwens de echte rijken, die hun land als een speelterrein zagen voor hun eigen pleziertjes; dat was toch absoluut de corrupte elite, die het land uitbuitte en leegroofde. Als die machtige opperlaag er niet zou zijn, zou het land er anders uitzien en zouden de blanken zich wel moeten aanpassen. Dat laatste betwijfelde de veearts omdat de Europeanen of Amerikanen altijd wel hun eigen levensstijl met zich meebrachten. Al zouden ze hun spullen niet in het land zelf kunnen kopen, dan voerden ze het gewoon in. Hij kon zich niet voorstellen dat ze zich volledig aan de standaard van een arm Afrikaans land zouden aanpassen.

Hanne, die zwijgend had zitten luisteren, vroeg of de mensen in Béléko hen niet met afgunst bekeken. Zij leefden tenslotte zoals Karim hen zojuist voorgehouden had. Hij had haar vraag lachend willen wegwuiven, maar hij zag dat ze serieus was en antwoordde daarom kalm dat de Bambara, net als alle andere Malinke-stammen, erg tolerante mensen waren die niet snel aanstoot namen aan andermans positie. Voor de Bélékwa was het normaal dat de blanken rijker waren en daar ook naar leefden. Alima had er fijngevoelig aan toegevoegd dat de dorpelingen de aanwezigheid van Hanne en Hugo zeer op prijs stelden; wat voor de mensen telde was hun houding, niet hun bezit.

Zijn vrouw kon het goed vinden met de Nederlandse verpleegkundige. Vaak spraken ze samen Engels zodat Alima die taal een beetje bleef spreken en af en toe kwam Hanne met Engelstalige tijdschriften uit Bamako terug. Regelmatig trof hij hen beiden aan in Alima's kamer waar ze op intieme toon met elkaar spraken, en een enkele keer kon hij hen als jonge meiden horen giechelen. Karim respecteerde de hardwerkende Hanne om haar inzet en haar medeleven. Hun discussies gingen voornamelijk over wat er zich in Béléko afspeelde en uit haar talloze vragen bleek dat ze erg geïnteresseerd was in het dagelijks leven van de mensen. Als Hugo erbij was spraken ze vaak over politiek, een onderwerp dat de vee-arts toch wel het meest na aan zijn hart lag. Hugo had al eens schertsend opgemerkt dat hij in Karim een toekomstige president zag. Zulke hoge aspiraties had de veearts niet, maar hij hoopte wel dat op het moment dat het huidige dictatoriale bewind omver geworpen zou worden, voor hem de weg open zou liggen voor een nieuwe loopbaan.

XII   SAFIATOU

Safiatou werd wakker door de fijne handjes van Ibrahim die naar haar borsten graaiden. Liefdevol drukte ze haar negentien maanden oude zoontje tegen zich aan en gaf hem een tepel in zijn mondje. Het was vroeg in de ochtend, ze had de moëddzin van de moskee nog niet horen roepen en ook de hanen hielden zich stil in de maanloze nacht. Ze kon nog rustig blijven liggen. Awa, de dienstmeid, zou het water opwarmen voor de ochtendbaden waarna ze maïspap voor het ontbijt zou koken evenals water voor de Lipton en de koffie.

Als Soley thuis was, nam hij 's morgens vers brood mee van de markt nadat hij naar het gebed was geweest. Haar man was een goed moslim en ging zo vaak mogelijk naar de moskee. Safi vroeg zich bitter af of hij echter ook het warme bed van zijn blanke vriendin zou verlaten om in de januari-ochtendkou voor Allah op zijn knieën te vallen. De tijd dat Soley haar, de moeder van zijn zoon, gesmeekt had tot aan de ochtend bij hem te blijven, was lang geleden. Sinds de geboorte van Ibrahim was ze 's nachts nog niet bij haar man geweest terwijl hun zoon toch al ruim de leeftijd had dat hij gespeend kon worden. Met pijnlijke weemoed dacht ze terug aan het begin van hun huwelijk en de bekoring waarmee Soleymane haar lichaam geproefd had. Met trots had ze de angst en de pijn doorstaan van hun eerste nacht samen en was op hem verliefd geworden. Die verliefdheid voor de man aan wie ze was uitgehuwelijkt was gebleven en had haar ultieme uitdrukking gevonden in de geboorte van hun zoon.

Niemand kon haar afnemen dat zij, Safiatou Sangaré, haar man Soleymane Sogoba zijn eerste kind en zoon geschonken had. Tranen gleden langzaam vanuit haar ooghoeken over haar gezicht. Ze likte het zoute vocht op en vroeg zich wanhopig af wanneer ze weer met plezier de dag zou beginnen. Naast haar was Ibrahim opnieuw in slaap gevallen, een druppel melk hing roerloos in zijn mondhoek. Ze veegde zijn gelaat schoon met de punt van haar pagne en bedekte hen beiden met het gebloemde katoenen laken tegen de kou. Even later viel ze in een onrustige slaap.

Ibrahim speelt met enkele buurkinderen op de cour. Ze lachen, rennen heen en weer en hebben veel plezier. De buurkinderen zijn blank. Plotseling staan alle kinderen in een cirkel en kijken verschrikt naar iets. Safiatou vraagt zich af wat er aan de hand is en gaat kijken. Ze voelt de spanning van de geschrokken kinderen en met een angstig hart nadert ze de groep. Er ligt iets op de grond. Ze wil zien wat er aan de hand is maar niemand laat haar erdoor. Ze begrijpt dat er iets loos is met haar zoontje. In paniek slaat ze wild om zich heen en duwt de kinderen die voor haar staan hardhandig opzij. Dan ziet ze Ibrahim. Vreemd ligt hij daar, bewegingloos, met in zijn hand een groene slang. Krijsend laat Safiatou zich over haar dode kind vallen.

Door de schichtige, angstige bewegingen van zijn moeder werd Ibrahim, die rustig lag te slapen, geschrokken wakker. Hij begon te huilen waarop Safiatou hem ontdaan oppakte. Hem stevig tegen zich aandrukkend knuffelde ze hem teder. Eenmaal getroost begon hij tegen te stribbelen en probeerde uit haar beschermende omhelzing los te komen. In zijn kindertaal brabbelde hij dat hij naar buiten wilde waar nu de stemmen van hun huisgenoten klonken. Onwillig liet de jonge vrouw haar zoontje gaan en opende de deur voor hem. Ze keek bezorgd hoe hij van de veranda af kroop om zich daarna fier omhoog te richten en naar Awa in de keuken te drentelen.

     Safi sloot de deur van haar kamer, liet het fijngeruite gordijn dat ervoor hing naar beneden zakken en ging zich wassen in de aangrenzende badkamer – een weelde waarover ze zich iedere dag nog verbaasde. Soley had in het nieuwe huis waarin ze nu een maand woonden, waterleidingen aangelegd waardoor ze met behulp van een grote ijzeren watertoren nu altijd stromend water hadden. Naar westerse gewoonte had hij de wasgelegenheid in huis gemaakt en hadden hij en zijn twee vrouwen ieder hun eigen badkamer. Aïssa, de eerste vrouw van Soleymane, en Safi hadden de tegels mogen uitkiezen waarvan hij voorbeelden had meegenomen uit Bamako. Het toilet echter had Soley niet binnenshuis laten maken. Voor zijn vrouwen had hij een netjes afgewerkte latrine naast hun huis gebouwd; voor zichzelf en de gasten was er een pitlatrine tussen zijn eigen onderkomen en dat van het gastenverblijf gemaakt.

Nadat Safiatou snel een douche genomen had, trok ze een donkeroranje boubou van damast aan. De bijpassende hoofddoek knoopte ze vlug om haar lange, fijne vlechtjes voordat ze zich naar de gemeenschappelijke kamer haastte, waar ze met Aïssa en de andere aanwezige vrouwen en kinderen zou ontbijten. De mannelijke bezoekers aten in het gastenverblijf dat aan de andere kant van het erf stond, vlak naast het voorportaal. De ouders van Soley hadden hun eigen onderkomen binnen de cour, die in de wijde omgeving bekend stond als het mooiste plaatselijke bouwwerk. Trots overzag Safi het geheel: het grootste gebouw was dat van Aïssa en haarzelf, de andere lagen gegroepeerd om het midden van het erf, waar een palaverplaats gemaakt was onder de oude tamarindeboom. De cour leek op een gezin dat rond het vuur zat.

Alleen ontbreekt de vader, dacht Soley's tweede vrouw verdrietig en sloot zich aan bij de anderen. De zus van Aïssa was sinds twee weken op bezoek met haar twee jongste kinderen en Safi was blij met de afleiding die dit bezoek bracht, ook al mocht ze de vrouw niet erg. Het hielp haar enigszins haar gedachten over de moeilijkste beslissing die ze in haar jonge leven genomen had, van zich af te zetten.

Ibrahim speelde met de jonge bezoekers en had nauwelijks aandacht voor zijn pap.

'Je zou hem minder de borst moeten geven. Dan eet hij meer', zei de zus van Aïssa, die al zes kinderen met succes had grootgebracht.

'Waar is zijn broer of zusje om hem de borst te weigeren?' verdedigde Safiatou zichzelf tegen de kritische woorden van hun gast.

'Een man weigert niet snel de bekoring van zijn jonge vrouw', was haar felle antwoord. Safi weigerde zich te laten beschuldigen van het feit dat Soley niet meer met haar sliep, en riep kwaad: 'Zijn ziel is gevangen door de geest van de blanken! Dat weerhoudt hem terug te komen naar de warmte van zijn eigen haardvuur!'

'Safi, alsjeblieft', smeekte de oudere Aïssa haar bezorgd tot kalmte. Ze vreesde dat het knagende verdriet Safiatou's zelf-beheersing zou doen verliezen en wilde voorkomen dat haar zus te weten kwam over Safi's handelwijze. Dit hachelijke probleem dat de duistere hoeken van hun hart beheerste, moest met voorzichtig-heid benaderd worden. De tactloze woorden van de twee vrouwen dreigden zich tegen hen allen te keren.

Safi begreep de zorgen van Aïssa en verliet het ontbijt. Terug in haar kamer viel ze huilend op bed. Alleen en onzeker verlangde de jonge moeder terug naar de veiligheid van haar kinderjaren, toen alles vanzelfsprekend en zorgeloos was. Scheuren in deze tijd-loze bescherming waren er pas gekomen op het moment dat haar ouders vertelden dat ze zou gaan trouwen. Dit was slechts drie regenseizoenen geleden maar het leek een herinnering uit een vorig leven.

Toch was ze gelukkig geweest in het eerste jaar van haar huwelijk en had het leven haar hoopvol tegemoet geschenen. Het was de komst van de blanke vrouw naar Massigui die alles ver-anderd had! Overmand door haar verdriet en eenzaamheid riep haar hart om de troostende warmte van haar eigen moeder en haar gedachten gleden terug naar haar familie in haar geboorte-dorp Sirakoro.

Ze was het vierde kind van haar ouders, hun eerste dochter. Ze werd met liefdevolle aandacht omgeven terwijl ze al vroeg de ver-antwoordelijkheid te dragen kreeg van het oudste meisje in het gezin dat uitgroeide tot twintig personen. Haar vader was een succesvol landbouwer die zijn familie goed kon onderhouden en al zijn kinderen naar school kon laten gaan. Safi herinnerde zich de spanning van haar eerste schooldag. Samen met haar drie broers moest ze vijf kilometer lopen om naar de lagere school in Bao Flala te gaan; hun dorp was te klein voor een eigen schooltje. De kinderen werden geacht hun eigen schoolbankje mee te nemen, welke haar oudste broer voor haar gedragen had. Over haar schouder droeg ze een plastic tas met daarin een nieuwe lei en een krijtje; een echt schrift met een pen kreeg ze in het tweede jaar. Overweldigd door de massa kinderen en de strenge autoriteit van de leraar had het lang geduurd voordat de kleine Safi zich in de klas thuisvoelde. Het was de fascinatie om Frans te leren spreken en de overredingskracht van haar moeder die haar door de eerste onwennige en ongemakkelijke periode hadden heengeholpen.

Ze was een goede leerling gebleken en haar enthousiaste, aandachtige interesse maakte haar geliefd bij de leerkrachten. Ieder jaar ging ze zonder moeite over naar de volgende klas en ze werd bekend als het eerste meisje van Sirakoro dat met succes de lagere school voltooid had. Safi had graag verder gestudeerd maar haar hulp in het gezin was hard nodig geweest; bovendien werden de kosten van een dure studie al voor haar oudste broer betaald. Teleurgesteld dat ze haar kennis niet verder kon uitbreiden, maar blij dat ze haar familie niet hoefde te verlaten om in Banco of Dioila naar school te gaan, bracht ze in het vervolg elke dag met haar jongste broertjes en zusjes door en nam haar moeder veel werk uit handen.

Safi groeide op tot een vrolijke, aantrekkelijke en gezonde adolescent die met haar jonge, puntige borsten snel de aandacht van de jongens trok. Deze konden rekenen op haar onbevangen en speelse aandacht, en met haar vriendinnen giebelde ze onbezorgd over de wetenswaardigheden van hun jonge leventjes.

De meisjes waarmee Safiatou optrok waren groepsgenoten van dezelfde leeftijd, met elkaar verbonden door de meest pijnlijke, maar uiterst betekenisvolle gebeurtenis van hun leven. Op een vroege ochtend in het droge seizoen had haar moeder haar geheel onverwacht meegenomen naar het huis van een oude vrouw midden in het dorp. Er waren nog zes andere meisjes die elkaar angstig aankeken. Ze wisten niet precies wat er komen zou. Ze begrepen echter zonder dat erover gesproken werd dat het om een uiterst belangrijke, maar tevens afschrikwekkende handeling ging. Een voor een werden ze naar binnen geleid, Safi als eerste. In de hut lagen verscheidene matten op de vloer en op één ervan herkende ze een oude pagne van haarzelf. Met angstig kloppend hart wachtte ze stilzwijgend op wat er komen ging. Een groep vrouwen kwam de hut binnen en Safi hoorde haar moeder zeggen dat ze flink moest zijn. Een andere vrouw, die ze herkende als de vrouw van de smid, kwam binnen met in haar hand een sikkelvormig, smeedijzeren mesje. Wat er daarna precies gebeurde, was weggezonken in een duistere vergetelheid van pijn. Haar herinneringen voerden haar terug naar een alles verscheurende pijnsteek en een brandend gevoel tussen haar benen, en haar moeder die haar bedekte. De geur van bloed en zweet vulde de hut, samen met het snikkende gehuil van de besneden meisjes. Hun benen werden tegen elkaar gebonden en ze moesten stil blijven liggen, waarbij ze troostend werden bijgestaan door hun moeders en de oude vrouw.

Aan het einde van de dag veranderde de gewijde sfeer van angstige zorgzaamheid in een vreugdevolle dankbaarheid en bij het afscheid zei Safi's moeder dat ze de volgende dag terug zou komen. De eigenares van het huis, die bij hen bleef, zorgde voor de meisjes gedurende een week. Om hun middel kregen ze een donkerblauwe pagne van zwaar katoen en zo'n zelfde pagne, maar dan wit, om de schouders. Iedere dag kregen ze vlees te eten en met melk en suiker bereide dègè, wat het ritueel tot een feestelijk gebeuren maakte. Opgewonden over het feit dat ze nu niet langer onbesneden kinderen waren maar volwaardige vrouwen, acceptabel voor hun toekomstige echtgenoten, probeerden de meisjes druk pratend hun schrijnend leed te vergeten. Safi deed voorzichtig haar eerste stappen buiten de hut en rechtte haar rug. Ze dwong zichzelf geen spier van haar gezicht te vertrekken opdat haar lijden voor niemand zichtbaar was.

Het grote dorpsfeest dat ter afsluiting van de besnijdenis-ceremonie gegeven werd was de bevestiging van de bestaande orde. De meisjes waren niet langer tweeslachtig en konden zich met een man verenigen. De kwade krachten van de spirituele wanorde waren bij hen weggenomen en hielpen de gemeenschap volgens de goddelijke regels functioneren. Kippen en geiten werden ritueel geslacht, de vrouwen van het dorp bereidden een over-vloedige maaltijd, dansers trokken hun kostuum aan en verwarm-den boven een vuurtje de strakgespannen vellen van hun tamtams. Iedereen raakte in de ban van de feestelijke stemming, waarbij de besneden meisjes in het middelpunt stonden. Ze waren over-gegaan van hun kindzijn naar de wereld van jongvolwassenen.

Terugdenkend aan haar vroege jeugd scheen het Safi soms toe dat het één lange voorbereiding was op haar latere huwelijk. Zelfs toen haar vader vertelde dat ze naar school mocht, gaf hij als reden dat ze een betere huwelijkskandidaat zou zijn. Als jong meisje van nauwelijks anderhalve meter hoog had ze hem niet begrepen en vergat zijn uitspraak totdat Dousyaka, verreweg de knapste en sterkste jongen van Sirakoro, haar openlijk benaderde. Safi's moeder riep haar bij zich en liet haar weten dat ze zich onder geen enkele voorwaarde aan de verleidingen van zijn toenadering mocht overgeven. Ze moest er rekening mee houden dat ze nooit iemand uit Sirakoro zou trouwen – haar vader was in onder-handeling met Sogoba, de rijke handelaar uit Massigui. Hij was van haar moeders kant aan hen verwant en zijn familie had hem de jeugdige, aantrekkelijke Safiatou die tevens geschoold was, onder de aandacht gebracht.

Met haar onbevangen vrolijkheid had ze haar moeder uitgehoord over haar mogelijk toekomstige echtgenoot. Was hij aantrekkelijk, rijk, jong? Haar enthousiasme werd snel getemperd toen ze begreep dat de handelaar al acht jaar getrouwd was en ze zijn tweede vrouw zou worden. Met trotse zelfverzekerdheid was Safi er altijd vanuitgegaan dat ze baramuso zou worden, de eerste en belangrijkste vrouw aan het hoofd van een familie. Kwaad had ze haar moeder gevraagd waarom ze het haar aandeden haar deze rol van aanzien te onthouden. Ze riep dat ze dit nooit zou accepteren! Haar wereld stortte in. Moest ze haar familie en haar dorp verlaten om tweede vrouw van een onbekende man te worden? Men zei dat hij zeer welvarend was, maar woog dat op tegen de aantrekkelijkheid om baramuso van de populaire Dousyaka te zijn? Hij was tenslotte een veelbelovende boer en armoede zouden ze niet kennen.

Hoe wereldvreemd was ze toen nog, herinnerde Safi zich. Met de woorden rijk en welvarend wist ze niets anders te associëren dan de grote kudde koeien van haar vader, het aluminium dak van de school, volop nieuwe kleren kunnen kopen en iedere dag vlees eten. Ze had geen flauw benul gehad van een mogelijk andere levensstijl met het comfort van een modern huis met stromend water en elektriciteit, een levensstijl waarbij de vrouw vrijgesteld zou zijn van huishoudelijk werk, de mogelijkheid had te reizen en steden als Bamako en Ségou te bezoeken. Bij welvarend zijn hoorde de omgang met belangrijke, gewichtige mensen die Frans met elkaar spraken en het aanzien dat ze, zelfs als tweede vrouw, genoot door haar rijke echtgenoot. Op het moment dat haar moeder haar over het mogelijke huwelijk inlichtte, ontging haar dit volledig. Ze voelde alleen de angst om van iedereen afscheid te moeten nemen en de vernedering geen baramuso te worden.

Haar ouders hadden natuurlijk juist gehandeld. De omvangrijke bruidsschat die Soleymane voor haar betaalde had haar vader enorm geholpen. En was ze niet gelukkig met haar man? Vanaf het moment dat ze hem voor het eerst ontmoette, voelde ze zich aangetrokken door zijn kalme en vriendelijke voorkomen. Hij had niet het knappe uiterlijk van de jonge Dousyaka maar zijn volwassen mannelijkheid gaf haar een beschermd gevoel. Zijn voorzichtige tederheid tijdens hun huwelijksnacht en de intensiteit waarmee hij van haar genoten en haar geadoreerd had, was meer dan ze had durven hopen. Ze was haar ouders dankbaar dat ze haar behoed hadden voor het dorpsleven dat haar nu eenvoudig en zelfs armoedig toescheen. Ze zou haar kinderen in welvaart grootbrengen en hen het beste van alles kunnen geven.

Ibrahim was Soley's eerste zoon en bond hen dat niet voor altijd aan elkaar, vroeg ze zich wanhopig af, met haar gedachten terug bij de huidige problemen. Toen hun zoon geboren werd wist ze dat Soley naar algemene gewoonte een minnares zou nemen. Hij was tenslotte een gezonde man die volop in het leven stond. Vanaf het begin miste ze de intieme momenten met hem samen; ze hield zich echter vast aan het geluk dat het moederschap haar gaf en aan de wetenschap dat Soley haar op enig moment weer bij zich zou roepen.

De dag dat Safiatou van haar vriendinnen hoorde dat haar echtgenoot de blanke vrouw die in de dorpskliniek werkte als zijn maîtresse gekozen had, was ze trots geweest. In haar dorp Sirakoro had ze altijd met ontzag over de ongekende macht en rijkdommen van de blanken horen spreken. Soley had tevergeefs geprobeerd zijn jonge, onervaren vrouw te overtuigen dat tubabu's geen buitenaardse wezens waren. Volgens hem was het ontzag van de dorpelingen zowel een onterechte verheerlijking van hun macht als tegelijkertijd een ontkenning van angstige gevoelens ten aanzien van de vroegere overheersers. Safi echter was nog nooit met een blanke in aanraking geweest en had hen alleen op de markt in Dioila gezien, waar ze hen met een mengeling van eerbied en vrees had nagestaard.

Anja was de eerste tubabu waarmee ze in contact was gekomen. Safi was met de drie maanden oude Ibrahim voor zijn vaccinaties naar de kliniek gegaan en daar had ze de blanke vrouw ontmoet. Ze was geschrokken van de inwitte huid, de lichte, dunne haren en de felle kleur van haar blauwe ogen. Bezorgd had Safi zich afgevraagd of de blanken, net als de albino's van hun volk, niet veel last hadden van de brandende zon die hen ongenadig terroriseerde. Ze had de vrouw in de taal van de blanken aangesproken, blij dat ze dat op school geleerd had. De vriendelijkheid en de oprechte belangstelling waarmee de vreemdelinge haar bejegend had, verraste Safi. Ibrahim mocht haar ook en kraaide van plezier toen ze even met hem speelde. Opgewonden had ze haar belevenissen aan Aïssa en ook aan Soley verteld. Later realiseerde ze zich verbeten dat haar man Anja toen al ontmoet had; wat ze niet wist was of ze toen ook al met elkaar geslapen hadden. Misschien had ze hem zelfs wel aangemoedigd met haar enthousiaste verhaal over de aardige blanke vrouw. In haar opwinding had Safi gezegd dat ze de tubabu weleens beter wilde leren kennen. Haar man had lachend opgemerkt dat ze weleens teleurgesteld zou kunnen zijn. Het waren gewoon mensen zoals zij met alleen een paar eigenaardigheden. Wel, bedacht Safi ironisch, hij heeft aan mijn wens voldaan: ik heb de tubabu beter leren kennen.

De volgende ontmoeting met Anja was toen zij bij Aïssa en Safi op visite kwam. Iedereen in het dorp was op de hoogte van de relatie tussen Anja en Soleymane en hij had gezegd dat Anja hen wilde ontmoeten. Overrompeld en enigszins bevreesd, maar ook nieuwsgierig en gevleid door de aandacht van de tubabu, had Safiatou Anja gastvrij ontvangen. Ze hadden Awa, de huishoudelijke hulp, naar de markt gestuurd om beignets te kopen en samen met Aïssa had ze gemberdrank klaargemaakt. Anja was gekleed in een mooie pagne met bijpassende blouse. Het dessin kwam de Bambara-vrouwen echter onbekend voor en hun gast legde uit dat ze de kleding in een ander Afrikaans land gekocht had. Safi verbaasde zich over het toen nog gebrekkige Frans dat Anja sprak en was trots geweest op haar eigen kunnen. Het gesprek ging voornamelijk over Ibrahim en de gemberlimonade, waarvoor Anja hen beleefd bedankt had. Soleymane was op het moment van zijn vriendins bezoek afwezig en ook in het gesprek van de drie vrouwen werd hij niet genoemd. Toch konden ze niet vermijden

127

dat ze zijn aanwezigheid voelden en de hoopvolle welwillendheid waarmee de vrouwen elkaar begroet hadden, veranderde tijdens het bezoek in een netelige spanning. Terneergeslagen had Anja afscheid genomen en gezegd dat ze graag nog eens terug zou komen. Meelevend hadden de twee echtgenotes geantwoord dat ze altijd welkom was. Daarna was ze inderdaad nog een paar keer op visite geweest, maar de tussen hen onuitgesproken spanning die haar relatie met Soleymane veroorzaakte, nam toe en maakte haar bezoeken een martelende zelfpijniging voor allen. Na enkele maanden kwam ze niet meer.

De jonge vrouw uit Sirakoro begreep dat ze dom en naïef was geweest. Ze had verwacht dat de verbintenis tussen haar man en de blanke vrouw hen aanzien zou geven. Nu wist ze echter dat het een gevaarlijke bedreiging van haar geluk betekende. Anja had met haar betovering Soleymane Sogoba volledig aan zich gebonden. Hij was nauwelijks nog thuis en had de aandacht voor zijn gezin geheel verloren. Zelfs hun eerstgeborene moest het zonder zijn vader stellen en hoewel Soleymane's ouders niets zeiden, was het duidelijk dat ook zij het gedrag van hun zoon afkeurden.

Daar Safiatou niets afwist van de gewoonten van de blanken was ze begonnen de vrienden van haar man, die regelmatig in de grote steden kwamen, uit te horen. Ontsteld leerde ze over hun onbegrijpelijke wet die mannen verbood een tweede vrouw te huwen. De vrienden wisten haar te vertellen dat blanke vrouwen nooit een andere vrouw in hun huishouden accepteerden en tegen hun mannen opstonden als hen iets niet beviel. Een vriendin van Safi bevestigde dit en – zo had ze horen vertellen – blanke vrouwen waren niet besneden! Het verbijsterde Safi volkomen dat deze belangrijke en onontkoombare gewoonte blijkbaar niet door iedereen gerespecteerd werd. Betekende dit niet dat alles mogelijk was? Blanke vrouwen waren geen echte vrouwen zoals zij en wat kon dit anders teweegbrengen dan onheil in hun gezin! De voorouders zouden zich hiertegen verzetten; de geesten zouden zich wreken!

Met een diepe zucht droogde Safiatou haar tranen en ging op de rand van het bed zitten. Op dat moment kwam Ibrahim druk brabbelend binnengelopen en Safi sloot hem innig in haar armen. Met een rilling herinnerde ze zich de afschuwelijke droom van die ochtend. Dit onheilspellende teken boezemde haar een verstikkende angst in. Ibrahim, pijnlijk vastgedrukt en de vrees van zijn moeder aanvoelend, begon te huilen.

'Kom zoon', zei Safi troostend, zichzelf vermanend, 'laten we de vrouwen gaan helpen met de karité. Ons hart heeft licht en vrolijkheid nodig.' Safi zette haar kleine knul op de grond en liep naar de in de hoek van haar kamer opgestapelde koffers, waarin ze haar kleren bewaarde. Ze trok een versleten pagne en boubou aan en knoopte een verbleekte hoofddoek om. Sinds haar huwelijk met Soley was het lichamelijk uitputtende werk van de bereiding van karitéboter geen verplichting meer. De traditionele boter, die vroeger onmisbaar was voor lichaamsverzorging, in de keuken en als brandstof voor de olielampen, was in het moderne huishouden door andere middelen vervangen. Zowel Soleymane als zijn twee vrouwen hielden echter van de zware, ranzige smaak en Aïssa legde ieder jaar een kleine voorraad aan om er zo nu en dan een maaltijd mee te kunnen bereiden. De handelaar had zijn eerste vrouw daarvoor altijd geld gegeven, dit jaar echter had Safi voorgesteld weer eens hun eigen boter te bereiden. Nu ze de zware taak min of meer als tijdverdrijf kon beschouwen en verder weinig huishoudelijke verplichtingen had, genoot Safi van de gezelligheid die het haar gaf. In de regentijd was ze enkele malen met Awa mee geweest om in de vroege ochtend de vettige, groene vruchten te zoeken. Hun volle manden leegden ze in de daarvoor gegraven putten, waar het vruchtvlees van de noten wegrotte en de harde bruine pitten overbleven. Nu in januari de drukte van de verschillende oogsten voorbij was, organiseerden de vrouwen zich in kleine groepen om gezamenlijk de pitten tot karitéboter te verwerken. Gisteren had Safi aan Awa gevraagd haar plaats in de groep in te nemen, maar nu veranderde ze van gedachte. Het vertrouwde en geruststellende ritme van de stampers in de vijzels, tezamen met het vrolijke gezang en het drukke, opwekkende gepraat van de vrouwen, zou Safi tijdelijk haar zorgen doen vergeten. Even zou Anja ophouden te bestaan en zou Safi bevrijd zijn van de twijfel over haar eigen handelwijze. De schrijnende spieren tussen haar schouders en de brandende blaren op haar handen zouden de pijn in haar hart doen vergeten, terwijl de geur van de fijngestampte en daarna vloeibaar gemalen karité haar terug zou brengen naar de onbevangen tijd van haar kinderjaren.

Safiatou kwam haar kamer uit en liep langs het afdak waaronder de neven van Sogoba, die bij hen logeerden, en diens vader zich geïnstalleerd hadden, wachtend op hun eerste glas thee van die dag. De zus van Aïssa kwam juist uit de latrine en vroeg honend waar Safi in die oude kleren naartoe ging. Aïssa, die in de keuken bezig was, hoorde de door jaloezie gedreven opmerking van haar zus en riep haar vermanend toe.

'Welke baramuso verdedigt de tweede vrouw van haar echtgenoot als zij zich belachelijk maakt door zich in vodden te kleden?' antwoordde de zus krenkend. De timide Aïssa ging er niet op in. Ze hoopte dat haar roddelzieke zus snel terug zou gaan naar haar familie in San. Sinds de dag dat ze gekomen was, had ze geprobeerd te achterhalen wat zich in haar zusters gezin afspeelde. Soley's echtgenotes hadden echter hun problemen voor zich gehouden en dit had haar teleurgesteld. Safi waardeerde Aïssa's opstelling en was dankbaar voor haar loyaliteit. Snel verliet ze het huis door de grote, met fauteuils ingerichte vestibule om naar het groepje vrouwen te gaan dat in de schaduw van een aantal dichtbebladerde mangobomen aan het stampen was. Ze nam de zware houten stamper uit de handen van de verbaasde Awa en zei dat ze naar huis kon gaan om Aïssa in de keuken te helpen. Vol overgave gaf Safi zich over aan het constante ritme van het stampen, dat haar gemoed als een vertrouwde hartslag kalmeerde. De hardwerkende en melodieus zingende vrouwen omgaven haar met een veilige bescherming die haar ziel tijdelijk mee terug nam naar de warme schoot van haar bestaan.

Twee weken nadat Safiatou gedroomd had dat Ibrahim stierf, kreeg haar zoontje malaria. 's Morgens voelde ze bij het wakker worden dat zijn lichaam gloeide terwijl hij onrustig in het brede tweepersoonsbed woelde. Het was niet de eerste keer dat haar kind ziek was, maar verontrust door de onheilspellende droom raakte Safi dit keer in paniek. Luid snikkend wierp ze zich op het ijlende kind en riep Allah om genade en smeekte Hem haar zoon te sparen. Gealarmeerd door de schrille kreten van wanhoop kwam Aïssa de kamer in. Voorzichtig trok ze Safi omhoog en legde haar hand op het koortsige voorhoofd van Ibrahim, die naar urine en zure melk rook. Streng gebood ze de buitenzinnige moeder om koud water te halen. Behendig waste en verschoonde ze het zieke zoontje van haar echtgenoot, ondertussen enkele verzen uit de koran biddend.

Ondanks dat de introverte Aïssa met veel wrok en verdriet het huwelijk tussen haar man en Safi gadegeslagen had, en later met afgunst de buik van de tweede vrouw had zien opzwellen, was ze van Ibrahim gaan houden. Het levendige, knappe knulletje had zich een plaats in haar hart weten te veroveren en met trots had ze gevolgd hoe de eerstgeborene zich van een kruipende baby in een parmantig stappende peuter ontwikkelde. Zolang Ibrahim echter de eerste kritieke jaren van de kinderziekten niet ontgroeid was, waren ze zijn leventje niet zeker. Iedere moeder moest met deze slopende onzekerheid leven en gaf zich gelaten over aan de Goden. Allah besliste welke ziel door mocht gaan tot aan volwassenheid en welke al in de eerste levensjaren terug moest keren. Safi's droom was een slecht voorteken geweest dat ook Aïssa verontrust had. Teder bedekte ze het frisgewassen lichaampje met een schoon laken, Safiatou vermanend dat ze moest kalmeren.

Buiten, voor de deur van Safi's kamer, zat Ibrahims grootmoeder op de onderste trede van de veranda. In diep zwijgen verzonken volgde ze de bedrijvigheid rond het zieke kind. Ze vertrouwde erop dat Aïssa, de baramuso, het hoofd koel zou houden; Safi was wispelturig en bezat te weinig zelfbeheersing. Een waardige Bambara-vrouw liet zichzelf niet gaan al voordat de ziel van haar kind voorgoed vertrokken was. Had ze zelf niet drie kinderen van haar eigen schoot naar het graf gedragen zien worden? Toch mocht ze de moeder van Ibrahim graag. Haar levendigheid vrolijkte het huishouden op, daarnaast was ze een aantrekkelijke en trouwe echtgenote voor haar zoon. Tot voor enkele maanden geleden. De oude vrouw betreurde Safiatou's beslissing om naar iemand te gaan die aan sorcellerie deed. Niemand had haar dit verteld, maar ze had Safi aan het begin van het laatste regenseizoen in een ruzie tegen Soleymane horen schreeuwen dat ze alles zou doen om een einde te maken aan zijn relatie met de blanke vrouw. De sfeer in huis was sindsdien sterk verslechterd en enkele maanden daarna was Safi's gedrag plotseling veranderd. Ze werd zenuwachtig en schichtig en haar spontane lach, die voorheen regelmatig over het erf schaterde, was geheel verdwenen. Stil en ineengedoken zat ze soms op de veranda voor haar deur in het luchtledige te staren, of ze vluchtte in het lichamelijk slopende werk van de karitébereiding. Soley kwam sinds die ruzie nauwelijks nog thuis en zijn tweede vrouw had zich vastgeklampt aan haar zoontje. Nu hij haar ontnomen dreigde te worden, stortte haar wereld in. De oude vrouw voelde met fijngevoelige ervaring met de jonge moeder mee en bleef diep bewogen bewegingloos zitten.

Aïssa kwam naar buiten en zei tegen de grootmoeder dat ze met het kind naar de kliniek wilde.

'We moeten alles doen om Ibrahim te redden. Uw zoon zou mij nooit vergeven als ik me door mijn trots zou laten leiden en vanwege haar niet naar de kliniek ga. En misschien is ze er niet, ik heb gehoord dat ze vaak op pad is. Met haar Suzuki.' De oude vrouw liet het verwijt dat Aïssa over haar zoon uitte, gelaten over zich heen komen. Kalm sprak ze: 'We moeten ook naar een medicijnman. Het kind moet beschermd worden'. Aïssa knikte instemmend en ging de nodige maatregelen treffen.

Vijf dagen leefden ze allen in spanning. Ibrahim bleef hoge koorts houden en verloor veel vocht doordat hij diarree had en overgaf. Ballo, de chef de poste omgaf het kind met de nodige zorg, evenals de medicijnman die al zijn krachten aanriep om de geesten gunstig te stemmen. Safi ging naar een marabout van wie ze een nieuw geschreven sura kreeg, in leder gebonden, als amulet voor haar zoontje. Op de derde dag stuurde men een neef naar Ségou, waar Sogoba verbleef voor zaken, met de boodschap dat zijn zoon ernstig ziek was. De drie bezorgde vrouwen waakten om beurten bij Ibrahim, totdat na vijf dagen de koorts zakte en hij weer begon te drinken en te eten.

Anja kwam de tweede dag terug van een vergadering in Bamako. Ballo lichtte haar direct in. Hij nam haar mee naar de dispensaire waar het anders zo levendige kind mager en uitgeput neergelegd was op een van de gammele ijzeren kliniekbedden zonder matras. Op de grond zat de grootmoeder, haar gesloten gelaat toonde geen enkele emotie. Anja besprak de behandeling met Ballo en nadat duidelijk was dat ze verder niets kon doen, verliet ze terneergeslagen de kale en droefgeestige opnameruimte.

Safi ontmoette de vriendin van haar echtgenoot op de dag dat Ibrahim uit de kliniek ontslagen werd. Opgelucht dat het knulletje de malaria-aanval overleefd had maar verlegen met de situatie, begroetten ze elkaar stilzwijgend. De spanning van de afgelopen dagen en maanden hing zwaar tussen de twee vrouwen in en maakte elk spreken onmogelijk. Ernstig verzwakt klampte Ibrahim zich aan zijn moeder vast, zijn dunne armpjes om haar nek geslagen. Met zijn bruine, diep ingevallen ogen staarde hij verward naar Anja, die machteloos verlangde het zieke kind even in haar armen te nemen. Met een korte knik liep Safi met haar zoontje naar buiten en liet de verslagen Anja alleen achter.

Toen Soley uit Ségou terug kwam zat Ibrahim spelend op het bed van zijn dankbare moeder die hem geen moment uit het oog verloor. Bij het binnenkomen van haar man trok ze zich met neergeslagen ogen terug van het bed en gaf haar man de gelegenheid zijn nog zwakke zoon op te pakken.

'Aïssa heeft me verteld dat je goed voor hem gezorgd hebt', zei de lange man met vriendelijke zachtheid, wat Safi lang niet meer gehoord had. Verrast knikte ze bevestigend.

'Mijn zoon is alles wat ik heb. Allah was mij genadig.' Nu was het Soley die verbaasd naar de gedweeë woorden van zijn vrouw luisterde. Hij keek naar haar licht gebogen hoofd en merkte uitdagend op dat ze ook nog een man had. Het stekelige antwoord dat hij verwachtte bleef uit. Verward richtte hij zijn aandacht op Ibrahim die in zijn armen rustig aan het borduursel van zijn boubou frutselde. Zonder verder nog met zijn vrouw te spreken verliet hij het vertrek.

Met betraand gezicht vleide Safiatou zich op haar bed naast de peuter die direct in een herstellende slaap viel. Ze hoorde niet hoe Aïssa zachtjes haar kamer binnenkwam en schrok op toen ze een hand op haar schouder voelde.

'Ssst, laten we Ibrahim niet wakker maken. Je kunt hem nu wel even alleen laten. Kom met me mee.'

Aïssa ging Safi voor naar de andere zijde van het huis waar ze haar eigen vertrek had. In het midden van de kamer stond een luxe hemelbed en aan de wanden hingen kleurige, handgeweven tapijten uit Noord-Mali. Achter de glazen deuren van een wandkast waren flesjes parfum, bodylotion, haarcrème en andere verzorgingsproducten uitgestald te midden van geglazuurd serviesgoed. In een hoek stonden grote emaille schalen opgestapeld en op de grond lag een dik Perzisch tapijt. Er geurde wierook en de netjes opgeruimde, licht schemerige kamer ademde een gedempte, serene sfeer. Beide vrouwen deden bij het binnengaan hun slippers uit en Aïssa installeerde zich op de rand van het keurig opgemaakte bed, terwijl Safi op een lage taboeret ging zitten.

Het gebeurde zelden dat de baramuso de tweede vrouw van haar echtgenoot op haar kamer uitnodigde. Hun persoonlijke levens binnen de cour hielden ze voor zover dat mogelijk was gescheiden en hun relatie met dezelfde man werd niet besproken. De huishoudelijke taken waren volgens vaststaande regels verdeeld en het was de verantwoordelijkheid van de eerste vrouw dat alles goed verliep.

Aïssa was acht jaar alleen geweest met Soleymane, voordat hij Safiatou trouwde. Gezien de wens een nakomeling te krijgen en gezien zijn status als rijk handelaar, was dat een normale gang van zaken. Dus toen Aïssa na enkele jaren huwelijk nog geen kind gebaard had begon menigeen Soley onder druk te zetten om een tweede vrouw te nemen. Daarmee had hij echter acht jaar gewacht en Aïssa troostte zich met de gedachte dat dat waarschijnlijk uit liefde voor haar was geweest. Alhoewel ze dankbaar was dat hij niet van haar scheidde, was het voor Aïssa een moeilijke tijd geweest toen de jonge Safi bij hen introk en al snel daarna zwanger werd. Ibrahim was echter een zacht geneesmiddel voor de wonden van haar hart en de zoon van haar man schonk haar veel vreugde. Ze was tevens de levendige en opgewekte Safi gaan waarderen en had in de tweeënhalf jaar dat ze bij hen was een goede verstandhouding met haar weten op te bouwen.

De laatste maanden echter was hun kwetsbare geluk onder druk komen te staan en Aïssa betreurde de manier waarop haar 'co-vrouw' hierop gereageerd had ten zeerste. Aïssa wilde hen allen voor verder ongeluk behoeden en zag zich daarom genoodzaakt om met Safi te praten. Het kostte haar erg veel moeite, maar de baramuso hoopte dat ze de onzekere Safi kon matigen in haar houding tegenover hun echtgenoot.

'Ibrahim wordt nu vast snel beter', begon ze het ongewone gesprek. Safi, die begreep dat ze niet bij Aïssa op de kamer was om over haar zoontje te praten, keek haar vragend aan.

'Saflatou, vertel me wat er gebeurd is. Ben je bij een soma geweest? Bij de sorcier Koumaré in Chiankoro soms?' En op het stilzwijgen van de jonge vrouw vroeg ze: 'Wat heb je hem gevraagd?'

Safi boog haar hoofd onder de berispende vraag van Aïssa. Vanaf de dag dat ze naar het naburige dorp geweest was, had ze deze vraag gevreesd. Ze begreep dat het geen zin had eromheen te draaien en vertelde op effen toon: 'Hij zei dat hij iets van die blanke vrouw nodig had, haren of nagels. Ik ben toen naar de jongen toegegaan die haar helpt met de groentetuin. Ik heb hem betaald om wat van haar lichte haren te pakken als ze het zou knippen. Dat bleek niet moeilijk. Ze knipt ze regelmatig en gooit ze dan gewoon in de prullenbak buiten. Met dat haar ben ik teruggegaan en heb Koumaré gevraagd ervoor te zorgen dat ze weggaat. Het maakt me niet uit hoe. Ik wil niet dat ze Soley van ons afpakt.'

'Wat zei Koumaré?'

'Dat het niet eenvoudig zou zijn. Hij had het over de sterke bescherming van de blanken. Maar hij zei dat het hem wel zou lukken.'

'Hoe wil hij het doen? Wat gaat hij doen?' wilde Aïssa nu uiterst ongerust weten.

'Wat doet dat ertoe... Ik heb 't hem niet gevraagd. Ik wil alleen dat ze weggaat en ons met rust laat!'

'Vertelde hij niet dat er een kans is dat ze voorgoed vertrekt? Safi, dit is levensgevaarlijk! Hoe kan hij haar laten verdwijnen als ze zo sterk beschermd is en niet weg wil?!'

Sinds haar bezoek aan de sorcier had Safiatou deze angstaanjagende gedachte met uiterste inspanning van zich af kunnen houden. Nu Aïssa het echter hardop uitsprak knapte haar laatste restje zelfbeheersing. Radeloos snikte ze: 'Maar wat moet ik dan...? Dit is de enige manier om Soley vast te houden! Een blanke zal nooit accepteren derde vrouw te worden! En het is duidelijk dat Soley van haar houdt! En wat gebeurt er dan met ons? Nooit zullen we ons meer warmen aan het vuur van dit huis... heb je daar weleens over nagedacht?!' riep ze kwaad. 'Mij heeft hij niet gekozen. Hij had me niet eens gezien voordat de familie voorstelde dat we zouden trouwen! Denk je dan dat hij van me houdt? Hij zal van mij scheiden om met haar te kunnen trouwen. En dat wil ik niet! Nooit!'

Aïssa was geraakt door de wanhoop en pijn van Safi. Ze was bang dat ze haar man zou kwijtraken. Maar zou Soleymane zich ooit van hen laten scheiden? Schatte Safi de situatie niet verkeerd in? Aïssa had zich sinds de relatie van Soley met Anja ook bezorgd afgevraagd wat er zou gaan gebeuren. Zou Anja werkelijk met hun echtgenoot willen trouwen, of zou ze na enkele jaren weer naar haar land terugkeren, zoals alle andere blanken die in de cercle Dioila waren komen werken? In tegenstelling tot Safi was Aïssa zeker van de gevoelens van Soleymane voor haarzelf, en voor zijn tweede vrouw. Ze vreesde niet dat hij hen naar hun familie zou terugsturen. Daar kwam bij dat hij nooit afstand zou doen van Ibrahim terwijl het duidelijk was dat hij het knulletje niet graag van zijn moeder zou willen wegnemen. Nee, voor Aïssa was de dreiging dat Soley zich van hen zou ontdoen niet zo groot. Wel zouden ze hun echtgenoot met Anja moeten delen en het was te verwachten dat zij, de blanke, daarin het beste deel kreeg. En als ze zouden besluiten te gaan trouwen dan bleef de situatie hetzelfde; Anja zou op zichzelf wonen en Soley zou zijn tijd en aandacht over de twee huishoudens verdelen – dat gebeurde tenslotte in veel Bambaragezinnen. Aïssa probeerde Safiatou hiervan te overtuigen. Deze verwierp echter fel: 'Zal een hyena een weerloze hinde ontzien? Nooit! Anja zal hem voor haarzelf alleen willen hebben! Ze zal erop staan dat hij zich van ons laat scheiden!'

'Soleymane zal daarin niet toegeven. Geloof me, ik weet dat zeker. Hij heeft al jaren een gegronde reden om mij weg te sturen en toch ben ik hier nog... Verder denk ik dat Anja zijn standpunt zal begrijpen. Ik denk niet dat ze hem zal dwingen zich van ons te ontdoen.'

'Waarom zou ze niet? Dat is niet wat ik over blanke vrouwen gehoord heb.'

'Omdat Anja aan ons zal denken, en daarmee bedoel ik ons allemaal. Wij, Soley, zijn ouders, Ibrahim. Ze zou ons en Soley dat verdriet niet willen aandoen.' Op beslissende toon ging ze verder: 'Ik kan niet met Anja in de taal van de blanken praten, maar ik kan luisteren en ik heb ogen, en die zeggen mij dat ze geen kwaad wil. Jij bent verblind door jaloezie en angst. Open je oren eens en luister naar wat de mensen van Massigui over haar zeggen. Iedereen mag haar en men zegt dat ze van de Bambara houdt. Niet veel blanken doen dat, Safi! Maar nadat ze die Suzuki heeft gekregen wil jij niet meer zien of horen en is je hart koud geworden.'

De jonge vrouw was onder de indruk van de strenge woorden die de baramuso tot haar gericht had maar hield vast aan haar standpunt. Honend merkte ze op: 'Hoe kan een blanke, onbesneden vrouw van ons Bambara houden... Ze respecteert onze Goden en gewoonten niet eens.'

'Ik weet ook niet hoe zij dat soort dingen regelen, maar ze zullen vast wel onder bescherming van de Machten staan. En van Anja zegt iedereen dat ze de instemming van onze voorouders heeft en niemand beweert dat er een kwade invloed van haar uitgaat. Safi, het heeft geen zin om ons tegen haar te verzetten! Door haar tegen ons in het harnas te jagen neem je grote risico's!'

'Ik wil mijn kind beschermen. Anja kan zijn vader van ons doen vervreemden en hoe groeit mijn kind dan op?' riep Safi nu onthutst.

'Het kalf is zeker verloren als de hinde in paniek raakt. Denk daar eens aan!' antwoordde Aïssa bruusk.

Moedeloos staarde Safiatou voor zich uit. Waarom beoordeelde Aïssa haar zo streng? Ze had de teruggetrokken en zwijgende houding van Aïssa gedurende de laatste maanden als een instemming met haar eigen opstandigheid geïnterpreteerd. Ze wilde hen beiden voor ongeluk behoeden en had Anja als de agressor gezien. Waarom was Aïssa het daar niet mee eens?

'Safi, we kunnen niet voorkomen dat onze echtgenoot op een dag een derde en misschien wel een vierde vrouw neemt. Dat weet je toch... Hij is rijk en nog jong en een groot huisgezin verhoogt nu eenmaal zijn, én óns, aanzien. Wees een waardige Bambara, toon geen afgunst. Eenmaal komt er een andere vrouw. En dat is niet Anja's schuld. Dat zij geen Bambara is, zelfs geen Malinese... wel, het is aan Soley om zijn vrouwen te kiezen. En ik vertrouw erop dat hij weet wat hij doet.'

'Wat wil je nu dan van me?' vroeg Safi, zich veroordeeld voelend, stug.

'Ga terug naar Koumaré. Vraag hem om alles ongedaan te maken.'

Safiatou antwoordde niet. Langzaam stond ze op van het lage krukje en liep naar de deur. Met de knop in haar handen draaide ze zich om.

'Het is waarschijnlijk al te laat.' Zonder er iets aan toe te voegen verliet ze Aïssa's kamer.

XIII KRACHTEN

Hanne reed op haar gemak in de oude tweedehands Daihatsu over de laterietweg tussen Dioila en Massigui. Ze had geen haast en genoot van de behaaglijk zwoele januariwind die door de open raampjes vrij spel had. Het bijna onbewoonde, licht glooiende landschap met fijn geel gedroogd gras bood een kalme, serene aanblik. Hier en daar echter was het land een zwartgeblakerde wond toegebracht door het vuur dat ieder jaar opnieuw door de streek woekerde. Het was een eeuwenoude gewoonte om het gras aan het eind van de regentijd te verbranden, om na een verlate regenbui aan jong gras de kans te geven nog wat te groeien. De koeien konden er dan gemakkelijker bij en hadden nog wat vers voedsel aan het begin van het komende dorre seizoen. De bodem werd door het vuur ontdaan van insecten en slangen en de mensen konden veilig en gemakkelijk hun pad vinden over de kale grond. In de laatste decennia waren er wetten vervaardigd die, om in te spelen op de veranderde omstandigheden, de jaarlijkse branden verboden. Deze regels leidden er helaas toe dat het vuur later in de droge tijd alsnog aangestoken werd waardoor de door de wind hoog oplaaiende vlammen grote schade aanrichtten. Struiken en bomen vielen ten prooi aan de knetterende vuurzee en het gebeurde weleens dat ook woningen in de vernietigende branden verloren gingen.

Voor Hanne doemde een rode sluier van stof op en ze twijfelde even of ze de ramen open zou laten. De hitte van een afgesloten auto was weinig aantrekkelijk, maar het vooruitzicht volledig ondergestoven te worden was evengoed geen prettig idee. De wagen voor haar bleek een volgeladen taxi te zijn die niet veel vaart had. Hanne was een voorzichtige chauffeuse en was op haar hoede voor de onverwachte gevaren van de weg. De capriolen van de Malinese bestuurders waren een geliefd onderwerp van gesprek onder de blanken en iedereen wist wel een spannend of absurd incident te vertellen. De jonge Nederlandse voelde er echter weinig voor al te nauw betrokken te raken bij de hachelijke situaties die zich konden voordoen; ze stak haar lichten aan om in de dichte stofwolk beter gezien te worden door een eventuele tegenligger en claxonnerend maakte ze aan de overvol geladen en gevaarlijk wiebelende taxi haar intenties bekend. Ze wachtte op een recht en overzichtelijk stuk weg om in te halen. Altijd weer was er heel even de vrees gedurende dat ene, korte moment waarop ze achter haar voorligger vandaan kwam en voor een aantal seconden volledig verblind werd. Overgelaten aan het lot, scheen haar hart een slag over te slaan. Het was daarom een verademing het stoffige scherm achter zich te laten en de raampjes weer naar beneden te kunnen draaien.

Hanne was op weg naar Anja, met wie ze afgesproken had op werkbezoek te komen. Ze was nu acht maanden in Mali en wilde met haar collega van gedachten wisselen over hun aandeel in het project waarin ze werkzaam waren. Tijdens de vergaderingen werd er veel gesproken over de programma's en het beleid, maar weinig over de dagelijkse problemen die zich voordeden. Een andere reden voor haar bezoek, die ze evenwel niet aan de dokter voorgelegd had toen ze om toestemming vroeg, was dat Hanne hoopte met Anja op vertrouwelijke voet over henzelf te praten. Sinds hun eerste ontmoeting in het doorgangshuis in Bamako bestond er tussen hen een warme band en Hanne had er behoefte aan die te verdiepen. In Anja zag ze een soort lotgenote en Hanne voelde zich tot haar aangetrokken door de intense en bijna mystieke relatie die zij had met Afrika. In tegenstelling tot alle andere blanken die Hanne kende, liet Anja zich niet weerhouden door de enorme cultuurverschillen tussen zwart en blank. Zij was spontaan en met volle overgave in het diepe, onbekende gat gesprongen en scheen zich staande te kunnen houden, ondanks de hevige beroering die haar houding veroorzaakte. In de besloten en sterk op elkaar gerichte gemeenschap van ontwikkelingswerkers werd het afwijkende gedrag van een enkeling als storend en bedreigend ervaren. Men vond dat Anja haar Nederlandse achtergrond afwees – terwijl

141

dat juist hetgeen was waaraan de anderen zich vasthielden. De eigen cultuur was voor de meesten het enige solide ankerpunt in de confrontatie met de nieuwe, Afrikaanse realiteit en werd daarom liefdevol gekoesterd. Eenieder die zich aan deze onuitgesproken solidariteit onttrok, maakte zich weinig geliefd. Hanne daarentegen was behalve gevoelsmatig aangetrokken tot Anja ook geïntrigeerd door de eenzame opstelling van haar landgenote.

Het was namiddag toen Hanne behendig het smalle pad opdraaide dat naar het eens witte huis naast de dispensaire leidde. Bezweet en rood van het stof stapte ze uit de kleine terreinauto.

'Je ziet er heerlijk verreisd uit! Fijn dat je er bent', begroette Anja haar hartelijk, op een serieuze toon. De twee jonge vrouwen liepen naar de overdekte veranda van het oude, nog met leemblokken gebouwde huis. Op het hoofdkantoor had Hanne gehoord dat Anja een aanbod om het huis geheel opnieuw te verven en op te knappen had afgeslagen met de vraag of dat geld niet voor het project gebruikt kon worden. Stefan had geïrriteerd geantwoord dat ze blijkbaar niet veel verstand had van bestedingscategorieën en budgetten. Hij had geprobeerd haar te overreden het voor woningkosten uitgetrokken geld toch te gebruiken omdat het anders naar Wageningen zou terugvloeien. Anja was echter op haar standpunt blijven staan, wat het onbegrip en de ergernis in Bamako over haar handelwijze had doen toenemen.

'Ga zitten. Ik haal wat water voor je.' Ze wees naar de twee lage plastic stoelen die samen met enkele lokale krukjes op de verder lege veranda stonden. Terwijl Anja naar binnen liep, nam Hanne door de openstaande deuren de kamer in zich op. Ze had de meest verschrikkelijke verhalen gehoord over de woonstijl van haar collega – als zou ze in een zwijnenstal leven. Verrast zag Hanne nu dat dit schromelijk overdreven was. De eenvoudige en donkere woning was uiterst sober ingericht en maakte alleen van buiten een wat verwaarloosde indruk; binnen was het desalniettemin schoon en opgeruimd. Met een pijnlijke steek dacht Hanne terug aan haar eigen bezwaren tegen hun luxueuze huis in Béléko. Ze zou minder moeite hebben gehad met deze eenvoudige woning en bewonderde Anja dat ze vasthield aan haar stijl en opvattingen.

'Leuk huis heb je hier', zei ze toen ze het drinkwater overhandigd kreeg. Anja lachte schamper.

'Nou, je bent een van de weinige Nederlanders die dat zegt... En volgens mij meen je het nog ook...', voegde ze er peinzend aan toe. Zichtbaar aangedaan door de oprechtheid van haar gast ging Anja zitten. Ze schikte de kleurrijke pagne die ze droeg losjes tussen haar knieën en keek Hanne doordringend aan.

'Ik krijg hier niet vaak andere NO'ers op bezoek. Ik stel je komst erg op prijs.'

Hanne schrok van de intensiteit waarmee de gespannen uitziende Anja sprak. Vlug nam ze een slok uit haar beker.

'Wil je je eerst opfrissen of wil je wat anders drinken, thee of zo? Of misschien heb je wel honger. Hoe laat ben je van huis gegaan?'

'Ik wil me graag even opknappen', antwoordde Hanne vlug, blij met de kans zich een moment terug te kunnen trekken. Ze was geschrokken van de ziekelijk magere Anja en de vreemde sfeer die haar omgaf; ze had even tijd nodig om zich aan te passen.

Anja ging haar voor naar de logeerkamer en toonde haar de wasgelegenheid. Ze legde uit dat de pomp het niet deed en dat ze de gewoonte had zich met behulp van een emmer en een kalebas te wassen. Hanne merkte vlug op dat dat geen enkel probleem was, waarop Anja haar alleen liet. In haar kamer pakte Hanne haar tas uit en zette de toiletspullen op de ruwhouten plank die aan de muur bevestigd was. Een van bamboe gemaakt bed en een bijpassende stoel waren de enige meubelen in de kamer. Aan een paar grote spijkers in de muur hingen drie kledinghangers. Het ijzeren, halfgesloten luik voor het raam liet een diffuus schemerlicht door dat de ruimte met de dikke onregelmatige muren, kale cementen vloer en het lage plafond een ascetische, celachtige indruk gaf.

Het was een genot het stof van de reis met schoon helder water van zich af te wassen en ze nam ruim de tijd. Met haar gedachten was ze bij Anja die door haar ingevallen gezicht en de intense ogen plotseling veel ouder leek dan haar tweeëndertig jaar. Hanne vroeg zich bezorgd af of ze misschien iets onder de leden had. De laatste keer dat ze haar had gezien, zo'n vijf weken geleden bij een vergadering in Bamako, zag ze er ook al slecht uit. Vandaag echter drukte haar bleke gelaat een bijna koortsachtige spanning uit.

Vanuit de logeerkamer liep de bezoekster door een smal gangetje naar de huiskamer met open keuken. Anja vroeg belangstellend of ze lekker opgefrist was en stelde voor dat ze buiten nog wat zouden drinken voordat ze zouden gaan eten.

Anja probeerde het gesprek met een geforceerde ongedwongenheid op gang te krijgen, waar Hanne net zo min als op de intense vriendelijkheid van daarvoor, goed op in wist te gaan. Hanne informeerde daarom maar naar de plannen voor de komende dagen en in hun gedeelde interesse voor het werk vonden ze de juiste toon. De volgende ochtend wilde Anja laten zien hoe zij en Ballo het werk en al de administratie van de dispensaire en de kraamkliniek georganiseerd hadden. In de namiddag was een supervisie van een gezondheidswerker in een van de dorpen gepland. De dag daarna was er 's morgens een vergadering met alle verpleeghulpen van het arrondissement. De middag konden ze besteden aan het doornemen van het programma voor de bijscholing van de hulpvroedvrouwen van de hele cercle, die in februari plaats zou vinden.

Ze spraken over hun nieuwe collega die samen met zijn Zaïrese vrouw en drie kinderen twee maanden geleden aangekomen was in Dioila. Hij volgde Miriam op.

'De dokter en Mountaga hebben aan Michel wel een heel andere collega. Dat wil zeggen, wat ik uit de verhalen over Miriam opgemaakt heb.'

144

'Inderdaad', bevestigde Anja bedachtzaam. 'Miriam was in bijna alles zijn tegengestelde. De zekerheid waarmee Michel in zijn werk en in het leven staat ontbrak bij Miriam volledig. In feite, wel, ze was op zoek naar zichzelf en kwam dat hier in Mali doen. Dat pakte verkeerd uit. Ze begon een aantal van haar eigen onzekerheden op de cultuur van de mensen hier te projecteren en verloor de realiteit uit het oog.'

'Jij mag haar wel, hè? Toen in de bar in Dioila, toen ik pas twee weken hier was, sprak je ook erg warm over haar. Maar andere NO'ers zijn niet zo positief over haar.'

'Ja. Miriam zocht naar een antwoord op de onzin van het lijden. Niet als een theoretische vraag, maar als een levenshouding. Daarbij wees ze echter tegelijkertijd al het leed in de wereld volledig af. Ze leefde in een constante ontkenning van, laten we zeggen, al het kwaad en daarmee ook het goede. In feite ontkende ze dus deze dualiteit en bleef daarin steken. Waarom dit zo was weet ik niet precies. Vermoedelijk ontkende ze zichzelf. De gezinsomstandigheden waarin ze is opgegroeid zullen daarbij waarschijnlijk meer kwaad dan goed gedaan hebben, maar het is volgens mij niet de oorzaak ... daarvoor zat het te diep.'

Anja ging verder: 'Heb je haar broer niet ontmoet? In de regentijd, juni geloof ik, was hij bij Jan en Elisabeth. Die broer is een heel ander type, veel meer in zichzelf gekeerd en afstandelijk, toont totaal geen gevoelens, wie weet ook niet naar zichzelf toe. Miriam verdronk juist in haar emoties en gevoelens en was erg labiel. In vergaderingen barstte ze nogal eens in huilen uit. Kun je je de reactie van de dokter en die kerels van chefs de poste voorstellen?! Of Stefan, die wond zich er helemaal over op... Het kwam ook wel voor dat ze plotseling een woedeaanval kreeg en dan schold ze er stevig op los. Vooral de organisatie, NO, was regelmatig het onderwerp van haar tirades en Stefan vatte dat veel te persoonlijk op.'

'Als ik mag vragen, wat maakte dat je haar wel mocht? Ik bedoel, zo te horen leek ze me niet gemakkelijk om mee om te gaan.'

'Ze had pit en ze zocht naar iets essentieels in het leven. Dat spreekt me aan. Ze heeft echter een fout gemaakt door naar Afrika te komen. Of een fout... misschien was het wel nodig, gaf het haar een duw in de goede richting. Ze liep in ieder geval niet voor haar problemen weg. Er zijn veel mensen die denken hun persoonlijke problemen op te kunnen lossen door er van weg te lopen. Afrika, waar ze naartoe komen onder het mom van 'de arme mensen helpen', wordt dan het moederbaken waaraan ze zich menen te kunnen vasthouden. Voor sommigen werkt het zo, maar voor velen is de schok van deze cultuur veel te groot en te confronterend. Ze worden op zichzelf teruggeworpen en als je dan geen basis hebt om op te staan...'

'Wat me is opgevallen is dat iedereen zo ontzettend Nederlands is, of Frans of wat dan ook. Iedereen houdt wel erg vast aan z'n eigen cultuur. Als ik Jan en Elisabeth zie bijvoorbeeld, het is net of je terug bent in de Hollandse polder – met de inrichting van hun huis, het zelfgebakken bruine brood met kaas en de video's in de avond. En de plastic tulpen!'

'Ze hebben hun eigen veilige haven gemaakt. Het enige verschil is dat er buiten donkere mensen rondlopen en dat het altijd warm is. Wel ... het beschermt hen. Miriam had dat niet. De confrontatie met deze cultuur schudde haar helemaal door elkaar. Zo kon ze het bijvoorbeeld niet verwerken dat mensen hier hele andere waarden hanteren in hun relaties tot elkaar. Dat was een punt waar ze zich helemaal in vastbeet, misschien wel omdat ze zelf moeite had een langdurige relatie te onderhouden. Wacht', Anja stond plotseling op. 'Ik heb nog een paar brieven vanuit de tijd dat ze in Dioila werkte. Ze schreef me regelmatig. Om haar hart te luchten. Ze kon soms ook geheel onverwacht hierheen komen om te praten.'

Anja kwam terug van haar slaapkamer met een bundeltje papieren en zocht erin.

'Hier, deze is van tweeënhalf jaar geleden, toen was ze net een jaar in Mali. Ik lees even iets voor. Ze schrijft over een kennis van haar in Dioila.'

Vandaag was ik bij Moussa op bezoek. Die man heeft drie vrouwen. Wat zeg ik, vrouwen, het zijn z'n slaven! Verdomme, het is toch verschrikkelijk zoals die vent hen commandeert en opdrijft. Ze kruipen al voor hem in het stof zodra hij een voet binnen de cour zet. Hij heeft ze goed getraind! Hij en hun vaders natuurlijk. De opvoeding van een meisje begint al jong. Men maakt goede dienstmeiden van ze, vooral voor hun echtgenoten. Liefde schijnt geen rol te spelen. Je trouwt, wordt geneukt en baart kinderen. Als het een jongen is breng je hem groot als een god en als het lot je treft met een meisje behandel je haar als uitschot! Moussa heeft vijftien kinderen. Of zoiets. Hij weet niet eens hoeveel hij er heeft volgens mij. Dat kleine tuig is zijn zorg niet. Pas als ze op school zitten of op het land kunnen helpen, ziet hij ze. Voor die tijd mag moe ervoor zorgen. Zelfs als ze ziek zijn kijkt pa er niet naar om en dus raakt hij de tel kwijt.

'Ze kon op zulke momenten alleen maar de negatieve kanten zien. Dat huwelijken hier een ander uitgangspunt hebben weigerde ze dan te accepteren en ze kon niets meer relativeren. De bruidsschat, polygamie, de rigide taakverdeling binnen het huwelijk, alles interpreteerde ze op zo'n moment negatief en ze zag over het hoofd dat de mensen, de relaties hier evengoed gaan om respect, tederheid, liefde en zo. Alleen vult men dat hier anders in. Vrouwen hier krijgen een hoop emotionele steun van elkaar. De familie is hier ook ongelooflijk belangrijk. Wat wij in het westen bij onze levenspartner zoeken, verspreidt men hier over meerdere personen. Soms zijn er huwelijken die op onze invulling ervan lijken, maar ik zie niet in waarom dat de enige of eventueel de beste manier zou zijn.'

'Hier, ik heb nog een brief van Miriam. Ik herinner me de periode dat ze het geschreven heeft. Het ging erg slecht in haar werk en ze vroeg zich af waarom ze eigenlijk in Mali was. Ze zag het nut van haar verblijf hier niet meer en gaf af op alles wat Malinees was.'

Gisteren was ik weer eens in een dorp. Wakoro dit keer. Prachtig hoor, die typische Bambara-dorpjes met hun platgeslagen modderhutten, dat magere ronddartelende vee en naakte kinderen die in het stof spelen. Ik was er op supervisie van de dokter en de verloskundige. Ik heb nooit begrepen waarom ze die gezondheidswerkers 'verpleeghulp' en 'hulpvroedvrouw' noemen – ze zijn niemands hulpje. Ze zijn daar twee goden: De Dokter en De Verloskundige. Kunnen daar in dat dorp heerlijk freewheelen, geen hond die hen stopt. Want van die jaarlijkse supervisie van ons hebben ze niet veel te vrezen. Wat kunnen wij nou doen als we er achter komen dat ze maar een beetje aanklungelen. Wel gevaarlijk hoor, dat doktertje spelen. Infusen, intraveneuze medicijnen, alles mag! Antibiotica, ook een gewild product. Pas hoorde ik dat sommige van onze 'gezondheidswerkers' penicilline preventief spuiten! Met een stevige dosis antibiotica in je bil voorkom je een hoop ellende, niet waar? Of Quinimax, gaat er ook goed in. Ben je weleens op de revalidatieafdeling van het ziekenhuis in Bamako geweest? Allemaal verlamde pootjes door de Quinimax injecties. En maar doorspuiten. Jammer dan, als je kind de rest van zijn leven een verlamd been heeft. Patience, Allah is groot!

Na de supervisie gingen we eten. Eén keer raden: rijst dus. Moet ik natuurlijk blij zijn dat het geen to is. Fantasie hebben die mensen hier ook niet, daar zijn ze te dom voor. Of te bang. Stel je voor dat je eens wat anders doet dan gewoonlijk, krijg je direct de hele gemeenschap op je dak. Uniformiteit dus en wij eten wel rijst. Baba was erbij en die at zich zoals gewoonlijk helemaal vol. Hij gaat graag op tournee, kan hij zich op kosten van die arme lui in het dorp goed rond eten. En toch vriendelijk blijven voor elkaar. Beleefdheid boven alles, ook boven je portemonnee. Gasten moeten goed eten,

dan even maar wat minder voor de kinderen. Zelfs al zijn die gasten
werkende ambtenaren met een prima inkomen. Volgens mij geven
ze die lui van bosbeheer, die hen buitenissige bekeuringen opleggen
voor de grasvuren, ook nog te eten. 'U heeft de (door ons ingestelde
en absoluut onredelijke) wet overtreden en ik kom vijfhonderd-
duizend francs halen als bekeuring. Jawel meneer, gaat u toch
zitten en hier is wat te eten.' Maar goed, wij kregen dus een bak
rijst voor onze snufferd en iedereen graaide er weer lustig op los. Ik
probeerde natuurlijk ook sociaal te doen en graaide ook een beetje.
Ineens zag ik echter in die bak alleen nog maar krioelende witte
maden en bruinachtige monsters die hen luid grommend ver-
slonden. Ik moest kotsen.

'Mensen allemachtig, ze zag alles inderdaad wel erg somber
in.' Hanne was verbijsterd.

'Vooral als je bedenkt dat Wakoro zo'n beetje het meest
succesvolle dorp van de hele cercle is. Die twee gezondheidswerkers doen het best goed. Maar Miriam heeft met haar kritiek
wel gelijk; er schort heel veel aan het gezondheidszorgsysteem.
Maar ze kon het niet meer relativeren.'

'En er geen afstand van nemen.'

'Ja. Het was rot om te zien hoe ze zichzelf volledig verloor.
We hebben er veel over gepraat, maar dat was niet genoeg.'

'Het is dan maar goed dat ze naar Nederland terug is gegaan.'

'Ze was een dappere meid. Ze realiseerde zich dat ze niet
langer voor haar problemen moest wegvluchten. En ze begreep dat
ze daarvoor in Nederland moest zijn. Ik vond het moedig zoals ze
haar contract verbrak en zonder enige zekerheid terugreisde.'

'Wat doet ze nu, weet je dat?' vroeg Hanne gefascineerd.

'Ze heeft me pas nog geschreven. Haar familie woont in
Brabant en zij is naar Haarlem gegaan waar ze op de kinderafdeling
van het ziekenhuis daar werkt. Ze schrijft dat ze op zoek is naar het
kind in zichzelf en opnieuw wil beginnen.'

'Moedig... Heeft ze nog contact, denk je, met haar broer Rogier die nu kanker heeft? Vreemd dat die nu juist weer naar Mali komt.'

'Ze hebben weinig contact. Ik geloof niet dat ze 't goed met elkaar kunnen vinden.'

Er viel een bewogen stilte tussen de twee vrouwen, waarin beiden in hun eigen gedachten verzonken waren.

Voor de rest van de avond bleef Miriam in hun gedachten. Hanne vroeg zich af of haar niet hetzelfde lot zou kunnen treffen. Er waren momenten dat ook zij de greep op de werkelijkheid meende te verliezen. De armoede en de hardheid van het Afrikaanse plattelandsleven waren inderdaad schokkend. Hoewel ze het niet zo negatief beleefde als Miriam gedaan had, herkende ze de wanhoop en de afkeer die haar landgenote in haar brief beschreven had. Ook Hanne overviel soms een totale moedeloosheid; wat kon zij stellen tegenover al het lijden van de mensen hier? Was dat niet wat Miriam zichzelf verweet? Het systeem van de gezondheidszorg waarin ze werkten was zo beperkt en de armoede zo universeel. Ze herkende de neiging zich ertegen te verzetten en kon soms een vernietigende kwaadheid niet onderdrukken.

'Ik vind het wel heel herkenbaar, wat Miriam in haar brieven schrijft, al zou ik het zelf nooit zo stellen.'

Anja knikte. 'Daarom vond ze weinig gehoor. Het was voor de meesten van ons herkenbaar, maar dat wil men voor zichzelf niet toegeven. Daar komt bij dat men niet wist hoe men met haar cynische, agressieve toon om moest gaan. Want zoals ze in deze brieven schrijft, zo kon ze ook praten.'

'Ik zou 't denk ik ook niet prettig vinden als ze zo tegen mij zou uitvaren. En hoewel ik er iets in herken, is het natuurlijk niet de hele waarheid.'

'Wat is de waarheid?' vroeg Anja ineens vurig. 'De Afrikaanse situatie is als een caleidoscoop; als je denkt het te begrijpen, verandert het net weer.'

'Wel, er zijn natuurlijk verschillende manieren om de waarheid te interpreteren', merkte Hanne voorzichtig op. 'Het is maar net hoe je het bekijkt. Iemand die de realiteit vanuit de politiek benadert, ziet iets anders dan iemand die in religie of iets dergelijks geïnteresseerd is.'

'Maar vangt dat de essentie van het Afrikaanse leven?' vroeg de ander indringend. Hanne haalde haar schouders op. Ze begon zich ongemakkelijk te voelen onder Anja's doordringende blik. Om zich van de brandende intensiteit te ontdoen, zei ze afhoudend: 'Geldt dat niet voor alles, ik bedoel, dat kun je ook zeggen van Azië, van Europa, Latijns-Amerika enzovoort. Natuurlijk heeft Afrika iets eigens, maar dat heeft elk continent of land.'

'Ja', antwoordde Anja vlak. 'Je hebt gelijk, Afrika is niets speciaals. Ontsteld realiseerde Hanne zich dat ze Anja teleurgesteld had. Ze was niet meegegaan in haar zoektocht naar de unieke ziel van dit immense continent en Anja had zich teruggetrokken. Maar wat had Anja verwacht? Dat zij hetzelfde verlangen had zich met de Afrikanen te vereenzelvigen op zoek naar een andere essentie in het leven? Ze mocht Anja erg graag en voelde een diepe sympathie voor haar, maar dit betekende niet dat ze Anja volledig kon volgen in haar hartstochtelijke zoektocht. Ze wist niet of ze daar sterk genoeg voor was, of ze daar genoeg basis voor had. Ze zocht wel degelijk naar een diepgaande verbintenis met de mensen van dit Sahel-land, maar ze was niet bereid haar eigen essentie op te geven.

'Sorry Anja, het was best een vermoeiende dag. Ik denk dat ik naar bed ga.'

'Natuurlijk', antwoordde ze toegevend, 'we hebben nog genoeg tijd om verder te praten.' Hierop stond Hanne op, wenste Anja, die nog bleef zitten, welterusten en begaf zich naar de sobere logeerkamer.

De volgende dag besteedden de ontwikkelingswerksters al hun tijd en energie aan het werk. Samen met Ballo bespraken ze de vele

praktische en organisatorische aspecten van hun baan en be-
discussieerden de ontwikkelingen binnen het project. Met de rode
pick-up gingen ze 's middags naar Ngolobougou voor de supervisie
van de twee gezondheidswerkers. Trots toonden deze aan Ballo en
de twee blanke vrouwen een nieuw gemaakte cementen put die
beschermd was tegen vervuiling. Het had de jonge mannen heel
wat overredingskracht gekost het dorp te overtuigen van de noodzaak van een verbeterde, dure waterput. Hygiënische over-
wegingen vanuit de gedachtegang dat vuil water ziekten veroorzaakte, vonden moeizaam ingang. Terwijl de Malinese chef de
poste even alleen met de gezondheidswerkers het een en ander
besprak, legde Anja aan Hanne uit dat Ballo en zij in hun opleidingen en bijscholingen de Bambara-visie over ziekte ter sprake
brachten.

'Ziekte is in deze cultuur een verstoring van het complexe
geheel van de kosmos; microben spelen daarin een onbelangrijke
rol. Het heeft dus geen zin alleen over bacteriën en malaria-
parasieten te praten. Voor hen blijft het feit dat die mug of dat virus
niet zomaar een ziekte veroorzaakt. De oorzaak ligt ergens anders,
dat kan verschillend zijn, een kwade voorouder, of toverij. Een
malariamug is dan maar een middel als het ware, en dus van weinig
belang.'

'Vooral als je bedenkt dat de één wel ziek wordt na het
drinken van vuil water en de ander niet! Hoe reageren de cursis-
ten als jullie daarover praten?' vroeg Hanne geïnteresseerd.

'Verlegen. Van de zenuwen beginnen ze te lachen, en in het
begin zeggen ze niet zo veel. Ballo vond het ook moeilijk in het
begin. Maar het is uiterst belangrijk dat we niet langer puur vanuit
een westerse gedachtegang over ziekte praten. Dat heeft geen
enkele aansluiting bij hun leven en visie. En verder', zei Anja bedachtzaam, 'zou het voor ons Nederlanders ook weleens goed zijn
om stil te staan bij het waarom van ziekte.' Hanne keek haar ongelovig aan.

'Je zegt zelf al dat de theorie van een bacterie of een virus niet verklaart waarom de ene persoon wel en de andere niet ziek wordt.'

'Jawel, maar dat heeft toch niets te maken met geesten en sorcellerie?' reflecteerde Hanne.

'De Bambara zien ziekte als een verstoring van het evenwicht van de kosmos waar zij deel van uitmaken. Dat is op zich een interessante gedachte. Genezing ligt in het herstellen van die balans, die om verschillende redenen verstoord kan zijn. Soms door hun eigen gedrag. In zo'n redenatie is ziekte niet iets dat je puur toevallig overkomt', beredeneerde Anja rustig.

'Dan ga je terug naar ziekte als straf', bracht Hanne ertegenin.

'Nee, zo zie ik dat niet. De Malinezen beschouwen ziekte als iets dat bij het leven hoort en dat een reden heeft. Ze zoeken die redenen echter buiten hun eigen psychisch functioneren. Wij, door ons groter zelfbewustzijn, zouden het daar wel op kunnen betrekken.'

'Sorry hoor, ik geloof dat ik je even niet kan volgen', zei Hanne nu lichtelijk geïrriteerd. Het was waarschijnlijk een interessante redenering, maar ze vond haar collega belerend overkomen. En was dan alles wat de blanken deden fout? Hadden alleen de Afrikanen de waarheid in pacht? Hanne lachte even schamper en Anja keek haar verwonderd aan.

'Vind je het vreemd wat ik zeg?'

'Ik weet het niet', antwoordde Hanne koel. 'Natuurlijk is de vraag naar het waarom van een ziekte een interessante vraag. Maar ik zie niet in hoe wij daarbij van de Afrikanen kunnen leren.' Anja bemerkte de afwijzende toon in Hanne's antwoord en bleef stil. Deze reactie had ze vaker van andere Nederlanders of Europeanen gekregen. Hanne echter had haar nog niet eerder zo bejegend – integendeel, ze was altijd uiterst belangstellend geweest en daarom was ze de rustige, hartelijke Hanne als een vriendin gaan zien. Het zou Anja pijn doen als ook zij zich tegen haar zou keren.

'Heb ik iets verkeerds gezegd?' vroeg Anja behoedzaam. Hanne keek haar peinzend aan en overwoog of ze haar bedenkingen ter sprake zou brengen. Anja was haar voor: 'Kom ik betweterig over?' De weifelende stilte van Hanne klonk instemmend.

'Dat spijt me, want ik bedoel het niet zo. Het is alleen dat ik het jammer vind dat er zo weinig uitwisseling is tussen onze twee culturen. Mensen denken dat ik mijn eigen achtergrond ontken en als een soort zwijmelende idioot alles verheerlijk wat zwart is.' Hanne wilde protesteren, maar Anja sprak verder: 'Ik zeg niet dat jij zo denkt. Men! De meeste blanken. Ze denken dat ik alleen oog heb voor de Afrikaanse cultuur en daarvan alles klakkeloos overneem. Maar dat is niet zo.' Haar stem klonk nu bijna smekend.

'Hanne, er is zoveel dat wij blanken van de mensen hier kunnen leren... De hele sociale saamhorigheid bijvoorbeeld. Wat vind je daarvan bij ons in Nederland nog terug? Of hun tijdsbesef. Minuten bestaan niet, alleen de gang van de zon is een indicatie. Het heden geldt! Niet dat gejakker naar straks en sneller! En dan hun eenheid met de geestenwereld. Zij wéten nog dat er meer is dan dat wat we zien! Voor hen zijn er nog krachten die buiten hen om functioneren. En ze zoeken naar een evenwicht daarmee. Wij hebben dat allang verwaarloosd. Het materiële geldt alleen nog maar, wij lachen om onzichtbare machten. Maar dat is onzin! De Afrikanen erkennen het belang daarvan en leven in een geestelijke eenheid die wij niet meer kennen. En waar leidt dat bij ons toe? Neurotisch materialisme! Hanne, echt, ik zeg niet dat alles wat de blanken doen fout is, maar waarom heeft men zo weinig oog voor wat we hier van de Afrikanen kunnen leren? Jij staat er tenminste voor open, en daarom praat ik er zoveel over. Ik wil je gewoon graag laten zien wat je van de mensen hier kunt leren. Het is een verrijking als je begrijpt en ervaart dat er meer is dan je van huis uit hebt meegekregen.'

Verwachtingsvol keek Anja haar vriendin aan. Had ze niet te veel aangedrongen en begreep Hanne waar ze het over had? Op haar gesloten gelaat brak een aarzelende glimlach door.

'Je klinkt erg overtuigd...'

Anja lachte opgelucht. 'Ja. Maar weet je ... het klinkt misschien vreemd ... maar, ik heb soms het gevoel dat ik hiervoor leef: een brug te slaan tussen zwart en blank. Dat is het mooiste wat er is!'

Hanne keek bevreemd naar het nu bevlogen gezicht van de vrouw naast haar. Deze vervolgde verlegen: 'Het zou toch prachtig zijn als er een werkelijke ontmoeting was tussen onze culturen. Blank en zwart die van elkaar leren, open voor elkaar staan en daardoor groeien. Ik bedoel, groeien naar menselijke volwassenheid. Als mensheid. Ja, daarin wil ik een rol spelen.'

Plotseling sprong Anja op van het lage krukje waarop ze zat. Ballo kwam met de twee jeugdige mannen uit het huis waar ze hun medicijnkist hadden staan. Hanne bleef zitten. Ze was onder de indruk van Anja's woorden. Ze had iets van haar diepste roerselen verteld en had zich even heel kwetsbaar opgesteld. Een heel helder droombeeld had ze getoond en Hanne wist dat voor Anja alles hier om draaide. Voor dit beeld had ze alles over. Hiervoor leefde ze, zoals ze zelf zei, en Hanne realiseerde zich dat Anja dit letterlijk en tot in het diepst van haar ziel zo ervoer. Bewogen stond Hanne op en liep naar het groepje dat over de problemen van de dorps-apotheek sprak. Even raakte ze Anja's arm aan en toen deze naar haar omkeek knikte Hanne haar dankbaar en tevens bemoedigend toe. Anja reageerde met een schuchtere glimlach en richtte haar aandacht weer op het gesprek, haar collega erbij betrekkend.

De volgende dag nodigde Anja haar vriendin uit aan het eind van de middag mee naar de markt te gaan. Ze moest nog wat uien kopen voor het avondeten en wilde Hanne een souvenir vanuit Massigui meegeven. Ze gingen op zoek naar de stalletjes waar enkele vrouwen zelfgevlochten rieten mandjes verkochten. Hanne vond ze prachtig en merkte enthousiast op dat ze zeker van pas zouden komen. Ze was dankbaar ontroerd door Anja's gebaar van genegenheid en nam zich voor terug in Béléko of later in Bamako een leuk presentje voor haar te zoeken. Nadat ze hun boodschappen gedaan hadden liepen ze terug naar de hoofdweg. Van alle kanten werd Anja hartelijk begroet. Ontspannen slenterden de twee blanke vrouwen door de drukke menigte en genoten van de kleurrijke, zonoverspoelde gezelligheid.

Op een gegeven moment kwam er een jonge, mooi geklede Malinese met een kind op haar rug gebonden naar hen toe. Hanne merkte hoe Anja verstijfde en haar benig ingevallen gelaat een angstige, gespannen uitdrukking kreeg.

'Dit is Safiatou, de vrouw van Soleymane Sogoba', zei Anja vlak toen de jonge vrouw voor hen stond. 'Safiatou, dit is Hanne, mijn collega uit Béléko.'

'Enchanté, madame', groette Hanne beleefd. Safiatou knikte even in haar richting zonder echter haar ogen van Anja af te houden. Zwijgend stonden ze tegenover elkaar.

'Ik heb je lang niet gezien', begon de Nederlandse omzichtig.' De Malinese haalde enkel haar wenkbrauwen op, nam het kind van haar rug en hield het beschermend in haar armen.

'Hoe maakt Ibrahim het? Dit is Safi's zoon, Sogoba's eerstgeborene', richtte Anja zich tot Hanne, met in haar stem zoveel mogelijk respect. 'Een paar weken geleden heeft hij ernstige malaria gehad, maar nu gaat het wel weer.' Ze wilde het knulletje over zijn hoofd aaien, maar de moeder deed een stap achteruit. Anja bleef met haar hand in de lucht staan.

'Raak mijn kind niet aan. Over mijn man heb ik niets te zeggen, maar over mijn zoon wel. Een vrouw leeft voor haar kinderen!' Hanne meende behalve boosheid ook ootmoed op het donkere gelaat te lezen. Zonder verder iets te zeggen liep Safiatou van hen weg en Anja staarde haar na. Hanne bleef staan wachten totdat Anja zich eindelijk bewoog. Zwijgend liepen ze naar huis.

Anja had hen allebei iets te drinken ingeschonken en ze installeerden zich op de veranda, met pinda's die ze de avond ervoor gepeld en gebrand hadden. Hanne keek naar Anja, die diep in gedachten verzonken was, en aarzelde wat te doen. De ontmoeting met de vrouw van Soleymane had dezelfde gespannen sfeer opgeroepen die bij Hanne's aankomst twee dagen geleden zo sterk merkbaar was. Hanne maakte zich zorgen om Anja die met afwezige blik voor zich uit staarde. Bemoedigd door de vertrouwelijke sfeer die sinds de dag ervoor tussen hen bestond, durfde ze Anja te vragen wat er in haar omging.

'Anja, vertel me, wat is er aan de hand?' Anja reageerde niet en Hanne vroeg zich af wat ze kon doen. Ze moest haar vriendin uit deze gekwelde stilte halen. Opnieuw drong ze bij Anja aan te praten, echter zonder enige reactie. Vertwijfeld overwoog Hanne wat ze kon doen. Ze liep naar de stoel van Anja en sloeg haar armen om haar schouders. Onverwacht begon Anja op vlakke toon te spreken.

'Ik weet het niet meer Hanne. Het leek allemaal zo prachtig. En nu gaat het kapot. Mijn hele visie, er komt niets van terecht. Maar ik kan hem niet meer missen. Ik heb het geprobeerd, maar dat gaat niet. Ik hou van hem', snikte ze nu en sloeg haar handen voor haar met verdriet overtrokken gezicht. Hanne trok haar troostend tegen zich aan. Op het moment dat Anja verder sprak liet ze haar los, schoof haar eigen stoel dichterbij en kwam vlak naast haar zitten. Anja praatte urenlang; ze vertelde het hele verhaal aan Hanne. Uitgebreid en met verdrietige heimwee naar die leuke beginperiode vertelde ze hoe ze haar Malinese vriend had leren kennen en hoe ze al snel verliefd op elkaar waren geworden. Anja had gemeend dat ze de situatie aan zou kunnen. Ze had geweten dat Soley twee vrouwen had en een kind. Ze had zich voorbereid op een moeilijke relatie, maar ze was ervan overtuigd dat het goed zou komen. Ze koos voor een Afrikaanse man en moest zijn situatie aanvaarden zoals die was, vond ze. Voor Aïssa en Safi was het net zo moeilijk, en zij konden ook niet anders dan de dingen accepteren. Met z'n vieren zouden ze er wel uitkomen, had ze gedacht. Als Afrikaanse vrouwen over de pijnlijke en vernederende bezwaren van polygamie konden heenstappen, moest zij dat ook kunnen. Soley mocht om haar niet scheiden. En dus moest ze Soley met hen delen. Ze had haar best gedaan zich zo goed mogelijk aan te passen. Soley was onder de indruk. Hij vond haar moedig. Bij Safi daarentegen was ze op een muur gestuit. In het begin was ze aardig geweest en Anja vertelde van haar eerste bezoek bij hen thuis.

'Maar ze werd bang. Bang en jaloers, vooral nadat Soley die auto voor mij had gekocht. Dat was een keerpunt. Ze werd vijandig tegenover mij. En toen, op een gegeven moment, toen besloot ze om mij weg te werken. Met toverij. Moet je nu niet lachen?' merkte ze er sarcastisch aan toe. 'Reken maar dat menig Nederlander het uitbrult als hij dit hoort – Anja verwikkeld in hekserijschandaal. Ze lachen erom, vinden het leuke spelletjes van de Afrikanen. Zwarte magie met kippenbloed en enge doodskoppen.'

'Wat kan het jou schelen wat ze denken', probeerde Hanne haar te kalmeren. 'Het gaat om jou en om Soley hier in Massigui – niet om een stelletje kantoorlui in de stad, of waar dan ook. Jij woont hier, je leeft met deze mensen, hoort bij ze! Dan raak je erbij betrokken.'

'Soley zei in het begin dat het wel mee zou vallen. Dat wil zeggen, zijn allereerste reactie was uitbarsten in woede en paniek', en ze vertelde van de avond dat hij bij haar gekomen was nadat Safi tegen hem was uitgevallen. Ze hadden besloten af te wachten. Het feit dat Safi min of meer openlijk met sorcellerie gedreigd had, deed hen hopen dat ze het misschien niet zou doen. Als ze het echt van plan was, had ze haar mond wel gehouden, zo redeneerden ze. Maar Safi was niet zo geslepen. In haar wanhoop had ze uiterst doorzichtig gehandeld. Toen Soley erachter was gekomen dat zijn vrouw toch naar iemand toe was gegaan, was hij buiten zichzelf geraakt van kwaadheid. Anja had hem nauwelijks kunnen kalmeren. Anja smeekte hem zich niet op Safi te wreken; zij was de oorzaak van dit alles, niet Safi. Soley wilde eerst niet luisteren en schreeuwde dat hij zijn vrouw terug naar Sirakoro zou sturen. Anja had al haar overredingskracht nodig gehad hem van gedachte te doen veranderen. Ze had gezegd dat als hij Safi weg zou sturen, zij ook weg zou gaan. Huilend waren ze elkaar in de armen gevallen en Anja herinnerde zich mistroostig dat hun verdriet en vrees elkaar te verliezen geleid had tot het meest innige en tedere liefdesspel. Daarna echter begon de spanning tussen hen in te staan en sliepen ze nauwelijks nog met elkaar.

'Misschien raak ik hem toch kwijt', snikte Anja. 'Misschien is onze relatie niet tegen deze kwellingen opgewassen. Ik weet niet waar ik banger voor ben, voor de dreiging van hekserij of de mogelijkheid Soley te verliezen.'

'Is die dreiging van sorcellerie dan zo groot?' vroeg Hanne bedeesd. Anja haalde haar schouders op.

'Ze hebben het grondig aangepakt. Ze heeft zelfs mijn haar weten te bemachtigen via de jongen die mij in de tuin hielp. Mensen hadden me weleens voor hem gewaarschuwd maar ik sloeg dat in de wind. Iedereen een eerlijke kans geven en zo. Vreselijk, weet je, het idee alleen al, dat mensen tegen je samenspannen geeft een angstig gevoel. Maar het heeft geen zin sorcellerie te ontkennen. Het werkt. Ik heb te veel situaties meegemaakt waar onze Westerse logica en rationele redenering voor een raadsel stonden. Er gebeuren dingen die voor ons niet te verklaren zijn, maar die voor de Afrikanen logisch zijn vanwege de sorcellerie.'

'Moet je echter geen Afrikaan zijn om daar het slachtoffer van te worden?'

'Ik hoop dat het verschil uitmaakt. Maar ik betwijfel het. Als 't een kracht is die ze weten op te roepen, zijn wij daar dan tegen beschermd? Wat hebben wij om er tegenover te zetten?' Anja klonk neerslachtig.

'Maar kunnen jullie niet teruggaan naar degene waar Safi geweest is? Ik weet er niet zoveel van, maar hij moet toch iets kunnen doen?!'

'Vraag me niet hoe het precies werkt, maar dat schijnt erg moeilijk te zijn. Onder druk van Aïssa is Safi naar die soma, Koumaré, die man waar ze naar toe was geweest, teruggegaan. Het schijnt dat hij zei dat het moeilijk is... Soley is naar een bekende marabout geweest die ook nog animistisch werkt. Hij heeft voor mij een amulet gemaakt. Ter bescherming.'

'Draag je die?'

'Ja', Anja haalde een klein vierkant lederen buideltje dat ze om haar nek droeg, onder haar T-shirt vandaan.

'Weet je', sprak ze verdrietig verder, terwijl ze haar grigri weer wegstopte, 'Safi zegt dat ze alleen maar wil dat ik wegga. Ik voel me zo schuldig. Ik had verwacht dat we wel tot een oplossing zouden komen. Ik vrees dat Soley er genoeg van krijgt. Het is voor hem ook vreselijk om steeds tussen twee vuren te staan.'

Anja bood een droevige aanblik; met opgezette, rood-betraande ogen zat ze voorover gebogen met hangende schouders zenuwachtig aan haar vingers te frummelen.

'Ik weet niet hoelang ik dit nog volhou. Ik probeer het steeds van me af te zetten. Ik kan niet uitstaan dat ik het niet beter aankan. Het is tenslotte een typisch Afrikaanse situatie – een man met drie vrouwen en een daarvan is jaloers en probeert een beetje hekserij. God allemachtig, dat is dagelijkse kost hier. Waarom laat ik me dan zo opnaaien?' riep ze radeloos en wiste bruusk haar tranen weg. 'Ik ben nu al bijna acht jaar in Afrika en nu laat ik me door zoiets uit het veld slaan... Ik had gedacht dat ik het aan zou kunnen... Ik wil niet dat hij gaat scheiden, dat zou ik mezelf altijd kwalijk blijven nemen ... we kunnen toch gewoon doorgaan zoals in het begin ... ik zie niet in...'

'Rustig maar Anja', sprak Hanne zachtjes en pakte haar vrien-dins handen. 'Kalm maar, het is moeilijk voor je, dit is slopend.' In een troostend gebaar sloeg ze nogmaals haar armen om de schou-ders van Anja. Deze leunde zwaar tegen haar aan.

'Ik zit in een diepe, donkere put Hanne', fluisterde ze zwak. 'Iemand heeft me erin gegooid en de put afgesloten. Het is hier koud en donker. Ik weet niet hoe ik eruit kan komen.' Hanne schrok van deze woorden. Anja klonk ver weg, alsof ze vanuit een andere wereld sprak.

'Anja, kom, je bent hier, met mij, je bent niet alleen, je hebt mensen om je heen die om je geven...' Anja schudde moedeloos haar hoofd.

'Ik ben alleen. Er is geen uitweg. Niemand vindt me hier. Niemand kan me helpen. Het is hier koud, koud.'

Hanne wist niet wat te doen. Deze stille teruggetrokkenheid vond ze moeilijker om mee om te gaan dan de tranen en de wanhopige opstandigheid.

'En Soley dan ... hij begrijpt je! Hij weet hoe je je voelt!' Mismoedig haalde Anja haar schouders op.

Hanne drong aan: 'Natuurlijk, hij houdt van je, hij leeft met je mee. Hij laat je niet alleen!' Anja kroop nog dichter tegen haar vriendin aan in een poging zich aan haar te warmen – Hanne's woorden troostten haar. Ze had deze verzekering nodig om zich niet door de koude wanhoop te laten vernietigen. Een poosje bleven ze zo zitten totdat Hanne voorstelde dat ze wat zouden eten. De avond was allang gevallen; ze zaten in het koele schijnsel van de volle maan.

Anja maakte wat eenvoudigs klaar met de op de markt gekochte uien. Ze was diep in gedachten verzonken en Hanne wachtte geduldig totdat ze klaar was met koken en ze beiden bij het licht van een olielamp weer op de veranda gingen zitten. Nadat ze gegeten hadden, stelde Hanne een vraag die haar sinds lange tijd bezighield en die ze in de vertrouwelijke sfeer van deze bijzondere avond durfde te stellen. Voorzichtig begon ze: 'Anja, zeg het me als ik het verkeerd zie, maar soms denk ik dat je meer van Afrika houdt dan van Nederland. Ik bedoel, vanmiddag vertelde je me dat wij zoveel van de Afrikanen en hun cultuur kunnen leren en dat geloof ik ook wel, maar ik heb het gevoel dat het dieper gaat bij jou. Alsof je, wel, een liefdesrelatie met heel Afrika hebt.' Het gelaat van Anja klaarde op en ze glimlachte. Aangemoedigd ging Hanne verder: 'Wat is het dat jou zo aanspreekt hier? Vind je Nederland zo verschrikkelijk, is er iets dat je daar niet aanstaat?'

'Nee', schudde Anja lichtjes haar hoofd, 'het is niet vanwege mijn afkeer van Nederland dat ik zo van Afrika houd. Dat zou een erg negatieve basis zijn. Ik weet dat sommigen dat denken, Elisabeth bijvoorbeeld. Volgens mij strooit die allerlei verhalen rond over mijn haat voor mijn eigen land. Waar ze dat op baseert weet ik niet.'

'Omdat je nooit over je familie en je verleden in Nederland spreekt. Ze zegt dat je Nederland afwijst omdat je er een rot-ervaring gehad zou hebben.'

'Oh ... wat zegt ze dan?'

'Ach, ze verzint maar wat', draaide Hanne er verlegen om-heen. Anja drong echter aan, zodat Hanne verder ging: 'Ze denkt dat je wees bent en dat je in allerlei instellingen bent groot-gebracht en dat je daarom kwaad bent op de Nederlandse maat-schappij.' Ongemakkelijk wachtte ze Anja's reactie af. Deze bleef uiterst kalm.

'Dus omdat ik nooit over mijn familie praat, ben ik een wees. Ach wel, misschien heeft ze nog gelijk ook.' Verbaasd keek Hanne haar aan.

'Nee, ik ben geen wees en ik heb een prima familie. Ze snap-pen alleen niets van mijn verlangen om in Afrika te werken. En daarin voel ik me inderdaad weleens een wees. Grappig dat Eli dat zo stelt. Nee, mijn familie heeft het altijd afgekeurd dat ik hierheen wilde en dat heeft tot een uiterst gespannen verstandhouding geleid. Daar praat ik met anderen niet over. Maar het is dus anders dan Elisabeth denkt. Mijn interesse voor Afrika kwam eerst, en daardoor mijn slechte relatie met mijn familie. En Nederland is gewoon niet belangrijk voor mij. Ik heb altijd al naar Afrika gewild.'

'Waarom?'

'Het is irrationeel. Het is niet te verklaren. Ik kan je vertellen wat mij in Afrika, in het leven hier aanspreekt, maar verklaart dat de liefde die ik voel? De redenen die ik aan kan dragen klinken zwak vergeleken met mijn gevoel.'

'Maar wat spreekt je zo in het bijzonder aan?'

Anja sprak voorzichtig, zichzelf beschermend: 'Belangrijk is denk ik, dat er hier een gemeenschappelijke levensenergie is waar-door men gedragen wordt. Een soort universele levenslust die con-stant vloeit. Die energie stroomt hier vrijelijk, het vibreert, het leeft.

Het mooiste vind ik om naar het ritmische geluid van de stampende vrouwen te luisteren. Dat is het hart van Afrika dat klopt. Het is het geluid van de levensaders en je voelt hoe het leven erdoorheen stroomt. De Afrikanen staan in verbinding met de oerkracht van het leven en ik voel me daarmee verbonden als ik hier ben. Hier maak ik deel uit van die oerenergie, het stroomt door m'n lichaam, het tintelt, het maakt me levend.' Ze sprak nu met volle overgave en haar ogen glinsterden. 'Ik weet niet of je me kunt volgen, maar het is net alsof ik dit wist toen ik nog in Nederland was. Er ging een enorme aantrekkingskracht uit van dit enorme continent en ik moest ernaartoe. Ik wist niet precies wat ik me erbij moest voorstellen, alleen dat ik er iets belangrijks van verwachtte. En dat klopt. Hier ben ik meer levend, voel me deel van een universeel gebeuren, ervaar een levensenergie zoals ik vroeger nog nooit ervaren heb.'

Verbijsterd luisterde Hanne naar de enthousiaste Anja die een metamorfose had ondergaan. Een uur geleden sprak ze over de duistere koude van haar eenzame put en nu wijdde ze uit over een soort allesomvattende stuwkracht. Hanne legde dit aan haar vriendin voor.

'Dat moet inderdaad tegenstrijdig klinken... Toch is het zo. Beide gevoelens zijn waar. Wat ik jou nu over Afrika vertel, ervaar ik nog steeds zo. Maar tegelijkertijd weet ik niet hoe ik mijn persoonlijke situatie moet oplossen. Soms lijkt het of die twee dingen los van elkaar staan. Iets in mij blijft deel van die algemene, gemeenschappelijke kracht terwijl de rest in die put gevangen zit. Hanne, ik snap het zelf niet!' Haar stem klonk nu weer vertwijfeld. 'Ik begrijp ook niet waarom deze affaire met Soley en Safi mij zo naar beneden trekt. Want zo voelt het. Het is net alsof er een vage kracht aan me zuigt. Ik vecht ertegen, echt, maar het lijkt soms sterker dan mijn eigen kracht. Weet je, ik ben ervan overtuigd dat mijn houding voor Afrika gezond is, dat is het, ik weet hoe het in elkaar zit, waar ik mee bezig ben, en toch gebeurt er dit. Het lijkt buiten mij om te gebeuren Hanne! Ik ben er bang voor!'

Alle warmte en enthousiasme waren uit haar verdwenen. Zenuwachtig wrong ze haar handen. Ze leek een ander persoon, onzeker, een bange, bibberende prooi. Hanne schrok hiervan en pakte snel haar trillende handen.

'Anja! Jij bent sterker dan wie of wat dan ook! Je hebt een stevige basis om op terug te vallen, niemand kan je die afnemen! Ik weet zeker dat je dat gevoel, die kracht kunt bevechten.' De poging haar vriendin te kalmeren had weinig effect. 'Is er niemand die je kan helpen?' vroeg Hanne zich hardop af. Anne schudde ontkennend.

'Is het dan niet beter een tijdje weg te gaan? Misschien als je er even afstand van neemt, dat het dan beter gaat.'

'Die kracht is overal. Ik ben op vakantie naar Nederland geweest. Dat was vreselijk. Ik voelde me volkomen verloren. Hier ben ik meer thuis. En hier heb ik Soley. Ik zal het moeten uitvechten. Ik weet alleen niet waartoe het zal leiden...'

'Wat zegt Soley ervan?'

Hij is net zo bang als ik. Hij brengt nu offers, bidt in de moskee, probeert van alles. Hij vindt 't vreselijk voor me. Maar z'n angst erin meegezogen te worden, weerhoudt hem ervan zich volledig voor mij open te stellen. Hij houdt het een beetje af. Begrijpelijk, wie wil er nu bij sorcellerie betrokken worden. Het is uitzichtloos, ik vrees het ergste...'

'Kom Anja, alsjeblieft, zo moet je niet denken', smeekte Hanne ontsteld. 'Dit gaat vast voorbij, je hebt het moeilijk, je ziet het donker in, maar dat gaat vast wel weer over. Echt, denk toch niet aan die toverij...'

Op dat moment hoorden ze het ijzeren hekje van de cour opengaan en klonken er voetstappen. In het oranje schemerlicht van de olielamp zagen ze Soleymane naderen. Hanne liet Anja's handen los, waarna die vlug opstond om haar vriend te begroeten. Beleefd groette hij de gast van zijn vriendin en ging in Anja's stoel zitten. De sfeer was gespannen en het gesprek dat door de komst van Soley afgebroken was, hing als een zware nevel over hen heen.

De Malinees informeerde naar Béléko, waarop Hanne hem gepast probeerde te antwoorden. Geen van drieën hadden ze hun aandacht bij de conversatie die met geforceerde beleefdheid gevoerd werd. Al snel besloot Hanne naar bed te gaan. Ze liet Soley en Anja achter op de veranda; pas na lange tijd viel ze in slaap.

Langzaam maakte Hanne zich los uit een beeldloze droomwereld door het gehuil dat vanuit de kamer ernaast kwam. Het gedempte gesnik werd vergezeld door fluisterende, maar verhitte stemmen. Plotseling klonk de zware stem van Soley hard en dreigend. Hanne luisterde nu gespannen met wijdopen ogen. Anja smeekte iets, waarna haar stem licht beschuldigend klonk. Soley reageerde hierop nog kwader en Hanne hoorde hoe hij het huis uit ging, het hek kwaad achter zich dichtslaand. Anja huilde gesmoord. Hanne twijfelde of ze op zou staan om naar haar vriendin te gaan. Stel dat Soley terugkwam en haar in de slaapkamer aantrof, zou hij dat niet vreemd vinden? Of misschien wilde Anja alleen zijn, ze hadden die dag al zoveel gepraat. De geluiden in de andere kamer ebden weg, en voordat Hanne iets besloten had, werd ze weer door slaap overmand.

Aan het ontbijt was Anja zwijgzaam en in zichzelf teruggetrokken; het was duidelijk dat ze niet over het gebeuren van die nacht wilde praten. Hanne vroeg zich verontrust af of ze Anja wel zo achter kon laten en of ze haar vertrek naar Béléko, dat voor die ochtend gepland was, niet beter uit kon stellen. Als de ruzie van de afgelopen nacht duidde op een breuk tussen Anja en haar vriend, had ze dan nog iemand om op terug te vallen? Zou ze hier in haar eentje niet te veel piekeren en zich door haar angstige gevoelens laten meeslepen?

Bedachtzaam dronk Hanne van haar koffie en overdacht hoe ze haar bedenkingen ter sprake kon brengen. Anja was haar voor: 'Hugo zal wel blij zijn dat je terugkomt. Hij vindt het vast stil zo alleen in Béléko.' Hanne bracht naar voren dat dat voor Anja toch ook moest gelden, alleen in Massigui, en sprak haar bezorgdheid uit. Anja echter wuifde ieder bezwaar weg. Ze wilde hier blijven, dat was het beste voor haar. Hier hoorde ze thuis.

'Hanne, ik zie wel wat er komen gaat. Het is wel goed. Ik vertrouw erop dat het goed is. Niemand kan mij hiermee helpen', zei ze gelaten, Hanne strak aankijkend. 'Bedankt voor je steun. Je bent een fijn mens.'

Innig namen de twee vriendinnen afscheid van elkaar. Ondanks haar angstige bezwaren Anja alleen achter te laten, was Hanne blij zich aan de geladen sfeer te kunnen onttrekken. De hele terugreis was ze met haar gedachten bij haar vriendin en ook thuis in Béléko bleef ze met huiverende bezorgdheid aan Anja denken.

Ze kon de lugubere opmerking van haar vriendin dat er duistere krachten werkzaam waren, niet van zich afzetten. Hugo luisterde geduldig naar haar verhalen over haar bezoek aan Massigui en probeerde haar gerust te stellen. Hij stelde voor dat Anja er een tijdje tussenuit zou gaan; haar problemen ondermijnden haar lichamelijke en mentale gezondheid en ze moest ervan weg. Anja had echter beweerd dat dit niet hielp en Hanne bleef verontrust nadenken wat ze voor haar vriendin kon doen.

Twee weken later kwam geheel onverwacht Stefan op bezoek. Verrast ontvingen Hugo en Hanne hun bezoeker en ze installeerden zich op de veranda. Hij leek zenuwachtig en na een poosje, waarin ze voornamelijk over het werk gesproken hadden, vertelde Stefan de reden van zijn bezoek. Het ging over Anja. Ze moesten niet schrikken. Twee dagen geleden had Anja op weg naar Bamako een auto-ongeval gehad. Dodelijk. Waarschijnlijk was ze de macht over het stuur verloren. Ze was over de kop geslagen en had daarbij haar nek gebroken. Ze was ter plekke overleden.

XIV   ANJA'S GEEST

Over het droge, stoffige land kwam het schelle gekrijs van enkele Senegalese papegaaien aangewaaid. Een lange, slungelige jongen liep loom achter een paar grazende geiten aan en zwaaide achteloos met zijn stok. Traag ging hij opzij voor een luid knetterend brommertje dat in een lichte stofwolk uit het oog verdween. Het krakende motorgeluid stierf langzaam weg – wat bleef waren de gedempte achtergrondgeluiden van een luierende natuur en een gemeenschap die rustte. Het was drie uur in de middag en het zou nog even duren voordat mensen en dieren zich onder de brandende zon zouden begeven.

Hugo zat op een krukje tegen de muur van zijn huis, beschermd door de dichte schaduw van de néré. Hij staarde over het lege, in de hitte zinderende Sahel-landschap en verwonderde zich erover dat dit dorre uitgestorven land ruim een half jaar geleden in een periode van vochtige, uitbundige vruchtbaarheid er zo levend uitgezien had. Over enkele weken zouden ze dat wonderbaarlijke proces weer meemaken; eerst echter wachtte hen nog meer dan een maand van intense hitte waarin de natuur – zo mogelijk – nog meer zou afsterven. De zeboes vermagerden en zwakke, zieke schapen crepeerden in het helse vuur van de zon. Putten stonden leeg en rivieren trokken zich vermoeid terug in overgave aan de allesverslindende droogte. Zwaluwen trokken naar het koelere noorden en termieten begroeven zich schuilend in de donkere aarde. Eenieder hield zich gedeisd. Men wachtte en probeerde te overleven.

Behalve Anja! Ze wilde gewoon dood! Een prima oplossing voor haar dramatische conflict. De martelares van Afrika, dacht Hugo bitter. Hij was kwaad op haar. Vanaf het moment dat Stefan vertelde dat Anja dodelijk verongelukt was en Hanne in onbedaarlijk snikken was uitgebarsten, had hij de Nederlandse uit Massigui een neurotische zelfdestructie verweten. Zorgvuldig had ze het decor opgebouwd voor de 'final act' waarin ze de spelers zelf had uitgekozen. Hij nam het haar onvergeeflijk kwalijk dat ze Hanne in haar melodrama betrokken had. Waarom had Anja anderen niet met rust kunnen laten? Altijd gaf ze af op Nederlanders die anders dachten dan zij. Zij alleen wist zogenaamd hoe je met Afrikanen om moest gaan! Zij alleen wist wat er in het geheimzinnige hart van de Afrikanen leefde! Zij alleen had de juiste opstelling ten aanzien van dit conflict. Wel, kijk waartoe het had geleid... Ze was betrokken geraakt bij een derderangs theaterstuk waarin ze kwam te sterven door de liefde van een man. Ze noemde het hekserij, maar ze bedoelde drama. En ze had het script zelf geschreven!

Met een verbeten gezicht staarde Hugo voor zich uit, zijn mond stond strak en op zijn voorhoofd lag een diepe frons. Vermoeid dacht hij terug aan het moment dat Stefan hen van het ongeluk vertelde. Ook hij had geschokt gereageerd op het nieuws dat Anja overleden was. Verbijsterd had hij de zenuwachtige Stefan aangestaard, totdat het wanhopige gesnik van Hanne tot hem doordrong. Troostend had hij zijn vriendin in zijn armen genomen en zijn verwarring maakte plaats voor pijn om haar verdriet. Stefan had nerveus op zijn stoel zitten draaien en Hugo gaf hem met een enkel woord te kennen dat hij hen beter even alleen kon laten. Hanne was buiten zichzelf. Ze schreeuwde dat ze gelijk had gehad. Anja was in gevaar geweest en zij had haar in de steek gelaten. Anja had het voelen aankomen en niemand had iets gedaan. En nu was het te laat. Anja was dood. Een hevige kramp doortrok het lichaam van Hanne en ze kromp ineen. Ze snakte naar adem. Hugo trok haar snel omhoog en ondersteunde haar, terwijl hij haar smeekte rustig te worden. Zachtjes wiegde hij haar heen en weer, haar hete tranen in zijn nek voelend. Zo bleven ze staan totdat Hanne kalmeerde, waarop hij haar voorzichtig in een stoel liet zakken. Zachtjes huilend had ze geluisterd naar het verhaal van Stefan, die terug naar de veranda was gekomen waar ze gezeten waren.

Niemand wist waarom Anja naar Bamako was gereisd; zelfs Soleymane was niet op de hoogte geweest van haar plannen. Het ongeluk was laat in de middag gebeurd. Voorbijgangers hadden de politie gewaarschuwd en haar lichaam naar het ziekenhuis Gabriel Touré gebracht. De politie was naar de Nederlandse ambassade gegaan, die NO gewaarschuwd had. Stefan had samen met iemand van de ambassade alle juridische aspecten afgehandeld – in overleg met de familie. Die was zo snel mogelijk ingelicht en zij vroegen NO om Anja's lichaam naar Nederland te sturen. Niemand kwam over naar Mali om haar naar haar geboorteland te begeleiden. Gesmoord had Hanne aan Stefan gevraagd of ze al weg was. Hij schudde van nee, over drie dagen zou ze weggaan – het was een omslachtige procedure om een lijk vervoerd te krijgen.

Hugo's vriendin had erop gestaan naar Bamako te gaan. Ze wilde de plaats van het ongeluk zien, én Anja! Ze zei dat ze haar moest zien, gedag zeggen, vergiffenis vragen. Hugo kon de radeloos verdrietige Hanne ervan overtuigen dat ze beter tot de volgende dag konden wachten in plaats van overhaast naar Bamako te vertrekken. De hele avond tot diep in de nacht bleef Hanne zich met zelfverwijten beschuldigen. Ze kon niet slapen zei ze, niet nu Anja in dat kille, weerzinwekkende mortuarium lag van dat afschuwelijke staatsziekenhuis. Ze had haar vriendin in de steek gelaten en nu was ze dood. Vastgeklemd aan Hugo viel ze uiteindelijk tegen de ochtend uitgeput in slaap.

De volgende morgen waren ze op weg gegaan naar de hoofdstad. In een diep zwijgen verzonken zat Hanne bewegingloos naast Hugo, die bezorgd op haar insprak. Het was toch niet haar schuld dat Anja was overleden ... had ze niet voorgesteld dat Anja uit Massigui weg zou gaan?! Had ze haar zelfs niet uitgenodigd om naar Béléko te komen?! Het was Anja zelf geweest die besloten had haar problemen alleen op te lossen, niemand kon haar daarbij blijkbaar helpen. Het was haar eigen beslissing geweest om alleen in Massigui te blijven en om naar Bamako te rijden. Hanne had dat niet kunnen verhelpen, echt, ze moest zichzelf niets verwijten.

Zijn vriendin reageerde niet en staarde met een naar binnen gerichte blik naar het asfalt voor haar. Hugo praatte door, hij wilde haar bereiken. Het was een auto-ongeluk geweest, dat kon iedereen overkomen. Hoe afschuwelijk het ook was, daar was verder niets buitengewoons of mysterieus aan. Dus waarom zou Hanne zich daar schuldig om voelen? Waarschijnlijk had Anja iets willen pakken, een snoepje of zo, en was toen van de weg geraakt. Of misschien was ze uitgeweken voor een hond of een schaap, dat kwam tenslotte vaak voor. Die beesten op de weg waren levensgevaarlijk, hoe vaak hadden ze dat al niet tegen elkaar gezegd?

'Anja was een uitstekende chauffeuse', had Hanne vlak opgemerkt. Hugo slaakte een zucht en probeerde haar er opnieuw van te overtuigen dat een verkeersongeluk iedereen kon overkomen. De weg was nu eenmaal levensgevaarlijk, dat was algemeen bekend. Ze was tenslotte niet de eerste, en zeker weten ook niet de laatste blanke die door een auto-ongeluk om het leven zou komen.

Op dat moment sloeg Hanne een verschrikte kreet. Ze waren even voorbij Markacoungo en in de verte lag de rode Suzuki ondersteboven in de greppel langs de weg. Stefan had gezegd dat de auto van de politie moest blijven liggen totdat er een proces-verbaal was opgesteld. Hugo bracht behoedzaam hun eigen Daihatsu tot stilstand en liep vlug om de auto heen om zijn vriendin ondersteunend bij de hand te nemen. De kleine pick-up die als een vermorzelde kever op zijn rug lag, bood een armzalige aanblik. De ruiten lagen fijnversplinterd rond het voertuig en de cabine was volledig ingedeukt. De rechtervoorband was kapotgereden en het wiel scherp verbogen. Het trotse geschenk van Soley aan Anja was veranderd in een waardeloze hoop schroot.

Diep onder de indruk waren ze de laatste veertig kilometer naar de hoofdstad gereden, waarbij Hanne troost zoekend haar hand op Hugo's been had gelegd.

De paar dagen dat ze in Bamako tevergeefs geprobeerd hadden om in het mistroostige Gabriel Touré ziekenhuis Anja's lichaam te mogen zien, waren achteraf niet de ergste gebleken, bedacht Hugo verdrietig. De stille en teruggetrokken Hanne had zich aan hem vastgeklemd en beschermend was hij constant bij haar gebleven. Terug in Béléko echter veranderde dat. Hanne had hem bedankt dat hij met haar meegekomen was om van Anja afscheid te nemen en leek zich te ontdoen van de spanning van de laatste dagen. Terwijl ze rustiger en evenwichtiger werd, onttrok ze zich van zijn steun. Alsof ze zich ingekapseld had in een onzichtbare cocon, leefde ze teruggetrokken in zichzelf.

Ze betreurde het, zo zei ze op een gegeven moment, dat de familie van Anja beslist had om haar naar Nederland over te brengen. Ze was ervan overtuigd dat Anja in Massigui begraven had willen worden.

'Een leeg omhulsel halen ze naar zich toe', had ze schamper opgemerkt, waarop Hugo verbaasd vroeg of niet alle lijken lege omhulsels waren.

'De geest van Anja vindt wel een plekje in de karitéboom naast het huis van Soley. En daar heeft haar familie geen greep op. Ze denken Anja terug te halen, maar ze vergissen zich. Anja blijft hier.'

'Stop, Hanne, alsjeblieft. Ga je nu niet te ver? Eerst komt Anja volgens jou om het leven door sorcellerie, terwijl het gewoon een auto-ongeluk is, en nu zeg je dat haar geest in een of andere boom in Massigui zweeft. Dat kun je toch niet menen...?' Hanne had niet gereageerd op zijn smekende verontwaardiging.

'Hanne, misschien dat de mensen hier zo denken, dat kan zijn, maar wij ... wij zijn Nederlanders! Wat voor zin heeft het om zo te denken. Dit meen je toch niet?'

Geschrokken had hij naar haar antwoord geluisterd. Ze scheen hem af te wijzen en zich verder van hem te verwijderen. Verachtend had ze hem toegeworpen dat hij de Afrikaanse werkelijkheid niet onder ogen wilde zien. Door zichzelf voor de gek te houden met een verkeersongeluk sloot hij zich af voor wat hier werkelijk gebeurde! En verder, hadden de blanken soms het alleenrecht op het hiernamaals? Waarom golden hun ideeën daarover voor hem als waarheid, en niet die van de Afrikanen? Als ze hier in hun land, dat van de Bambara, waren dan golden hun wetten. Zelfs als dat inhield dat de geesten vanuit hun zetels in de bomen meeregeerden. Dat was voor hen de werkelijkheid en zo was het dus! En Anja had zich daarmee vereenzelvigd, haar geest zou zich hier thuisvoelen, bij de mensen van wie ze hield! Dat hij dat niet wilde inzien was zijn probleem, niet het hare... Zij stond open voor de belevingswereld van deze mensen en zag niet in waarom ze die zou afwijzen. Zij meenden niet de waarheid in pacht te hebben. En als hij dat wel had, dan was dat prima, maar hij kon haar niet dwingen wat ze wel en niet moest denken of geloven.

Hanne was opgestaan en weggegaan, het gesprek daarmee beëindigend. Verbijsterd was Hugo alleen achtergebleven. Ze had hem beschuldigd van kortzichtigheid en ongevoeligheid. Ongelooflijk. Verwachtte ze serieus dat hij de gedachtewereld van deze mensen, deze Afrikanen waarmee ze geen enkele overeenkomst hadden, als werkelijkheid en als dagelijkse realiteit zou gaan beschouwen? Onmogelijk. Natuurlijk, voor de Bambara golden hun ideeën over de macht van de voorouders, offers en dergelijke als waarheid. Logisch, dat was hun denkkader, hun beleving en daar hadden ze hun leven naar ingericht. Hij had absoluut geen probleem dat te accepteren, en hij had echt geen behoefte om als een fanatieke missionaris daar iets aan te veranderen. Integendeel, hun ideeën en gedachten fascineerden hem. Hij luisterde altijd met volle aandacht naar de verhalen van Jean Bomba of Karim Keita, of wie dan ook. Hij sloot zich daar absoluut niet voor af! Hoe kon Hanne hem daarvan beschuldigen?

Naar gelang de dagen verstreken, was hij zich geïrriteerd gaan afvragen wat Hanne van hem wilde. Wilde ze soms dat hij als een excentrieke fanatiekeling op zijn knieën onder de néré viel om Anja's geest in extase aan te roepen? Of wilde ze dat hij twee witte kippen en vijf witte kolanoten offerde aan onrustige voorouders in de caïlcédrat? Tijdens een gespannen moment had hij dat aan haar voorgelegd, waarop ze hem kwaad toeriep dat hij alles en iedereen belachelijk maakte met zijn sceptische ironie. Hij keerde zich af van wat hier gebeurde omdat hij bang was! Bang voor het geheimzinnige en het onverklaarbare!

'Zo onverklaarbaar zijn die geesten heus niet', gooide hij haar daarop voor de voeten. 'Ze slingeren als een stelletje apen door de bomen en soms pesten ze iemand op de grond. Ik zie daar het geheimzinnige niet van in! Nee ... weet je wat er met jou aan de hand is ... jij hebt je laten opzwepen door Anja, en nu ze dood is en jij je schuldig voelt, ben je het een en ander aan het verdraaien. Jij denkt je bij Anja te kunnen verontschuldigen door haar als geest een ereplaatsje onder de Bambara te geven. Jij gebruikt hun denkwereld alleen maar zoals het jou het beste uitkomt. Anja meende dat haar heil bij deze mensen lag en dus geef jij haar dat heil door haar een levende voorouder te maken. Wel Hanne, jij mag me kortzichtig of weet ik wat vinden naar deze Afrikanen toe, maar jij bent nogal kortzichtig naar jezelf toe! Anja spookt in je hoofd, dat is de waarheid! Al dit onzinnig gedoe, het slaat echt nergens op.'

Hun ruzie was overgegaan in een kille sfeer, waarin ze allebei stilzwijgend aan hun standpunt vasthielden.

Aan deze koele afstandelijkheid was een einde gekomen omdat Hanne ziek werd. In de loop van de ochtend klaagde ze over vermoeide, zware benen en ze was lusteloos. Een paar uur later begon ze ondanks dat het tegen de veertig graden was, plotseling te rillen van de kou en kroop klappertandend in bed. Hugo had naarstig alle dekens opgezocht die ze in huis hadden en improviseerde een hete kruik voor haar ijzige voeten. Niet lang daarna begon ze te gloeien en lag ze met een roodverhit hoofd koortsig te woelen. Chislaine was gekomen en constateerde malaria. Ze begon de behandeling met Nivaquine, maar moest op sterkere medicijnen overgaan omdat Hanne er niet op reageerde. Ondertussen had ze diarree gekregen en steeds opnieuw strompelde ze gehaast naar het toilet waar met pijnlijke krampen alle kracht uit haar lichaam wegstroomde. Uitgeput lag ze in bed met een vreemd suizend onderwatergevoel, zich niet langer bewust van de wereld om haar heen. Op aandringen van Chislaine dwong Hugo bezorgd

174

zijn vriendin tot drinken. Hanne klaagde dat alles een weerzinwekkende, metalige smaak had. 's Nacht was ze erg onrustig en
beleefde angstaanjagende nachtmerries. Ze verloor gewicht en
haar gezicht werd bleek en ingevallen. Haar ogen lagen diep in hun
kassen, omgeven door donkere, blauwgrijze kringen. Hugo liep
rusteloos door het huis of zat lijdzaam naast haar bed. Het was de
eerste keer dat hij zijn vriendin ernstig ziek had gezien en het beangstigde hem zoals ze mager, volledig verzwakt en uiterst kwetsbaar in bed lag. Soms keek ze met wazige ogen naar hem op en
glimlachte hem toe alsof ze zichzelf verontschuldigde en hem moed
toewenste. De meeste tijd echter was ze koortsig en te moe om
met hem te praten; hij had zich erg eenzaam gevoeld.

Hugo zat met zijn hoofd in zijn handen en staarde naar het
grijsgele zand voor zijn voeten; een zachte, warme wind waaide
door zijn haar. Hij kwam overeind en leunde tegen de muur. De
jongen met de geiten was verdwenen en de wereld om hem heen
leek uitgestorven. Alleen de ruisende néré en een enkele vogel
gaven een teken van leven.

Na vier dagen was de koorts gezakt en vroeg Hanne in de
middag iets te eten. Haar ogen stonden helderder en ze werd
spraakzamer. Opgelucht had Hugo alles klaargemaakt waar ze trek
in had en ontving vrolijk de stroom bezoekers die Hanne beter-
schap kwam wensen. Zodra bekend was geworden dat Hanne ziek
was, kwamen velen naar haar toe. Hugo had ze echter beleefd
bedankt en liet alleen Alima tot haar kamer toe. Zij kwam iedere
dag even langs en bracht fruit of dègé, een lekkere maïspap, mee.
Jean kwam op een ochtend met eieren die hij met veel moeite van
een handelaar uit Dioila had weten te kopen. Béléko leefde oprecht
mee met de Nederlanders.

Eenmaal wat opgeknapt installeerde Hugo zijn vriendin op de
veranda, waar ze iedereen die op bezoek kwam kon begroeten en
waar hij een klein ventilatortje plaatste ter verkoeling. Geen van
beiden kwam terug op de ruzies van voor haar ziekte en tussen hen
was een tedere dankbaarheid dat Hanne weer aan het opknappen

was. Hugo was blij dat Anja uit hun midden verdwenen leek en hoopte dat zijn vriendin zichzelf terug zou vinden.

Op een middag, ze zaten met hun drieën in de schaduw van de néré, vroeg Jean of er in Massigui een andere Nederlander zou komen. Hanne had gezwegen en Hugo antwoordde hem dat het nog niet bekend was wat er ging gebeuren. Daarop ging Jean verder over het ongeluk en vroeg of zij ooit gehoord hadden wat nu precies de oorzaak was geweest. Kalm zei Hanne dat die kleine details er niet toe deden. Anja was dood en niets kon dat veranderen. Ze zag niet in waarom ze meer over het ongeluk zouden willen weten; Anja moest verdwijnen en dit was wat er gebeurde. De Bambara-jager had haar daarop belangstellend aangekeken. Hij had gehoord dat de blanke vrouw van Massigui bij een sorcellerie-affaire betrokken was. Hugo merkte geïrriteerd op dat er geen enkel bewijs was dat het auto-ongeluk daarmee in verband stond. Iedereen kon een ongeluk krijgen. Jean ging met zijn botte directheid, die hem vaak kwalijk genomen werd, voorbij aan de spanning die tussen Hanne en Hugo ontstaan was en vroeg wat er zich in Massigui afgespeeld had. Ontstemd had Hugo naar Hanne's interpretatie van de gebeurtenissen geluisterd en was verbaasd over het achteloze antwoord van zijn kameraad.

'Een man krijgt altijd problemen als hij meerdere vrouwen heeft', zei hij alwetend.

'Een man!' had Hanne kwaad geroepen, 'de man heeft geen problemen ... Anja is dood, niet Soley!' De Malinese jager keek haar onbegrijpend aan. Had ze zelf niet gezegd dat de problemen ontstaan waren door de jaloezie tussen Safiatou en Anja? Dan lag daar toch de oorzaak, meerdere vrouwen in een huis gaf altijd vervelende ontwikkelingen. De blanken mochten een hoop ellende veroorzaakt hebben in zijn land, ze hadden het wel bij het rechte eind toen ze verkondigden dat een man maar één vrouw kon hebben. Hij mocht dan niet meer in de kerk komen, aan die leerstelling hield hij zich tenminste wel. Zelfs al zou hij rijker zijn, dan nog zou hij geen tweede vrouw nemen, knipoogde hij naar Hugo. Hanne's ogen schoten vuur. Zodra hun gast het hek uit was, riep ze dat deze bullebak Anja's sterven reduceerde tot een vervelend incident voor een man. Alsof Soley het slachtoffer was en niet Anja! Alsof alleen de man telde. Hugo, wrevelig door haar kwade verontwaardiging merkte ongeduldig op dat hun vriend Jean alleen maar een algemene Afrikaanse opvatting had verwoord. Polygamie was blijkbaar een bron van zorgen voor de Malinese mannen, daarbij speelden vrouwen in de Bambara-cultuur nu eenmaal een ondergeschikte rol en dus was het logisch dat voor Jean de man centraal stond. Opstandig had Hanne uitgeroepen dat ze zich als vrouw aangevallen voelde door Jean's woorden. Vrouwen golden alleen als aanhangsels van mannen. Ze werden gereduceerd tot dingen – en bovendien dingen die alleen maar problemen gaven.

'Dus je identificeert je nu ook al met de Bambara-vrouwen?' had Hugo haar kalm gevraagd. 'Wel, als je dat werkelijk zou doen, zou je aanvaarden dat mannen het voor het zeggen hebben. Je zou niet beter weten dan dat jouw plaats thuis is met de kinderen en dat je echtgenoot het recht heeft op meerdere vrouwen. Je zou daar trots op moeten zijn, het geeft je aanzien.'

Hij begreep haar inconsequente houding niet. Haar houding was tweeslachtig; ze was kwaad omdat Jean Anja als vrouw tekort had gedaan en voelde zich daar persoonlijk over aangesproken. Dat was echter een reactie vanuit een westerse gedachte. Natuurlijk accepteerde zijn vriendin het niet, bezit te zijn van een man – prima, logisch! Maar Afrikanen bekeken die dingen anders en als Hanne de Bambara-cultuur als een nieuwe waarheid of wat dan ook wilde beschouwen, dan moest ze de ondergeschikte rol van de vrouw ook accepteren.

'Voor zover ik begrepen heb, deed Anja dat tenminste wel. Zij ging zover zich te verlagen derde vrouw van Sogoba te worden.'

'Anja verlaagde zich niet', was Hanne opgevlogen, 'ze wilde Aïssa en Safi ontzien en wilde niet dat hij ging scheiden'.

'Oké, verlagen is misschien niet het goede woord. Maar wie zegt, Hanne, dat Soley ooit van plan was twee vrouwen weg te sturen om met haar te kunnen trouwen? Misschien moest ze gewoon accepteren dat ze nummer drie in de rij was.'

Bedroefd herinnerde Hugo zich dat die opmerking tot een vreselijke woedeuitbarsting van Hanne had geleid. Het leek wel of er iedere keer als ze probeerden te communiceren een knetterende kortsluiting tussen hen ontstond. Ze zaten niet meer op dezelfde golflengte, spraken een andere taal. Er waren nog maar weinig momenten dat ze zich als twee geliefden tot elkaar aangetrokken voelden. Nu reageerden ze op elkaar als twee magneten met gelijke polen en moesten ze een hevige weerstand overwinnen om elkaar te bereiken. Toch wilde hij haar niet opgeven – hij hield van haar. De situatie echter dreef hen uit elkaar; ze hadden niet dezelfde kijk op de gang van zaken. Hanne was ontdaan door het overlijden van Anja. Hij moest geduld opbrengen, het was een kwestie van tijd voordat zijn vriendin weer zichzelf zou zijn. Hij moest haar de ruimte geven om de dingen op haar manier te verwerken – ook al vroeg dat veel geduld want haar reacties waren niet altijd even logisch. Soms begreep hij haar gewoon niet. Het was best benijdenswaardig dat ze zich altijd zo open stelde voor anderen, maar ging ze nu niet te ver? Anja had een grote invloed op haar gehad. En nu nog! Zelfs na haar dood leek die vreemde vrouw uit Massigui Hanne te beïnvloeden. Alsof ze in haar ban was. Vreemd dat zijn anders toch vrij nuchtere vriendin zich nu zo liet gaan. Deze kant van haar kende hij helemaal niet. Normaal liet ze zich niet zo gemakkelijk met van alles meeslepen, hij had haar altijd nogal standvastig gevonden. Het beste was om er rustig op te reageren. Geduld opbrengen. Hoewel dat gemakkelijker zou zijn als ze niet zoveel ruzies hadden. Het bracht hem van zijn stuk. Hoe lang had hij bijvoorbeeld al niet getekend? Vandaag kwam hij ook al nergens aan toe. Hanne was met haar collega Petit naar een dorp en zou pas in de loop van de middag terugkomen. Voorheen had hij altijd genoeg om handen gehad, maar de laatste tijd, na het ongeluk van Anja, had hij niet veel meer gedaan. Het beste was te proberen die ruzies een beetje van hem af te zetten en weer te gaan schilderen. Of misschien zou hij eerst bij Jean op bezoek kunnen gaan. Een praatje zou hem goed doen. Alleen thuis zitten mokken had ook geen zin – daar schoot niemand wat mee op.

Hugo sloeg zich vermanend op de knieën en kwam traag omhoog van zijn lage kruk. Aarzelend durfden ook de Béléko-bewoners de beschuttende schaduw te verlaten en zich te begeven in de afnemende hitte van de witte vuurbal die aan haar dagelijkse aftocht begonnen was. De buurman kwam vanachter de lemen muur rond zijn cour vandaan en begroette Hugo met een kort 'i ni tile'. Beleefdheidshalve groette de Nederlander terug, pakte zijn stoeltje op en besloot om naar Jean en Pauline in Flala te fietsen.

XV   BEZOEK

'I ni wula.'
    'Ah, Hugo. Don, don! I ni wula. Wacht, ik pak even een stoel. Zo, ga zitten. Jean is er.'
    'Jean visite, Hugo! Hij komt eraan.' Gelukkig dat Jean thuis is. Gezellig dat hij weer eens langskomt, Jean stelt zijn bezoek altijd erg op prijs. Zo, nog even een tweede stoel pakken. En wat water. Dat drinkt-ie nu toch wel. In het begin kon je merken dat hij er moeite mee had. En hij spreekt nu ook wel aardig wat Bambara. Het begroeten gaat hem nu vloeiend af. Leuk hoor, dat-ie zo maar even komt.
    'Alsjeblieft, water. Goedemiddag. Hoe gaat het? Alles goed, ook met je vrouw en je familie? Dus je bent op bezoek gekomen. Leuk.' Hé, het lijkt wel of hij er gespannen uitziet. Hij zit zo kramp-achtig. Zou hij moe zijn van het fietsen hiernaartoe? Het is ook wel erg warm, hij is helemaal bezweet.
    'Ik heb al een stoel voor je neergezet, Jean.'
    'Goedemiddag. Zo, kom je eens kijken hoe het met de arme lui van Flala gaat? Je ziet er moe uit. Terwijl het met die nieuwe fiets van jou toch maar een fluitje van een cent is. Heb je die fiets al eens gezien, Pauline? Alles zit erop en eraan. Spiksplinternieuw uit Bamako. Een echte tubabufiets!'
    'Ik heb hem al ruim een half jaar.'
    'Wat is een half jaar, jongeman. Kan een man op zijn sterfbed zich nog ieder halfjaar herinneren? Een zuchtje, meer niet. Hoe is het ermee, met je vrouw ook alles goed?'
    'Hèré bé. En met jouw familie?'
    'Hèré. Het gaat goed met Pauline. Sinds ze terug is uit Dioila heeft ze geen klachten meer gehad. Ze eet ook goed. Zo goed dat de schuur al weer bijna leeg is... Is Hanne niet meegekomen? Is ze thuis?'
    'Ze is met Petit naar Dandougou. Er waren problemen met de bouw van een gezondheidspost.'

181

'Petit? Is dat Bakary, de chef de poste? Noemen jullie die zo, wat een bak! Hoor je dat Pauline? Ze werkt hard, die vrouw van jou. Belangrijk hoor, een goede vrouw.'

'Ja, al vraag je je soms af wat een goede vrouw is.'

'Wat? Ach ja, zo gaat dat. Maar als ze goed werken, dat is veel waard.'

'Ja, dat wel. Maar Hanne, wel, na dat ongeluk van die Nederlandse uit Massigui is ze ... wel...'

'Dat was een vreemde gebeurtenis. Sommigen zeggen dat ze vergiftigd is. Maar dat is onmogelijk. Wie haalt het nu in zijn hoofd om een blanke te vergiftigen?! Iedereen weet dat daar heibel van komt! Sorcellerie misschien, dat lijkt me meer...'

'Het was een verkeersongeval! Maar Hanne is er erg mee bezig.'

'Vrouw, breng eens wat pinda's. Dit zijn zowat de laatste. Toch hadden we een behoorlijke oogst. Beter dan de gierst in elk geval. Dat was niet veel goeds. En nu zijn ze onlangs van de katoenorganisatie geweest. Ze willen mijn ossen terug! Ik heb te weinig van mijn krediet terug kunnen betalen. Het is pure afzetterij! Eerst praten ze je om, zodat je katoen gaat verbouwen, en dus koop je twee stieren op afbetaling, zaad, kunstmest en alles, en daarna zeggen ze gerust dat je te weinig afbetaald hebt en moet je verdomme die beesten teruggeven. En dat krediet blijft! Dat moet ik nog afbetalen. Maar waarmee? Ik heb niets om m'n land te bewerken! Heb je geen gepelde pinda's meer?'

'Nee. Die zijn op. Gisteren heb ik daar pindasaus van gemaakt. Nog even en dan kan dat ook niet meer. Tot de volgende oogst. Het is waar wat Jean zegt. Die ossen hielpen hem goed bij het ploegen. En nu moeten we het weer zonder doen. Gelukkig dat ik dit jaar wel kan helpen. Al zal ik rond de oogsttijd behoorlijk zwaar zijn. Jean weet het nog niet. Het is nog zo vroeg, er kan nog van alles mis gaan. Twee maanden ben ik nu. Het is wel leuk om de nachten weer met hem door te brengen. Toen ik terugkwam uit het ziekenhuis was hij erg benieuwd hoe het met me ging. Ik wilde nog even wachten. Maar na een paar weken ging het wel weer. Hij was wel erg verrast toen ik zomaar zijn hut binnenkwam. Hij is erg lief. Eigenlijk jammer dat ik alweer zwanger ben. Dan is die intimiteit straks ook weer voorbij. Het is goed dat Thérèse lekker eet. In het ziekenhuis moest ik haar wel spenen. Dus dat heb ik er tenminste nu niet bij. Ze is al een flinke meid, straks begint ze aan haar tweede regenseizoen. Een vrolijk kind, heerlijk om Philip met haar te zien spelen. Als baby moest hij niets van haar hebben, maar nu ze met hem mee kan rennen en hij haar een beetje begrijpt, is ze wel een leuk speelkameraadje. Kan hij mooi op haar passen als ik naar het land ga straks, als de regens komen. Ik ben blij dat Victorine een goede man gevonden heeft. De bruidsschat helpt ons ook. Al vraag ik me eerlijk gezegd af of die arme knul dat ooit kan betalen. Die heeft toch ook niks. Jean wil daar niet van horen, zegt dat er voor zijn dochter betaald moet worden. We zullen haar wel missen op het land. Ze werkt altijd ontzettend hard. Een sterke meid. Maar misschien dat ze nog komt helpen zolang er niet betaald is. Jean gaat daar wel vanuit geloof ik. Jeannette vind het vreemd om in-eens de oudste te zijn. Ze is een beetje bazig tegen Paul en Philip. Dat die dat zomaar pikken, begrijp ik niet. Misschien dat ze zich samen wel sterk voelen.'

'Eén ding moet je begrijpen, Hugo, een vrouw heeft kinderen nodig. Vertel me niets. Als ze jong zijn zitten ze vol nukken, kijk naar Victorine. Maar hebben ze eenmaal een kind, dan worden ze rustiger.'

'Ja, dat is het vast, Jean.'

Hij ziet er bijna verslagen uit. Hij kijkt triest. Zou er iets aan de hand zijn? Het is waar dat ze al lang samen zijn. Zou ze geen kinde-ren kunnen krijgen? Maar waarom is hij daar dan nu zo stil onder? Je zou bijna zeggen dat hem iets dwarszit. En Jean is in een joviale bui. Alhoewel hij erg geschrokken is door die affaire met die ossen. Het is ook wel erg vervelend dat ons dat nu moet gebeuren. Had-den we eindelijk een kans om ons uit de ergste zorgen te werken, gebeurt er dit. En dan die zwangerschap. Maar ik ben tenminste wel weer gezond. Er is geen reden waarom het niet goed zou gaan... Daarmee hebben we toch wel geluk gehad. Hanne was ook zo blij toen ik uit Dioila terugkwam. Lieve meid. Altijd komt ze even langs, even vragen hoe het gaat. Terwijl ze toch druk aan het werk is. Men zegt dat het met die nieuwe verloskundige uit Kayes erg goed gaat. Jammer dat ze voor een bevalling zo veel vraagt. Dat kunnen wij nooit betalen. Maar ze schijnt beter te zijn dan die hulp-vroedvrouwen, Chaïtou en Hawa, en die vragen toch ook zo'n duizend francs. Toen Simone hier nog was, kostte een bevalling niet meer dan vijfhonderd francs. En daar had je dan je medicijnen en alles voor. Nu moet je al betalen voordat je binnen bent, dán voor de bevalling en dán nog eens een hoop medicijnen. Christine van Bougoucourella zei dat ze voor haar laatste bijna tienduizend francs kwijt was. Iedereen hoopte dat met de komst van een blanke dat weer zou veranderen. Maar het schijnt dat ze daar niets aan kan doen. Ze werkt niet voor de missie, zoals Simone of Chislaine. Heeft blijkbaar niet zoveel te zeggen over wat er zoal gebeurt. Ik kan begrijpen dat die werkers hun inkomen niet willen opgeven. Zou Hanne geen geld hebben zoals de missie? Ze vertelde me dat haar organisatie in Bamako zit. Toch zijn dat ook blanken, je zou zeggen dat die toch wel geld hebben. Bakary gaat ook maar gewoon door met zijn absurd hoge prijzen. Daar heeft Hanne geloof ik helemaal geen grip op. Petit noemen ze hem, kleintje. Mag Victorine wel niet horen, die was helemaal weg van hem. Maar hij keek niet eens naar haar om natuurlijk. Alleen de grietjes die deftig in de kleren steken krijgen zijn aandacht. Arme meid.

'Hoe ga je dat nu doen, nu je geen ossen hebt?'

Hij lijkt er niet echt bij met z'n gedachten. Ik vraag me af wat hem dwarszit. Wat voor zorgen zouden de blanken hebben? Op het land werken ze niet. Ze schijnen geld genoeg te hebben. Echt ziek zijn ze ook niet vaak, alhoewel, die arme Hanne had behoorlijk malaria. Ze is er nog mager van. Zou Hugo daarover inzitten? Zou ze niet geheel hersteld zijn? Jean zegt dat blanken nooit offeren. Ik weet wel dat de pater daar vaak tegen gepreekt heeft, maar ik kan het me eigenlijk niet goed voorstellen. Iedereen heeft toch voorouders? En ze moeten toch ook weleens bang zijn? Of zouden ze echt volledig op de mis vertrouwen? Maar Hanne en Hugo gaan daar nooit naartoe! Dus wat doen die dan? Ik was in ieder geval opgelucht dat Jean die kip heeft kunnen slachten in zijn ouderlijk huis toen ik in het ziekenhuis lag. Dat was zulk goed nieuws, dat gaf me tenminste een beetje moed. Karamogo is zo slecht nog niet, Jean is af en toe toch echt te eigenwijs. Het is mooi dat Hugo het zo goed met hem kan vinden. Die keer dat ze samen op jacht zijn geweest heeft een band geschapen. Jean kwam lachend thuis. Hij zei dat Hugo op nog geen tien meter een fazant had gemist en absoluut niet kon jagen. Die man van mij voelde zich heer en meester, dat kon je goed zien. Jammer dat er niet meer wild te schieten valt, dan hadden we wat vaker vlees in de pot. Vooral voor de kinderen zou dat lekker zijn. Wij gaan tenslotte nog weleens naar een doop of een trouwerij. Maar die kinderen grijpen er dan altijd naast. Jean slacht bijna nooit een van zijn parelhoenders. Die leggen eieren, zegt-ie dan. Kunnen we geld mee verdienen. Maar ze creperen meer dan dat ze eieren leggen. Dat gaat me dan wel aan het hart, als zo'n beestje dood op de grond ligt. Hadden wij mooi kunnen opeten, nu vreten de wormen ervan.

'Ik stap eens op. Hanne kan zo thuis komen.'

'Hé, je bent er net. Ik heb gisteren thee in huis gehaald, laten we dat drinken.'

'Nee, nee. Echt. Reuze bedankt, maar ik wil niet te lang van huis blijven. Echt, de thee is lekker, maar ik kan beter gaan. Nogmaals bedankt.'

Gaat hij alweer weg? Heb ik dat goed begrepen? Jean wil hem de weg nog niet geven.[1] Hij wil natuurlijk nog thee drinken met hem – die ene keer dat we het in huis hebben. Het is vervelend dat we hem nooit iets aan kunnen bieden. Het had leuk geweest als hij was blijven drinken. Maar ik kan beter maar opstaan en naar hen

---

[1] Zie verklarende woordenlijst

toe lopen. Jean kan zo aandringen. Gelukkig dat-ie nu wat Bambara spreekt.

'Dus Hugo, je gaat naar huis? Bedankt voor je bezoek.'

'Ja, ik kom alleen groeten. Die ossen, niet goed. Ik hoop dat er een oplossing komt.'

'Natuurlijk. Alles hangt van God af. We zien wel. Doe Hanne de groeten.'

Zo, het is tijd dat ik aan het avondeten begin. Jeannette is nog niet terug. Waar blijft ze toch, ze ging even haar haar laten vlechten zei ze. Die meiden zitten natuurlijk weer te kletsen en vergeten gewoon de tijd. Sinds ze niet meer naar school gaat zit ze vaak bij Kadi. Daar komen die twee andere grieten ook. Ach wel, ze zijn nog jong. Toch beginnen haar borsten ook al te welven. M'n meisjes worden groot. Ben benieuwd wat deze baby wordt. Maar dat is nog ver weg, m'n buik is nog gewoon plat. Maar als alles goed gaat zal ik met de eerste regens wel leven voelen. Ja, ja. Het is toch wel te hopen dat het goed gaat. Die twee miskramen na Jeannette, nee, dat was niet gemakkelijk. Zo'n nieuw leventje dat dan zomaar stopt en dan wegvloeit. Gelukkig dat Chislaine wel wil helpen dit keer. Ze zei me dat ik eens in de maand maar even langs moet komen. Maar de bevalling kan ze niet doen. Ach wel, dat is nog zo ver weg, moet ik me nu geen zorgen om maken. Oh, daar komt Paul terug van school. Hij ziet er vrolijk uit. Wat zou die nu weer uitgespookt hebben, die dondersteen? M'n oudste zoon! Nog even en hij kan met z'n vader op jacht! Wat zal Jean groos zijn! Hij heeft er lang genoeg op moeten wachten. De eerste drie waren allemaal meisjes, en toen nog die miskramen. Maar nu kan-ie er toch naar uit gaan kijken. Die Tiéfolo, eindelijk met z'n eigen zoon op jacht! Maar kom, zo wordt de gierst nooit gestampt, ik moet nu wel wat gaan doen.

XVI OVERDENKINGEN

Voor de kliniek van de missie stonden enkele mannen en vrouwen druk te overleggen hoe ze een zojuist zwaar gewonde jongen naar het ziekenhuis in Dioila konden vervoeren. Chislaine was in het kleine gebouw bezig met het verlenen van de eerste hulp. Adama, een jonge tiener uit Soba was door onbekende oorzaak voorover van de ossenwagen gevallen waarbij hij met zijn hoofd onder de hoeven van de zware beesten terecht was gekomen. De knul leek reddeloos verloren. Zijn schedel was als een droge kokosnoot gebarsten onder de vernietigende kracht van de stampende poten. Zijn neus was bij de wortel gezwollen, hij verloor bloed uit zijn oren en zijn gezicht was op twee plaatsen opengereten. Ondanks Adama's diepe coma, kreunde hij voortdurend. De Française had verder geconstateerd dat zijn linkerarm op twee plaatsen gebroken was. Ze besloot om de diepe scheuren in zijn gezicht, die hem een angstaanjagend aanzien gaven, te hechten. Aan de gebroken schedel kon ze niets doen. Ze wist dat de jongen geen enkele kans had om te overleven, maar begreep de wens van de familie om de jongen alsnog naar het staatsziekenhuis over te brengen. Het zou toch een dure zaak worden. Als het gewonde kind onderweg kwam te overlijden, zou de prijs van het vervoer verdriedubbeld worden. En dan moest de jongen nog eens terugkomen van Dioila naar hier om bij zijn eigen voorouders begraven te worden. Toch kon ze niet tegen de familie zeggen dat het geen zin meer had om met het kind naar het ziekenhuis te gaan. Het zou de goden verzoeken zijn. Zeggen dat iemand zou gaan overlijden was het noodlot afroepen. Hoe moeilijk ze het ook vond, ze had geleerd dit aan de mensen zelf over te laten.

Na het hechten waste ze de jongen zo goed mogelijk, spalkte zijn gebroken arm en gaf hem sterke pijnstillers. Verder kon ze niets voor hem doen. Zijn moeder zat stil naast hem en weende zachtjes. Zijn vader was buiten aan het onderhandelen met de chauffeur van een oude Toyota pick-up die als taxi dienst deed. Chislaine pakte een oud matras onder het bed vandaan, dat ze in de auto konden leggen zodat Adama nog enigszins beschermd zou zijn tegen de schokken onderweg. De vijftig kilometer lange weg naar het streekziekenhuis was niet al te slecht maar in een auto zonder schokbrekers, achter in de laadbak, kwam elke oneffenheid hard aan.

Er was voor de vermoeide religieuze verder niet veel te doen. Met een troostende en bemoedigende schouderklop voor de treurende moeder verliet ze de kliniek. Ze stapte van de lage veranda af en zag Hugo aankomen. Het kwam niet vaak voor dat de Nederlander naar de missie kwam en ze bleef verbaasd staan. Vlak voor haar stapte hij van zijn fiets. Zweet liep in straaltjes van zijn voorhoofd. Hij had blijkbaar hard gefietst en Chislaine vroeg hem of er iets aan de hand was. Ze hoopte van niet want ze had een zware dag achter de rug.

Vanaf half acht 's morgens was ze druk bezig geweest met de patiënten. Er hadden een paar moeilijke gevallen tussen gezeten, zoals twee kinderen met vergevorderde hersenvliesontsteking. Iedere ochtend opnieuw vormde zich een rij zieken voor de deur, die allen op haar rekenden. Alhoewel in haar polikliniek eigenlijk alleen kinderen behandeld konden worden – een afspraak die jaren geleden met de overheid was gemaakt toen deze een eigen kliniek bouwde aan de andere kant van het dorp – kwamen er toch ook regelmatig volwassenen voor behandeling naar haar toe. In het begin hadden de nonnen geprobeerd dit te ontmoedigen. De gemeenschap was daartegen echter in opstand gekomen – men begreep niet waarom zij niet door de religieuzen geholpen konden worden. Vooral na de komst van Bakary Coulibaly als chef de poste in de staatskliniek, kwamen er meer volwassenen naar de missie. Uit de verhalen begreep ze dat het daar niet erg goed draaide, en ze kon het niet over haar hart verkrijgen deze patiënten die naar haar toe kwamen, te weigeren. Ze accepteerde het conflict met Bakary daarover als een te betreuren onderdeel van haar werk.

'Nee, nee, er is niets aan de hand', merkte Hugo vlug op. 'Ik kom uit Flala en over dat zanderige pad is het nog een flinke trap

189

zo in de hitte. Ik kom eigenlijk zomaar even langs. Ik wilde naar jullie huis rijden maar toen ik al die mensen hier zag, vermoedde ik dat je hier zou zijn.'

Chislaine kon zich niet herinneren dat Hugo ooit alleen bij hen in de missie op bezoek was geweest. Af en toe kwam hij langs met de een of andere boodschap, een brief die vanuit Bamako meegegeven was, groenten uit eigen tuin en dergelijke, maar echt op bezoek zonder zijn vriendin was hij, meende ze, nog nooit geweest. Het kwam goed uit dat ze net klaar was met haar werk, en terwijl ze samen naar het klooster aan de overkant van de weg liepen, vertelde ze over het ongeluk van Adama. Hugo reageerde niet op haar verhaal. Ze waren aangekomen bij de vestibule die de ingang van het bescheiden klooster vormde en de lange Hollander stalde er zijn stoffige fiets tegen de muur. De Française ging hem voor door de vestibule en over de court naar de huiskamer, waar ze hem iets te drinken aanbood. Hij vroeg of ze een biertje had. Aangenaam verrast door zijn onverwachte bezoek en blij dat de zware werkdag achter de rug was nam Chislaine zelf ook een bier. Moe zakte ze onderuit in de stoel en deed haar sluier af.

'Soms vraag ik me weleens af waarom ik toch zo graag als verpleegster in Afrika wilde werken. Als ik erbij stilsta wat ik soms op één dag zie, vreselijk. Een hoop ellende. Neem zo'n jongen nou. Hoe oud zou hij zijn, twaalf, dertien? Zijn schedel gewoon verbrijzeld. Vlak boven z'n slaap kon ik een stuk bot zo heen en weer schuiven. Het was dat z'n hoofdhuid niet gescheurd was, anders zouden z'n hersenen eruit gekomen zijn. Maar goed, je bent hier waarschijnlijk niet naartoe gekomen om naar zulke gruwelverhalen te luisteren.'

'Nee.' Meer zei Hugo niet en er viel een stilte. Bedaard nam Chislaine een slok uit haar glas, de jongere blanke man tegenover haar aandachtig aankijkend. Het was haar eigenlijk nooit eerder opgevallen dat hij een kwetsbare trek in zijn gelaat had. De grijsgroene ogen keken bijna smekend de kamer in, haar blik ontwijkend. Zijn brede mond met de fijngevormde lippen bewoog onrustig. Het korte donkerblonde haar was al een tijdje niet meer geknipt en stond weerbarstig van het zand en de transpiratie alle kanten op, hier en daar een beetje krullend. Ze vond dat hij er lief uitzag.

'Hoe gaat het met Hanne? Is ze nu volledig over de malaria heen?'

'Ja, dat gaat wel...'

'Mooi. Ze is nog wel mager hè? Ik zag haar pas langslopen toen ze naar de kraamkliniek ging.'

'Ja. Ze eet niet veel. Ik weet het niet hoor, maar volgens mij maakt ze zich veel te druk om die Anja, van Massigui, die verongelukt is.'

Dus daar knelt 'm de schoen, dacht Chislaine. Hanne had haar de week ervoor al verteld dat Hugo en zij anders tegenover de dood van hun Nederlandse collega aankeken. En zo aan Hugo te zien hadden ze dat verschil van mening nog niet opgelost. Jammer dat hij juist deze dag had gekozen om langs te komen. Ze was erg moe en het liefst ging ze even liggen. Aan de andere kant wilde ze de kans om met Hugo eens wat dieper van gedachten te wisselen niet laten lopen.

'Zullen we even de tuin ingaan? Onder de flamboyant is het rond dit tijdstip prima vertoeven.' De huiskamer werd door alle drie de zusters vrijelijk gebruikt, en Chislaine wilde niet dat ze hun gesprek mogelijk zouden moeten onderbreken om vervolgens uit beleefdheid over wat oppervlakkigheden te praten.

Hugo volgde haar zwijgend. Ze liepen naar een wit geschilderde bank onder de vurig oranjebloemige boom. Vlak ernaast stond een volle mangoboom, die met zijn dichte schaduw de plek aangenaam verkoelde.

'Hanne kon het goed vinden met Anja, heb ik begrepen.'

'Ja. En ze zal je denk ik ook wel verteld hebben dat ik niet zo enthousiast over haar was. Het schijnt dat Hanne de laatste tijd met iedereen goed kan praten, behalve met mij.' Hij klonk bitter en verdrietig tegelijk. Chislaine had met hem te doen.

'Sorry', ging hij verder, 'maar ik vrees dat dit een weinig inte-ressant onderwerp is voor jou, na alle dramatische gebeurtenissen van vandaag. Tenslotte heb ik mijn schedel niet verbrijzeld. En ik hoef me ook geen zorgen te maken om de oogst of een lege voor-raadschuur. Geen kwestie van leven of dood dus bij mij. Dus het heeft geen zin om erover te praten.'

'Waarom niet? Iedereen heeft zo z'n eigen problemen, zou ik zeggen.' Ze herkende direct het dilemma waarmee Hugo zat. Ook zij vroeg zich soms op moeilijke momenten af hoe ze in godsnaam durfde te klagen over dingen die pietluttigheden leken in ver-gelijking met de problemen waarmee de Malinezen te kampen hadden. Had hij niet gezegd dat hij uit Flala kwam? Dan was hij zeker bij Jean geweest en die zal vast wel over zijn eigen zorgen begonnen zijn. En daarna had zij hem verteld over het ongeluk van Adama... Ze legde hem haar overdenkingen voor.

'Soms vraag ik me weleens af of wij blanken niet alleen maar beschamende luxeproblemen hebben. Vergeleken bij de mensen hier lijken al onze zorgen in het niet te vallen. Uiterst frustrerend. Ik vind dus dat ik er eigenlijk niet over mag klagen terwijl dat natuurlijk m'n eigen problemen niet oplost.' Hugo keek haar van opzij peilend aan, en lachte even.

'Wel. Ja, dat is 't. Ik beging de fout door te denken dat ik bij Jean een klankbord zou vinden. Maar die arme mensen hebben heel andere problemen aan hun hoofd. Ik schaamde me inderdaad om m'n eigen idiote gedachten. Terwijl zij zich afvragen hoe ze tot de volgende oogst aan genoeg eten kunnen komen, zit ik miezerig te doen over een meningsverschil met m'n vriendin.'

'Soms kan een meningsverschil vergaande gevolgen hebben.'

'Jawel, maar het is geen kwestie van leven of dood.'

'Maar zou dat betekenen dat de mensen hier geen relati-onele problemen kennen? Volgens mij wel. Neem bijvoorbeeld Pauline en Jean. Hoewel het uitgangspunt voor hun huwelijk ver-schilt met dat van jouw relatie met Hanne, weet ik zeker dat ook zij in hun verhouding met elkaar de nodige problemen hebben.'

'Dat neemt niet weg dat onze, zoals je het zelf noemt, relationele problemen luxeproblemen zijn.'

'Hangt ervan af hoe je het bekijkt. Voor mij heeft de relatie, de verbinding die een man en een vrouw aangaan, tot doel een zekere zelfontplooiing mogelijk te maken. Door de ander kun je meer mens worden, dat is voor mij de essentie. En dat is absoluut geen overbodige luxe waarvan je je hier zomaar zou moeten ontdoen. Integendeel.'

'Hoe bedoel je?'

'Jullie zijn hier in Béléko, in Afrika, in een totaal vreemde omgeving. Je hebt alleen jezelf en Hanne om je aan vast te houden. Dat legt een zware druk op jullie relatie. En wil je hier beiden verrijkt weer weggaan, wel, dat roept onherroepelijk conflicten op zo nu en dan. Conflicten echter die, als het goed is, jullie verder helpen in je ontwikkeling. Dat is belangrijk, en dus niet zomaar een verwerpelijke luxe. Het is voor jullie op dit moment net zo belangrijk als de lege voorraadschuur voor Jean is. Ben ik duidelijk?'

'Ja. Ja, dus waar het op neerkomt, is dat ik me niet schuldig hoef te voelen', glimlachte Hugo. 'Maar, als ik zo vrij mag zijn, het verbaast me dat je nogal, laat ik zeggen, humanistisch praat. Ik bedoel, als religieuze.' En enigszins schertsend ging hij verder: 'Komt God en geloof er niet meer bij kijken, zuster? Dat is toch 't wezen van een goed katholiek huwelijk?'

Chislaine glimlachte naar hem.

'Nu hoor ik de Hugo die ik ken', reageerde ze warm. Ze ging even verzitten en staarde voor zich uit. Bedachtzaam ging ze verder: 'Geloof is een vreemd iets, Hugo. Velen dachten er hun leven op te kunnen bouwen, maar zagen na jaren dat er geen goed fundament was voor hun bouwwerk. Ik heb een hoop mensen gezien, ook binnen onze congregatie, die bedolven werden onder hun instortende gebouw. En sommigen werden daarbij ernstig gewond... Dat fundament moet je in jezelf hebben. Zonder een gezonde, betrouwbare ondergrond begin je niets. In naam van het geloof zijn er meer luchtkastelen gebouwd dan solide onverwoestbare forten. Dus om jouw vraag te beantwoorden, wel... ik denk dus inderdaad dat waar het om draait, is het vinden van een basis in jezelf. Laat ik zeggen... in contact komen met de kern van ons bestaan waarin je voelt dat je bestaat, dat je mág bestaan. Voor mij is dat het Goddelijke. En een goed huwelijk, of een partner waarmee je samenwoont, zou hierbij moeten helpen.'

Hugo zat zwijgend naast haar. Chislaine had aarzelend gesproken. Haar overdenkingen die ze nu met enkele eenvoudige woorden naar voren had gebracht, waren het resultaat van jarenlang zoeken en twijfelen. Als non had ze al snel meer gewild dan de uitgewerkte regels en dogma's volgens welke ze geacht werd te geloven. Ze zocht naar de essentie in haar eigen bestaan en had het aangedurfd de zekerheid van de kerkelijke wetten los te laten om op zoek te gaan. Aangemoedigd door de confrontatie met de Afrikaanse religiositeit had ze zich buiten de beschermende muren van het instituut gewaagd om voorzichtig te rammelen met de ketens waarmee ze tot dan vastgeklonken had gezeten.

'Kun je jezelf dan wel vinden in zo'n strak geordende gemeenschap?' vroeg Hugo zachtjes, met belangstellend respect.

'Iedere gemeenschap heeft een structuur nodig, zo ook de onze. Het zou fout zijn te denken dat de kern daarvan in de vastgestelde leef- en geloofsregels ligt. Dat is de vorm, een mogelijk hulpmiddel om je eigen religiositeit uit te werken. Of dat zou het tenminste moeten zijn. Meer dan een manier van leven is het niet. Maar wel een manier of een vorm die bij mij past en die me ook bevalt. Zo ... maar we hadden het over jou', veranderde Chislaine plotseling van toon, en legde in een vriendschappelijk gebaar haar magere hand op Hugo's knie.

Het verbaasde hem te zien hoe klein en fragiel die hand was, terwijl de hoeveelheid werk die deze verzette enorm was. Nog geen half uur geleden hadden die fijne vingers voorzichtig de gebroken schedel van de dodelijk gewonde jongen afgetast. Behendig had ze met een eenvoudige naald en draad zijn gezicht dichtgenaaid zodat zijn moeder de afstotelijke aanblik bespaard zou blijven. Diezelfde hand die honderden, nee duizenden mensen hoop en een nieuwe kans op leven had gegeven, lag nu kwetsbaar en onbeschermd op zijn knie. Ontroerd raakte hij haar even aan. Chislaine, zijn beroering opmerkend, gaf hem bemoedigend een lichte kneep in zijn been voordat ze haar hand terugtrok.

'Zo belangrijk was het niet', verbrak Hugo de gemoedsvolle stilte. 'Ik baalde alleen maar omdat ik me verloren voelde. Het gaat inderdaad erg moeizaam tussen Hanne en mij en dan is het enige dat je om je heen ziet pure ellende. Alles is zo dramatisch hier. Voedsel, ziekte, dood! En geld! Alles draait om geld.'

'Het ontmoedigt mij soms ook. Inzitten over gevoelens, of denkbeelden, lijkt dan soms erg banaal. Maar', zei ze gedecideerd, 'ik vind toch dat we daar recht op hebben. We moeten onszelf, en dus onze problemen, niet ontkennen. Zolang het te maken heeft met een stukje groei van onszelf, iets van ons diepste innerlijk, dan moeten we daar niet van weglopen door te zeggen: hier creperen de mensen, dat is veel erger. We moeten eerlijk op zoek gaan naar onszelf, en als jouw onenigheid, of je meningsverschil met Hanne je daar echt in belemmert, wel, dan moet dat opgelost worden. Door zoiets sta je ook minder open voor anderen, vind ik altijd. Als je niet met jezelf in vrede leeft, heb je weinig oprechte aandacht voor anderen. Zelfs niet voor de lege schuur van Jean, of de gebroken schedel van Adama. Maar weet je wat ik wel banaal vind?' vroeg ze ineens erg fel, zonder op zijn reactie te wachten. 'Mensen die het een probleem, let wel, een probleem vinden dat ze geen luxe Landcruiser kunnen kopen en máár in een Toyota rijden. Of die het een werkelijk probleem vinden als ze in een huis zonder zwembad terechtkomen. Begrijp je me? Zulke materialistische problemen vind ik wel banaal.'

'Nu klinkt u wel erg moraliserend hoor, zuster', grapte Hugo, met een serieuze ondertoon.

'Kan me niet schelen! Dit is mijn overtuiging!'

'Je doet me zo een beetje denken aan Anja, die had ook van die uitgesproken meningen.'

'En jij mocht haar niet zo?' vroeg de kleine Française lachend.

'Ho, ho! Nee hoor, tegen een eigen mening op zich heb ik geen bezwaar. Maar Anja, zij was wel érg uitgesproken in haar ideeën, die vaak nogal rechtlijnig waren. Misschien bedoelde ze het niet zo, maar het kwam over of ze alles wat de blanken doen afkeurde, terwijl ze alles wat de zwarten doen bij voorbaat goed vond. Ik vond het jammer dat ze Hanne daarmee zo beïnvloedde. En het lijkt wel, het is vreemd, maar toch lijkt het alsof Hanne nu nog meer in haar ban is. Ze heeft met jou vast over Anja's dood gesproken. Wel, ze meende dat er een soort autonome kracht was die Anja tot dat ongeluk gedreven heeft. Ik heb moeite om dat te accepteren. Hoe of waar zou die kracht dan vandaan komen?! En waarom zou die, als die door een Bambara opgeroepen zou zijn, op ons een invloed hebben? Je moet daar toch gevoelig voor zijn, door je cultuur in gevormd zijn, zou ik zeggen. Misschien dat Anja zich zo in de Bambara-cultuur heeft gestort, dat ze een soort zelfsuggestie opgeroepen heeft. Ik weet het niet. En nu, nu Anja dood is, heeft Hanne dit idee opgevat dat haar geest hier is gebleven om bij de mensen te zijn waar ze van hield, of zoiets dergelijks. Dat snap ik dan helemaal niet, want Bambara-geesten gaan toch naar het gebied waar ze geboren zijn en waar hun voorouders verblijven? De logica ontgaat me.'

'Als een Bambara buiten z'n eigen gebied sterft, gaat zijn ziel of z'n geest dwalen omdat hij juist geen toegang heeft tot zijn voorouders. Voor de Bambara is het vanuit hun traditie erg belangrijk in het dorp van afkomst te sterven, of tenminste daar begraven te worden. Dus vanuit hun standpunt bekeken, is het waar dat Anja's geest aan het dwalen is.'

'Heb je hier met Hanne over gesproken soms? Ik had gehoopt dat jij dat idee misschien uit haar hoofd zou kunnen praten. Maar als ik het zo beluister hoef ik daar niet op te rekenen.'

'Ben je daar kwaad om?'

'Kwaad? Nee, niet kwaad, maar ... ik weet het niet. Wij zijn toch Nederlanders, of Europeanen?! Ik bedoel, geloof jij zelf in die

ronddwalende geesten? Als katholieke non lijkt me dat toch moeilijk met elkaar te rijmen.'

'Wel, net als jij weet ik het ook niet. Ik weet niet of wij na
onze dood zo direct regelrecht naar boven gaan. Wat gebeurt er als
ons lichaam ermee stopt? Waarom zou het hiernamaals zich niet in
de caïlcédrat bevinden? Wat ik bedoel is, ik geloof heilig in het
hiernamaals en ik geloof dat God het beste met ons voorheeft,
maar ik geloof ook dat we niet precies weten hoe dat alles in z'n
werk gaat. De Bambara hebben daar hun ideeën over, zoals de
katholieken, de protestanten, de moslims en al die anderen daar
hun ideeën over hebben. Ik denk dat als Hanne het aandurft een
nieuwe, vreemde werkelijkheid, dat wil zeggen een hele andere
gedachtegang over ons leven, onze relatie met de natuur en het
bovennatuurlijke, als zij aandurft om zich daarvoor open te stellen
en dat te doorleven, dan zal ik haar daar niet van tegenhouden.
Alleen, en dat heb ik haar ook gezegd, ze kiest niet voor de gemak-
kelijkste weg en je kunt niet bij voorbaat zeggen hoe het haar zal
veranderen. En daar raakt het jou! Want je vriendin is volgens mij
met een behoorlijk groeiproces bezig. En als jullie bij elkaar willen
blijven...'

Hugo zweeg.

Chislaine ging verder: 'Afrika is een entiteit. Het laat niemand
van ons onberoerd. Zelfs degenen die op het eerste gezicht niet
veranderen, blijken zich achteraf in hun ideeën verstard te hebben.
Afrika confronteert, daagt uit, vraagt om een reactie. Daar kun je
niet omheen. Sommigen gaan de uitdaging aan, anderen sluiten
zich volledig af en verstarren. Er gebeurt altijd íets met je. Wat, dat
is voor iedereen anders. Iedereen komt met verschillende achter-
gronden, heeft een eigen karakter en verwachtingen. Het is verkeerd om te denken dat je Afrika kunt leren kennen en tegelijkertijd
dezelfde kunt blijven. Hanne begrijpt dat en durft de ontmoeting
aan. Het is aan jou om te bepalen in hoeverre je met haar meegaat,
of dat je je eigen, een andere weg ingaat.'

197

Het duurde even voordat Hugo reageerde. Nadenkend zei hij: 'Dat Afrika, het wonen hier in dit afgelegen Malinese dorp, om een reactie vraagt is duidelijk. Dat denk ik ook. Maar of het zo drama- tisch moet zijn... Hanne reageert volgens mij erg sterk op het over- lijden van haar vriendin. Daardoor... Wel, het is in ieder geval interessant om erover van gedachten te wisselen. Toen ik bij Jean en Pauline vandaan kwam baalde ik stevig. Het is aardig van je om hier nu met me te willen praten. Want je bent vast moe na zo'n drukke dag.'

'Ach wel, zo rust ik ook uit. Het gebeurt niet elke dag dat we zo kletsen. Maar de middag is ondertussen wel tot een einde ge- komen en ik wil m'n brevier nog bidden – mijn vorm van meditatie.'

Hugo stond snel op om duidelijk te maken dat hij haar niet langer wilde ophouden. Chislaine liep met hem mee naar de uit- gang van de cour, waar ze hem vriendelijk bij de hand pakte en hem gedag kuste. Ze was blij dat ze een keer met hem alleen had kunnen spreken. Van Hanne had ze al begrepen dat het tussen hen beiden erg moeizaam ging en ze zou het jammer vinden als Hugo zich vol- komen verloren zou voelen. Ze hoopte dat ze hem enigszins een hart onder de riem had kunnen steken. De Française mocht hen beiden; ze zou niet graag zien dat de relatie van dit stel hier in Béléko tot een einde zou komen. Mooier zou het zijn als Hanne en Hugo, gesterkt door hun ervaringen hier, hun samenwonen zouden bekronen met het sacrament van het huwelijk. Dat zou zo'n ouder- wetse non goed doen, glimlachte ze in zichzelf met gemoedelijke zelfspot.

XVII ALIMA BAGAYOGO

Alima Bagayogo stond op bij dageraad. Haar man, Karim, sliep nog in zijn houten tweepersoonsbed en ze deed zachtjes om hem niet wakker te maken. De dertigjarige Bambara-vrouw deelde met haar jongste, elf maanden oude, baby Habib een smaller bed dat – tegen de traditionele gewoonte in – nog in de slaapkamer van haar echtgenoot stond. Nadat hun eerste zoon Sedou geboren was, had Karim aan zijn vrouw voorgesteld de kamer met hem te blijven delen. Hij had haar gevraagd of ze misschien een voorbehoedsmiddel kon gaan gebruiken, zodat ze zich niet aan de gebruikelijke onthouding hoefden te houden. Hij had de gedachte haar lichaam een jaar lang niet lief te hebben, niet kunnen verdragen. Hij wilde met haar naar bed, ook al had ze een kind aan de borst.

Ze woonden toen in Bamako, vijf jaar geleden, en Alima herinnerde zich hoe hun beider ouders afwijzend gereageerd hadden. Haar moeder had haar op een gegeven moment openlijk gevraagd of ze het bed niet moest verplaatsen naar een andere kamer. Op het ontkennende antwoord van haar dochter had ze die met een verontwaardigde blik afkeurend aangestaard. Was dit mogelijk? Zou Alima na de geboorte van haar kind toestaan dat haar man de melk in haar borsten vergiftigde met zijn zaad? Het kind zou ziek worden, diarree krijgen! Het zou kunnen overlijden! Wat wilde haar dochter? Was het kortstondige gevoel van victorie, wanneer haar man zich met een kreunende siddering aan haar overgaf, belangrijker dan het welzijn van haar kind? Vergat ze de voorouders? Wilde ze hun toorn over zich afroepen?

Hoofdschuddend had de oude vrouw gejammerd dat ze haar dochter niet meer kende. Het kwam door school, al die jaren dat ze niets anders gedaan had dan boeken lezen. Ze hadden haar hoofd op hol gebracht – die boeken en haar vrienden. De jeugd was vervallen! Ze respecteerden de goede gewoonten van hun ouders niet meer. De jongelui gedroegen zich schaamteloos, alsof de voorouders niet meer bestonden, alsof ze vergaten dat ze Bambara waren! Kijk waartoe het leidde! Haar dochter sliep weer met haar man terwijl hun nieuwgeborene net de eerste teugen moedermelk nam. Schande was het! Een schande die ze duur zouden moeten betalen, had haar moeder haar dreigend toegeroepen.

Alima had geprobeerd haar moeder te kalmeren. Natuurlijk was ze de voorouders niet vergeten. En natuurlijk respecteerde ze de gewoonten van vroegere generaties. Alleen, ze wilde Karim niet met een andere vrouw delen. Zag haar moeder niet in dat het haar pijn zou doen hem naar een andere vrouw te zien gaan? Hij zou een vriendin zoeken om zich bij haar te bevredigen. In het begin zou hij misschien nog wel met zijn gedachten bij haar, Alima zijn. Maar voor hoelang? Zou hij na een tijdje niet onder de bekoring van die andere vrouw komen? Zou hij Alima niet alleen nog maar als de moeder van zijn kind gaan beschouwen? Tussen de benen van zijn vriendin zou hij de gelukkige momenten met zijn echtgenote ver-geten. Zijn hartstochtelijke liefde voor haar zou veranderen in een beleefd respect. En dat wilde ze niet! Ze wilde geen eerbiedige beleefdheid. Ze wilde zijn hartstocht! Ze wilde zijn heet kloppend lid in haar schoot! Zijn brede, gespierde romp tegen haar zachte, volle borsten, zijn handen om haar hoofd, zijn stotende adem warm en vochtig in haar nek. Ze wilde zijn naakte, stevige dijen blijven zien, blijven voelen, ruiken. Ze kon hem niet opgeven! Ze kon niet toestaan dat hij naar een ander ging. En dus moest Alima wel geloven dat wat ze op school tijdens de biologielessen van de Russische lerares geleerd had, waar was. Moedermelk werd niet zuur van mannelijk zaad. Haar zoontje hoefde niet ziek te worden al bleef ze met Karim slapen.

De tijden veranderden, hield Alima haar moeder en zichzelf voor. Ze was een moderne vrouw. Ze had haar echtgenoot zelf uit-gekozen en het was aan haar om hem te behouden. Ze wilde geen huwelijk dat bekoelde tot een regeling, een overeengekomen ver-standhouding om de kinderen groot te kunnen brengen. Ze wilde zijn liefde en ze wist dat het niet genoeg was om onder het harde licht van de zon een goede moeder en echtgenote te zijn. 's Nachts, in het verhullende schijnsel van de maan, wierp hij zich aan haar voeten en smeekte haar hem toe te laten. Tijdens dat korte, intieme moment was zij alles voor hem. Haar schoot was zijn toevlucht en zij gaf hem de beschutting waarnaar hij verlangde. Zij voedde hem. Ze hield het begerend vuur in zijn hart brandend, zodat ook overdag de speelse vlammen in zijn ogen schitterden als hij naar haar keek. Ze was zijn vrouw en zijn minnares. En dat wilde ze blijven!

Na de geboorte van haar eerste kind had Alima een spiraaltje laten plaatsen. Met spanning wachtte ze af of haar zoontje ziek zou worden; evenals de grootmoeder die haar kleinkind met meewarige ogen gadesloeg. Sedou, zich onbewust van de angstige ongewoonte ervan, zoog voldaan aan de harde tepel die hem steeds opnieuw werd aangeboden. Het was een tevreden kind; hij sliep veel en groeide snel. Al vlot kirde hij in herkenning naar zijn moeder die hem dankbaar tegen zich aandrukte. Ook Karim was bezorgd en nam zijn kind geregeld vol tederheid in zijn armen.

Het was uit begeerte en liefde voor Alima geweest dat hij haar gevraagd had het bed met hem te blijven delen. En net als zij meende hij dat er geen reden was waarom een zogende vrouw zich niet aan haar man kon geven. Maar beiden hadden de macht van hun cultuur onderkend – een angstige twijfel overspoelde hen. Hun verstandelijke redenatie kon het door traditie gevormde gevoel fout te doen nauwelijks bedwingen. Ongewild werd Sedou de inzet van hun moderne liefde. De gezondheid van hun zoontje en zijn leven zou de prijs kunnen zijn die ze moesten betalen. Een prijs, zo wisten beiden, die te hoog zou zijn.

Dagen en nachten gingen voorbij zonder dat Sedou ziek werd. De ouders keken elkaar steeds opnieuw hoopvol aan en met iedere lach, elke nieuwe beweging van hun zoon verdween de twijfel meer naar de achtergrond. En na achttien maanden, toen Sedou gezond en wel van de borst gehaald kon worden, ervaarden ze een fier gevoel van overwinning. Het trotse gevoel dat tijdens de lange schooljaren te midden van hun vrienden en stadsgenoten ontstaan was, werd bevestigd: ze behoorden tot een nieuwe generatie! Bij de gewoonten en tradities van hun voorouders werden vraagtekens geplaatst. Nieuwe inzichten en kennis zouden hen andere mogelijkheden bieden. Ze zouden hun eigen weg gaan, niet het voor hen uitgestippelde pad van vorige generaties. Ze behoorden aan de toekomst, niet aan het verleden!

Alima liet Habib in bed liggen en liep over de, door de hevige augustusregens modderig geworden, cour naar de open wasgelegenheid achter het huis om zich te baden. Watara, de twaalfjarige hulp had voor het hele gezin water opgewarmd. Het huishouden van de veterinair en zijn vrouw telde, met de twee hulpen inbegrepen, acht personen. Behalve Watara woonde Djenebou, een volwassen nicht van Alima, bij hen in – sinds de geboorte van hun tweede kind Maimouna. Verder waren er de vele gasten die ook regelmatig bleven slapen en voor wie er rijst en vlees aan de kookpot toegevoegd werd. Alima stond aan het hoofd van een druk huishouden dat als gastvrij en uitnodigend bekend stond. De rustige, gracieuze vrouw regeerde met vriendelijke maar ferme hand en Karim bewonderde haar daarom. Graag nodigde hij collega's, vrienden of kennissen uit om hen zijn geluk te tonen. De vele veehouders die hem kwamen zien vanwege een zieke koe of verwond schaap kregen een stoel aangeboden. Onbekenden die bescheiden 'Salamu Alaykum' riepen bij de ingang van zijn huis, werden met een hartelijk 'Alaykum Salam' begroet.

Het echtpaar uit Bamako had in de twee jaar dat het in het terughoudende dorp achter de Bani woonde, meer vrienden dan vijanden gemaakt. De achterdochtige houding waarmee ze als nieuwe overheidsfunctionarissen waren ontvangen verdween na verloop van tijd, al verwonderde men zich nog wel over hun vreemde steedse gewoonten, en bezag men hoofdschuddend hoe de veearts zijn vrouw voor het oog van iedereen aanbad. De vrouwen fluisterden vol ongeloof over hetgeen ze gehoord hadden: Karim had geen minnares. Hij sliep alleen met zijn echtgenote, ondanks dat ze al drie kinderen gebaard had. Welke magische krachten bezat deze vrouw, dat ze haar man zolang aan zich wist te binden?

Alima was zich bewust van hetgeen de mensen over hen zeiden. Ze had zich weten te integreren in deze hechte plattelands- gemeenschap en vriendinnen vertrouwden haar van alles toe. Geduldig luisterde de Bamakwase naar de verhalen van de vrou- wen uit het dorp. Alle aspecten van hun bestaan kwamen aan de orde: de kinderen, liefde of het ontbreken daarvan, geld, voedsel, jaloezie, sterfgevallen, huwelijken, buitenechtelijke relaties. Soms had Alima met hen te doen. De dreiging van armoede en gebrek was constant aanwezig en het leven van de vrouwen was hard. Vergeleken met hen leidde zij een luxueus en weelderig bestaan met het vaste salaris van haar man dat, aangevuld met de gulle giften van de boeren, voor een ruim inkomen zorgde. Ze had een trouwe echtgenoot die van haar hield en haar vol respect behan- delde, en verder beschikte ze over voldoende hulp in huis voor de kinderen en het zware werk. Ze wist dat het de plattelands- vrouwen een benijdenswaardig leven toescheen.

Wat de vrouwen van Béléko niet zagen was hetgeen Alima miste. De ruime cementen en van binnen netjes betegelde huizen van Bamako met buiten een geheel verharde cour. De elektriciteit: het gemak waarmee men 's avonds het licht aan kon doen of waar- door de koelkast functioneerde zonder de walmende en verstik- kende petroleumdampen. Ze miste de televisie en de video waar- naar ze aan het einde van een vermoeiende dag ontspannen kon kijken. Bovenal echter miste ze de vervulling die ze in haar baan als lerares Engels gehoopt had te vinden.

Ze had genoten van haar studie en had hoopvol uitgekeken naar de tijd dat ze een baan zou hebben. Die tijd was echter nooit gekomen en toen Karim overgeplaatst werd naar Béléko besloot ze met hem mee te gaan. Veel functionarissenechtparen in Mali leef- den gescheiden zodat beide partners konden werken. Het was niet altijd mogelijk voor de vrouw een aanstelling te krijgen in dezelfde plaats waar haar echtgenoot in dienst was. De vrouw moest dan kiezen tussen blijven werken ver van haar man vandaan, of haar werk opgeven en met hem meegaan. Alima kon de gedachte aan gescheiden van Karim te wonen niet verdragen, ook al vernietigde ze daarmee bijna al haar kansen op een baan. In Béléko had ze niet veel mogelijkheden Engels te spreken. Het handjevol ambtenaren dat er woonde, herinnerde zich niet meer dan enkele standaardzinnen of een rijtje onregelmatige werkwoorden. Wel kwam er soms een leerling van het lyceum, die in Béléko thuis op vakantie was, bij haar langs. Of ze sprak met één van de leraren Engels die in het dorp aan de drie hoogste klassen lesgaven. Het waren echter incidentele voorvallen die onvoldoende waren om haar niveau op peil te houden. Ze miste de tijd van haar opleiding waarin ze met studiegenoten en leraren converseerde over de literatuur die ze gelezen hadden. Ze had gehouden van de lezingen, de discussies en de lessen, waarvan ze gedacht had dat het haar zou voorbereiden op een baan. Ze wilde voor de klas staan, scholieren een nieuwe taal leren, een andere literatuur laten ontdekken. Ze zou zichzelf waargemaakt hebben als lerares, ze zou professionele voldoening gevonden hebben.

Het was er niet van gekomen. De slechte economie, de dictatoriale en corrupte leider die het land regeerde en de bezuinigingen die het IMF oplegde, leidden ertoe dat het onderwijssysteem in verval raakte. Er werden nauwelijks nieuwe leerkrachten aangenomen en degenen die nog werkten, waren ontmoedigd. Het onderwijs begon aanzien te verliezen; steeds meer ouders overwogen of ze hun kinderen nog wel naar school zouden sturen. De motivatie bij zowel leerlingen als lesgevenden was aan het verdwijnen. De nationale depressie over de teloorgang van het land voelde Alima persoonlijk. Haar eigen hoop was met de economische achteruitgang verdwenen. De toekomst was somber en Alima was dat ook.

Er waren momenten dat de werkloze lerares een ontmoedigende neerslachtigheid moest bevechten. Ze wilde voor Karim en haar kinderen echter niet toegeven aan die depressieve buien en met een sterke zelfdiscipline bleef ze vriendelijk en beleefd. In weerwil van de aanvechting om zich moedeloos in haar kamer op te sluiten, bleef ze gasten ontvangen en met haar kinderen spelen. Ze regelde dat de maaltijden op tijd klaar waren en dat de boodschappen werden gedaan. Ze hield er toezicht op dat iedereen helder gewassen en netjes gestreken kleren aanhad. Het huis werd schoongehouden, ondanks maandenlange modderpoelen in en rond het erf of de overal binnendringende zandstormen die soms over het land raasden. Al was het nooit haar grootste ambitie geweest, Alima bleef het huishouden verzorgen.

Gezeten op een oud krukje met voor zich een ijzeren emmer met warm water, waste Alima haar gladde, mahoniebruine huid met karitézeep. Ze had de ouderwetse zeep van een oudere vrouw in een naburig dorp gekocht, die het zelf gemaakt had. Vermengd met as en fijn zand reinigde en verzorgde deze vettige substantie de huid prima. Naar steedse gewoonte droogde zij zich met een handdoek, sloeg daarna een oude pagne om zich heen en ging terug naar de slaapkamer. Karim was wakker geworden maar nog niet opgestaan. Hij bleef liggen om naar het naakte, bevallige lichaam van zijn vrouw te kijken. Alima zag zijn begerige blik en schudde glimlachend haar hoofd. Hij kon maar beter opstaan. De zon wierp haar eerste stralen veelbelovend over de aarde en Watara was al met het ontbijt bezig; de dag was begonnen. Mopperend dat ze te hard voor hem was, kwam Karim uit bed. Hij gaf haar een kus in haar nek en even leunde ze tegen hem aan. Op dat moment sloeg Habib zijn ogen op en kraaide vrolijk naar zijn ouders die aan het voeteneinde stonden.

'Nog iemand die je borst wil', schertste Karim en duwde zijn Ali zachtjes in de richting van hun zoon.

'Hij wil tenminste alleen maar dat. Zijn vader is veeleisender', diende ze hem van repliek, waarop Karim luid lachend zijn kleren pakte.

Nadat ze zich aangekleed had, nam Alima haar benjamin op de heup en ging naar de keuken. Dit was een kleine, vierkante hut vlak naast de ingang van de cour, met in een hoek twee eenvoudige ijzeren stoven. In een andere hoek lagen drie grote, zwartgeblakerde stenen die bij tijd en wijle ook nog als kookplaats gebruikt werden. Watara prefereerde die traditionele kookwijze en het had Alima veel overredingskracht gekost haar de stoven te laten gebruiken, die zuiniger in het houtverbruik waren. Verwonderd had de Bamakwase zich afgevraagd hoe haar hulp op een gasfornuis zou reageren. Waarschijnlijk zou ze een houtvuurtje in de oven maken, had Alima schetsend tegen Karim opgemerkt.

Watara zat lichtjes voorovergebogen met haar pagne strak in haar knieholten gespannen en roerde in de grote gietijzeren kookpot. De zoetige lucht van warme melk en gekookt graan vulde de lemen hut, tezamen met de scherpe rook van het houtvuur. Het wat schuchtere meisje was weinig spraakzaam en mompelde een binnensmondse begroeting toen Alima de keuken binnenkwam.

De lange donkere tiener was door haar ouders als hulp naar het gezin van de dierenarts gestuurd. Zij waren met hen bevriend geraakt nadat Karim geholpen had met vijf zieke koeien. Soms voelde ze zich slecht op haar gemak in dit gezin dat zo geheel anders was dan zij van huis uit gewend was. Haar bazin vond dat ze te hard werkte en nodigde haar vaak uit even bij hen te komen zitten als ze gezellig onder het strooien afdak thee dronken. Maar het jonge meisje voelde zich verlegen bij de vrije manier waarop Alima met haar gasten en haar echtgenoot omging. In het gezin waar zij was opgegroeid hield een vrouw zich op de achtergrond. Ze zorgde ervoor dat er voldoende eten en drinken was en trok zich daarna terug, om verder te gaan met huishoudelijke karweitjes. Of de vrouw installeerde zich op een respectabele afstand van haar echtgenoot en zijn gasten. Zoals Alima zich bij het gezelschap voegde en zelfs aan de discussies deelnam, vond de onervaren Bélékwase onbeschaamd. Onmogelijk kon ze zichzelf ertoe brengen hetzelfde te doen. Ze gaf er de voorkeur aan bezig te blijven. Er was altijd wel iets dat gewassen of schoongemaakt moest worden. Met alle gasten en bezoekers die er kwamen kon ze het erf wel een paar keer per dag aanvegen en de kinderen maakten rommel die weer opgeruimd moest worden. Watara werkte en hield haar mond. Ze deed haar plicht.

Na enkele maanden had Alima zich afgevraagd of het stille meisje wel gelukkig was met haar werk in hun gezin en was naar de ouders gegaan om dit te bespreken. Deze hadden gezegd dat het voor hun dochter een goede leerschool was om bij ontwikkelde mensen te dienen en dat ze daar dankbaar voor was. Het zou haar een betere partij als huwelijkskandidate maken; het was een kans voor haar waar ze blij mee was. Alima betwijfelde echter of Watara dit ook zo beoordeelde en had dit tegen hen gezegd. Verontwaardigd weerlegden de ouders haar twijfel, en vroegen toen ontdaan of ze misschien niet tevreden was over het werk van hun dochter. Alima weersprak dit en sprak vol lof over het vele en zware werk dat Watara verzette. Het gesprek was daarmee afgedaan. Later hoorde Alima dat Watara thuis op het matje was geroepen. Haar bazin was over haar komen klagen en ze moest beter haar best doen. Sindsdien was ze nog gedienstiger en zwijgzamer geworden. Karim had voorgesteld een andere hulp te nemen; Alima echter mocht Watara, die ook voor de kinderen erg lief was, graag en wilde haar de schande van het wegsturen besparen. Ze liet het meisje maar stil haar gang gaan.

Aangezien het die ochtend droog was installeerde Alima zich met Karim voor hun ontbijt onder het brede afdak. Watara en hun nicht aten met de kinderen in de ruime kamer waar ze ook met z'n allen sliepen, al werd het wel tijd dat de zevenjarige Sedou zijn eigen slaapvertrek kreeg. Karim dacht erover daarvoor een kleine lemen hut te bouwen, vlak naast het huis. Hij had dit voorgesteld bij de veterinaire dienst die er geen bezwaar tegen had, maar er niet voor wilde betalen. De grote Bamakwa was hierover kwaad geworden omdat de dienst hem niet van een kantoor voorzag en hij genoodzaakt was dit in het huis onder te brengen. Daar waar zijn kinderen hadden kunnen slapen, stond nu zijn bureau en een grote walmende koelkast om het vaccin voor de runderen in te bewaren. Zijn verzoek werd als agendapunt voor de volgende vergadering meegenomen, waarna hij er nooit meer van hoorde.

Na het ontbijt – maïspap, beignets en koffie – vertrok Karim naar de markt waar hij zich met enkele slagers moest onderhouden over de verkoop van bedorven vlees, dat de laatste weken een paar keer voorgekomen was. De veterinair had de keuring overgelaten aan een van zijn medewerkers, wat helaas geleid had tot een slechte naleving van de regels. Karim zei tegen zijn vrouw dat hij weer voor de middag terug zou zijn.

Alima besprak met Watara en Djenebou wat er die dag zoal gedaan moest worden. Zelf ging ze die ochtend bij een zieke vriendin op bezoek. Nadat ze alles geregeld had, vertrok ze met Habib op haar rug. Juist buiten de muur van haar huis zag ze Hanne op haar brommertje aankomen. Met grote behendigheid baande de Nederlandse zich een weg door de glibberige modderpoelen en stopte vlak naast Alima. De twee vriendinnen begroetten elkaar hartelijk, waarbij het Alima weer opviel dat Hanne er bleek uitzag. De gezonde blozende uitstraling die ze had voordat ze ziek was geworden van de malaria, bijna een half jaar geleden, had ze niet meer teruggekregen. De Malinese wist wat er zich zoal bij haar vriendin afspeelde en maakte zich soms ongerust. In plaats van een stille, wit weggetrokken Hanne zag ze liever de opgeruimde, altijd geïnteresseerde Hanne van een jaar geleden. Uren kon ze toen met Karim of met Alima zelf over van alles en nog wat praten. Alles wilde ze weten over hun cultuur en de geschiedenis van hun land. Had ze weer iets gelezen of gehoord, dan besprak ze dat uitgebreid met hen. En voor de kinderen had ze eveneens altijd een vriendelijk woord en speelde geruime tijd met de uitgelaten Sedou en hun vierjarige dochtertje Maimouna. Niet dat Hanne nu onvriendelijk was of niets meer van de Bambara en hun leven wilde weten ... alleen ... ze was stiller, wat meer in zichzelf teruggetrokken. Ze liet het gesprek meer aan Karim of Alima over. Daarbij kwam ze minder vaak langs. Het verschil was Karim niet zo opgevallen en hij begreep de bezorgdheid van zijn vrouw niet. Pas nadat zij hem erop gewezen had, zag hij ook dat Hanne een eenzame indruk gaf. Soms staarde ze verdrietig voor zich uit, zich onbewust van de mensen om haar heen. Snel onderbrak hij dan haar gedachtegang en probeerde haar wat op te monteren.

Alima vroeg Hanne of ze die middag iets te doen had. Zo niet, dan zou ze het leuk vinden als haar vriendin weer eens langskwam. En waarom bleef ze niet eten, dat was lang geleden. Hanne ging direct in op de uitnodiging, al wist ze niet of Hugo mee zou komen. Maar dat nam niet weg dat zij wel kon komen en ze spraken af dat zodra Hanne klaar was met haar werk, ze naar haar vriendin toe zou komen. Blij met het vooruitzicht die middag gezellig bij te kunnen kletsen, gingen beiden weer hun eigen weg.

XVIII VRIENDINNEN

Zodra Hanne de cour opstapte renden Sedou en Maimouna haar tegemoet. Lachend ving ze het lange, slanke jongetje op in haar armen en draaide hem vrolijk in de rondte. Maimouna trok aan Hanne's lange wijde rok en maakte duidelijk in kinderlijk, maar correct Frans dat ze ook rondgedraaid wilde worden. Alima stond in de opening van de keuken en keek glimlachend naar het drukke tafereel van haar opgewekt schreeuwende kinderen en Hanne die met haar openwervelende rok als een duizelende danseres protesteerde tegen de aanhoudende smeekbeden. Karim lag in de hangmat onder het afdak en merkte op dat hij het betreurde niet langer jong te zijn. Hanne liep daarop rustig naar hem toe en zei dat ze hem best wel even in de rondte wilde draaien. Lachend stond de zware, bijna een meter negentig metende veearts op en voordat Hanne zich realiseerde wat er gebeurde had hij haar van achteren onder haar oksels gepakt en slingerde haar met grote vaart in het rond.

Lachend viel Hanne in een stoel, haar pijnlijke bovenarmen en schouders wrijvend die door de ongewone kracht flink uitgerekt aanvoelden en uitte enkele quasi beschuldigende opmerkingen over de brute kracht van de veterinair. Alima pakte eveneens een stoel en kwam er gezellig bij zitten. Omdat ze die ochtend haar vriendin uitgenodigd had langs te komen, had ze voor die middag niets gepland. Karim was die middag toevallig ook vrij en zo konden ze weer eens een hele middag bijkletsen.

Nadat ze geruime tijd over van alles en nog wat hadden gepraat, vroeg Alima aan Hanne of Hugo die avond zou komen eten, daar ze dat aan Hanne voorgesteld had. Alima schrok van het gezicht van haar vriendin dat plotseling betrok.

'Hij zei dat hij z'n tas wilde inpakken. Hij gaat morgen weer naar Bamako', antwoordde Hanne vlak.

'Als hij twee dagen later zou gaan, ging ik met hem mee. Hoewel, hij komt misschien niet de volgende dag terug. Nee, dan kan ik beter maar met de motor gaan.'

Hanne reageerde niet op de opmerking van Karim.

'Wat gaat hij daar doen?' vroeg Alima belangstellend. Hanne haalde met een korte ruk haar schouders op.

'Hij zit in een of andere commissie van de veldraad. De veldwerkers van NO zijn in die raad georganiseerd en ze zochten een paar mensen om een en ander uit te werken. Hij zegt dat hij daarvoor gaat.'

Hanne twijfelde of ze haar vriendin in vertrouwen zou nemen. Ze voelde echter dat ze zou kunnen gaan huilen en daar had ze weinig zin in, zeker in het bijzijn van Karim. Ze vreesde dat hij het niet zou begrijpen, en verder, zouden ze zich er alle drie niet verlegen onder voelen als zij daar in snikken uit zou barsten?

'In elk geval, hij moet nog iets voorbereiden en kan dus vanavond niet komen. Maar hij bedankt jullie voor de uitnodiging.'

'Ah, die Hugo! Blijft zich toch maar mooi voor ons land inzetten. Een toffe kerel, heeft z'n hart op de juiste plaats. Waren er maar meer blanken zoals hij! Het lot van ons land gaat hem echt aan het hart, dat blijkt gewoon als je met 'm praat. We hebben de steun van gemotiveerde blanken die met ons land begaan zijn hard nodig. Het broeit in Bamako, en ik weet zeker dat er iets gaat veranderen! En dan hebben we de steun van het buitenland hard nodig. Als we als oppositie geïsoleerd komen te staan – en Frankrijk zou daarin weleens een lelijke rol kunnen spelen – dan zal 't ons nooit lukken werkelijke veranderingen door te voeren. Want het gaat niet alleen om die vuile dictator. De hele bureaucratie, het hele systeem is verpest! Het ambtenarenapparaat is een macht op zich dat zich tegen het volk gekeerd heeft. Dat moet veranderen! De mensen moeten zich weer betrokken gaan voelen bij wat er in hun dorp en hun land gebeurt. Als ze zichzelf verantwoordelijk voelen voor de voorzieningen waar ze recht op hebben, dan zou het veel beter draaien. Nu wordt alles maar van bovenaf beslist en het is bovendien pure uitbuiterij. Het is toch werkelijk een schande dat iedereen belasting betaalt voor de gezondheidszorg, het onderwijs en wat al niet meer, en dat al dat geld dan zomaar verdwijnt. En de ambtenaren gedragen zich als een leeuw in een kudde herten: heer en meester zijn ze met alleen maar prooien om zich heen. Ik ben zelf ook ambtenaar en ik schaam me voor m'n collega's. Als oppositie denken we dat...'

'Karim', onderbrak Alima haar man kalm, 'ik heb voor Hanne wat gekocht dat ik haar wil laten zien. Ik denk dat we even naar mijn kamer gaan.'

'Oké, oké dames. Ik blijf wel alleen hier. Zou je misschien even de radio aan kunnen geven. Het schijnt dat Djibril Djallo, de partijleider, vanmiddag op de RTM zender spreekt.'

Alima pakte het radiootje dat op het bureau in het kantoor van de veearts stond en stelde daarna aan Hanne voor dat ze naar haar slaapkamer zouden gaan. De Nederlandse ging op de rand van het tweepersoonsbed zitten, terwijl Alima in een van de volgepakte koffers zocht die in een donkere hoek van het schemerige vertrek stonden.

'Deze zag ik afgelopen zaterdag op de markt. Ik vind ze zelf erg mooi.' In haar handen had ze drie pagnes van 'wax hollandais' met een ruim bloemachtig patroon in verschillende tinten bruin en olijfgroen. 'Het leek me dat dit mooi bij je ogen zou passen, en bij je huid. Bij ons zwarten staat het gauw saai vind ik, maar voor jou lijkt het me heel mooi.'

Hanne was diep onder de indruk. Het waren werkelijk prachtige doeken. En duur ook. Pagnes van echte was kostten meer dan menig Malinees zich kon veroorloven en werden als luxe kledingstukken gezien. Ze waren van mooie kwaliteit, stevig en kleurvast; ze zouden lang mooi blijven. Hanne vond het een te groot cadeau om zomaar aan te nemen en protesteerde. Alima drong echter aan en legde de pagnes bij haar vriendin op schoot. Ontdaan stond Hanne op en sloeg haar armen om Alima heen, in

213

een ontroerd gebaar van dankbaarheid. Lachend pakte de Malinese vrouw haar vast en ze omarmden elkaar innig.

'Dit is veel te veel', sprak Hanne gesmoord. 'Zo'n grote uitgave voor mij. Het zijn echt heel mooie pagnes, werkelijk, ik ben er ontzettend blij mee! Ik zal ze iedere dag dragen! Maar het is echt te veel Alima.'

'Oh, het is wel goed. Toen ik de pagnes zag, moest ik direct aan jou denken en ik kon ze niet laten hangen. Ik moest ze gewoon kopen', antwoordde ze luchtig en wilde Hanne weer loslaten. Deze hield haar echter nog vast en legde haar hoofd op Alima's schouder. Geen van beiden zei iets. Totdat Hanne diep zuchtte.

'Je bent zo'n goede vriendin. En ik, oh, Alima! Ik ben helemaal geen leuk gezelschap ... zit maar te piekeren altijd. Ik weet zelf niet meer wat er aan de hand is. Het lijkt wel of alles fout gaat...' Troostend klopte Alima Hanne zachtjes op haar rug, en suste dat het wel weer goed zou komen. Haar Nederlandse vriendin had de laatste tijd niet veel meer over zichzelf verteld maar Alima kreeg de indruk dat het tussen haar en Hugo nog steeds niet goed ging. Voorzichtig leidde ze Hanne terug naar de rand van het bed en zei dat ze beter maar even kon gaan zitten. Zelf deed ze dat ook en pakte beschermend een van de bleke handen die willoos naar beneden hingen.

'Als ik jullie zo zie, gezellig bij elkaar en met jullie heerlijke kinderen, dan vraag ik me weleens af waar ik mee bezig ben. Hoe oud ben jij? Dertig, maar drie jaar ouder dan ik. En wat heb ik? Waarom ben ik niet gewoon in Nederland, en heb ook een gezin, net als jij?! Ik weet het soms gewoon niet meer. Alles is hier zo anders! Waar ben ik mee bezig? Waarom ben ik hierheen gekomen? Ik wilde reizen, andere culturen leren kennen. Dat leek me leuk, ik weet niet... Ik geloof niet dat ik er echt een beeld bij had. Hugo had 't idee geopperd om voor een paar jaar weg te gaan. Dat leek me wel wat. Ik bedoel, alles samengenomen ... we konden reizen, tegelijkertijd iets nuttigs doen en wel, we verdienen er ook nog mee. Maar nu ... ik weet het niet, alles is nu anders. Het is net of Nederland niet meer bestaat en ik in het luchtledige terecht ben gekomen. Alles wat vroeger, voordat ik naar Mali kwam, vanzelfsprekend was, lijkt dat nu helemaal niet meer. Dingen waar ik voorheen niet eens over nadacht – zoals wij met onze tijd omgaan bijvoorbeeld, of de manier waarop we tegenover familie en relaties staan – door wat ik hier zie, bekijk ik ook ineens alles van onze eigen cultuur anders. Op zich is dat natuurlijk niet vreemd, maar... Ik voel me zo alleen. Oh Alima, echt, jullie zijn geweldig en ik heb hier zulke fijne vrienden, dat is het niet. Maar als blanke, ik voel me zo vreselijk blank. Overal waar ik ga val ik op. Overal kijkt men naar me, ben ik de buitenstaander, ben ik anders. En als je dan samen bent, wel dan deel je dat tenminste. Maar ik ... ach ... het gaat tussen Hugo en mij niet goed. We kunnen elkaar niet meer steunen. Het lijkt soms wel of we in twee verschillende landen zijn, zo anders bezien we de dingen. Misschien heeft hij wel gelijk... Het is veel logischer om je aan je achtergrond vast te houden. Hij heeft niet die twijfels die ik heb. Ik bevraag alles, dat doet hij niet. Niet dat hij afwijzend staat tegenover de dingen hier, dat weten jullie zelf ook. Wat hij hier meemaakt doet hem echter niet vanzelfsprekend twijfelen aan onze eigen normen, of waarden. En ons geloof... Daar hebben we allebei nooit zoveel aan gedaan, we zagen de kerk als een instantie zoals er zoveel bestaan, zoals voetbalclubs of politieke partijen. Religie lijkt bij ons niet zo belangrijk. Maar hier ... altijd weer gaat het over wat mensen geloven vanuit hun traditie. En dan de christenen en de moslims die daar nog een schepje bovenop doen en de mensen bijna dwingen iets anders te geloven. Zelfs in mijn werk speelt het soms een rol. Of ik van de missie ben, en waarom dan niet. Zulke dingen houden me bezig. Ik wil begrijpen hoe de mensen hier denken, geloven. Ik kan niet anders. Het pakt me. Soms denk ik weleens dat Afrika mij in zijn greep heeft... Misschien stom, maar het is dan net alsof ik een gevangene ben van dit land, deze cultuur. Zo van, je bent hier en je kunt niet terug. Alleen nog maar verder, met ons, vooruit, maar dan wel anders, veranderd. Of gelouterd, zou Chislaine zeggen. Hugo vindt dit niet, die denkt aan

Nederland alsof hij er zo weer naar terug zou kunnen gaan om er de draad weer op te pakken. Voor mij ligt dat niet zo. Het is dat ik nog post uit Nederland krijg... Dat is, wel, als een soort navelstreng waarmee ik nog aan m'n land verbonden ben. Hugo echter leest de Nederlandse krant en maandbladen, luistert naar de Nederlandse omroep en zo. Mij interesseert dat niet, het heeft niets met het leven hier te maken en ik ben hier, niet in Nederland. Hugo vindt dat onzin en laat expres overal de krant rondslingeren, of zet de wereldomroep op de radio aan als ik er ben. Hij bedoelt het denk ik goed maar het irriteert me vreselijk... Sorry, Alima, ik zit maar te zeuren. En dat terwijl er zoveel andere problemen zijn, veel ergere.'

'Welnee meid, dat geeft niks. Ik ben blij dat je je hart eens lucht. Alles opkroppen is ook niet goed', sprak Alima haar bemoedigend toe en klopte zachtjes op Hanne's hand die ze nog steeds vasthield.

'Bedankt. Tja, de vraag is hoe het nu verder moet. Ik moet er niet aan denken dat we uit elkaar zouden gaan – dat zou ik vreselijk vinden. Maar zolang we in Mali zijn weet ik niet of we er wel uitkomen. Maar hier weggaan wil ik ook niet. Want ondanks alle problemen en moeilijkheden... Er is hier iets dat me boeit, me pakt. De mensen hier schijnen iets te hebben wat ik in Nederland niet voelde. Zoals jullie altijd maar doorgaan, ondanks alle tegenslagen en problemen en daarbij vrolijk blijven, goed gehumeurd ... ontzettend knap! Jullie léven veel meer! Alsof jullie betrokken zijn bij iets essentieels dat er bij ons niet meer is... Anja, je weet wel, van Massigui, die had volgens mij een band met Afrika die zo diep ging dat het bijna mystiek was. Zij wilde werkelijk versmelten met de Afrikaanse ziel. Het is me nooit precies duidelijk geworden waarom. Ze werd gedreven, leek het wel. Alles in haar was erop gericht één te worden met Afrika. Ze zei dat ze zich er altijd al toe aangetrokken had gevoeld. Ik niet, maar nu ik hier ben denk ik een beetje te begrijpen waarom ze zo gedreven was. En weet je, nu denk ik ook weleens dat het eigenlijk het beste is dat ze hier is overleden... Het was natuurlijk fijn geweest als het tussen haar en

Soleymane goed gegaan was en ze met 'm had kunnen trouwen, maar nu dat niet zo eenvoudig lag, wel... Haar rustplaats is hier. Ze wilde bij Afrika horen, er één mee zijn en dat is ze nu. Nu heeft ze de rust op de plek waar ze wilde zijn. Ik mis haar.'

'Heb je nog weleens wat van Soley gehoord?' vroeg Alima.

'Nee. Jullie wel? Want jullie kennen hem toch?'

Alima liet de hand van haar vriendin los en ging even verzitten. 'Ja, ja. We kennen hem heel goed. Vrienden van Karim in Bamako zitten ook in de handel en via hen hebben we Soleymane Sogoba leren kennen. Dat is zeker al een jaar of zes geleden. Hij was toen al een tijd getrouwd met Aïssa en ze werd maar niet zwanger.'

'Ken je z'n vrouwen dan ook?'

'Oh ja! Ik ben een paar keer bij Soley thuis geweest in Massigui. De laatste keer is alweer een tijdje geleden. Dat was voor het geboorteritueel van z'n zoontje. Maar ik heb gehoord dat ze weer zwanger is, dus dan zullen we over een tijdje wel voor het ritueel van de tweede gaan.'

'Is Safiatou weer zwanger?' vroeg Hanne verrast. 'Wat fijn voor haar.'

Vlak na het overlijden van haar vriendin Anja was de Nederlandse een tijdlang boos geweest op Safiatou, die uit afgunst zoveel ellende veroorzaakt had. Kwaad had ze zich afgevraagd waarom de jonge vrouw Anja niet gewoon geaccepteerd had, zodat ze met Soley had kunnen trouwen. De kans dat er een derde vrouw zou komen was groot, dus waarom niet Anja? Nu, bijna een half jaar later, vroeg Hanne zich echter af of het meisje – want hoe oud zou Safi al met al zijn, zeventien, misschien achttien? – wellicht uit pure angst gehandeld had. Hanne kende nu genoeg kleine, afgelegen dorpen en wist genoeg van het plattelandsleven om zich te realiseren dat Safi een uiterst besloten en traditionele jeugd gehad had. De aanwezigheid van Anja, een blanke, moet voor haar té bedreigend hebben gevoeld. En bovendien, had ze haar daad niet goed proberen te maken door terug te gaan naar die Koumaré, die soma? Niet alleen Safi trof blaam. Misschien hadden ze alle drie, of alle vier met Aïssa erbij, wel anders moeten handelen. En dan, het was zo. Het leven van Anja was hier geëindigd en het enige wat Hanne nog kon hopen was dat haar vriendin nu verbleef waar ze zijn wilde.

'En Aïssa, is er voor haar geen hoop om zwanger te worden?' vroeg Hanne. Alima keek haar vragend aan.

'Oh, weet je niet waarom ze geen kinderen heeft?' Hanne schudde van nee; niemand had haar er ooit iets over verteld.

'Toen Soley een paar jaar met haar getrouwd was en ze nog steeds niet zwanger was, hebben ze van alles geprobeerd, ook zijn familie. Dus alle traditionele offerandes, kruidendranken en alles heeft Aïssa beproefd. Daarna heeft Soley, op aandringen van z'n vrienden in Bamako, haar meegenomen naar een gynaecoloog. Die heeft haar volledig onderzocht en haar eierstokken bleken geheel verkleefd te zijn, waarschijnlijk een gevolg van complicaties na de besnijdenis. Aïssa is vreselijk ziek geweest nadat ze besneden was, en je weet hoe dat soms gaat; die meisjes liggen ergens in zo'n hut en het is puur geluk als ze alles overleven. Wel, Aïssa moet een flinke ontsteking gehad hebben. Het schijnt dat ze bijna een week ijlend met koorts heeft gelegen en ook nog maanden daarna was ze ziek. Het resultaat is dat ze nu volledig steriel is. Echt heel zielig voor haar.'

'Oh, wat erg. Dit wist ik niet... Wat rot voor haar, geen kinderen. Gelukkig dat ze bij Soley kan blijven, al is dat natuurlijk eigenlijk maar een kleine troost. Vreselijk... Ik heb van Chislaine ook een paar afschuwelijke verhalen gehoord over dat besnijden. En vorige maand nog, toen vroeg Kadi de verloskundige of ik niet met een patiënt naar Dioila kon. Het meisje was een jaar of veertien en had ernstige problemen met haar menstruatie. Haar schede was bijna geheel dichtgegroeid door littekenweefsel!

'Wel, meestal gaat het gelukkig goed. Maar sommigen komen er inderdaad beroerd vanaf.' Beide vrouwen waren stil, ernstig verdiept in hun eigen gedachten over dit ingrijpende aspect

218

van de Bambara-cultuur. Het duurde even voordat Alima verderging.

'Het is voor ons een moeilijk punt. Ik wil Maimouna niet laten besnijden. Ik zie niet in waarom ik m'n kind zou laten mutileren en haar een deel van haar seksuele beleving zou ontzeggen. Maar de traditie is sterk. Karim en ik doen echt ons best ons niet door de gewoonten van onze cultuur te laten leiden. En dat zou ook inhouden dat ik mijn dochter niet laat besnijden. Maar wat we niet moeten vergeten is dat het voor haar veel moeilijker zal zijn om een partner te vinden. We hebben veel vrienden en allemaal zeggen ze dat ze modern zijn en zo, maar ik weet niet of ze uiteindelijk hun zonen zouden laten trouwen met een onbesneden vrouw. Alle jongetjes worden besneden en de meesten laten hun dochters ook besnijden. Alleen doen ze dat dan in het ziekenhuis, als het kind nog een baby is. Wij hebben dat niet laten doen, maar af en toe twijfel ik aan de juistheid van ons besluit. En weet je, het is vreselijk, maar soms ben ik bang dat mijn moeder Maimouna zal laten besnijden, zodra ze de kans heeft. Het kind is nu nog jong, maar als ze een jaar of tien, twaalf is en ze is dan nog onbesneden... Ik heb dat wel gehoord van anderen. Er waren Bambara-vrouwen die in Frankrijk woonden en hun dochters niet hadden laten besnijden. Vervolgens zorgden de grootmoeders van die kinderen er wel voor dat de traditie werd voortgezet op het moment dat ze hier op vakantie kwamen. Schokkend hè?!'

'En denk je echt dat jouw moe...'

'Ja. Ze staat erop dat de gewoonten nageleefd worden. Wel, ik heb nog een paar jaar bedenktijd. Soms denk ik dat ik Maimouna dan maar beter in een ziekenhuis kan laten helpen. Hoor mij, helpen zeg ik. Het arme kind... Maar goed. Nu wat anders. Hier, waarom trek je die pagnes niet eens aan. Ik heb hier nog wel een bloesje dat erbij past. Van die derde pagne zou je zelf iets kunnen laten naaien. Samba Coulibaly, achter de markt, is een goede kleermaker.'

Alima was van onderwerp veranderd omdat ze er geen zin in had Hanne verder met haar problemen te belasten. Haar vriendin had op dit moment genoeg aan zichzelf. Ze scheen in ieder geval wat opgelucht door het gesprek en ze konden nu beter over wat lichtere, leuke dingen praten. De besnijdenis van hun dochter was iets dat hen al sinds haar geboorte bezighield en ook de komende jaren nog wel voor menig hoofdbreken zou zorgen, dus om daar nu vanmiddag over te gaan praten... Wel hoopte ze dat er met de tijd, op de een of andere manier een oplossing zou komen, al zag ze momenteel niet in welke vorm dat zou kunnen zijn. In een enkele wanhopige bui had ze weleens gedacht dat als haar moeder zou overlijden... Onzin natuurlijk, en trouwens, dat loste ook niet alles op. Dan was er nog Karims moeder, al stelde die zich wel wat soepeler op. Maar hoe ze werkelijk dacht over een onbesneden kleindochter wist Alima niet. En verder bleef het stigma dat Maimouna dreigde te krijgen, zelfs van haar tijdgenoten. Tenzij ze later naar Frankrijk zou kunnen gaan, om te studeren of zo. Ach wel, nu even niet aan denken. Hanne is hier en dat is tenminste gezellig.

Hanne bedacht dat Alima natuurlijk ook besneden was. Een vreemd idee, zomaar dat deel van jezelf kwijt te zijn. En zij was vast niet met verdoving geholpen. Ongelooflijk, hoe culturen bepaalde dingen van vrouwen eisten. Zou ze zich nooit afvragen hoe het voor een onbesneden vrouw was in bed? Moeilijk voor haar dat ze zelf nog wel volgens haar traditie grootgebracht is, terwijl ze dat eigenlijk niet wil. Dappere vrouw, zo tegen je ouders en je hele cultuur op te durven staan. En bovendien zit ze hier in Béléko, een traditioneler dorp kan bijna niet. Geen enkele intellectuele uitdaging voor haar hier, en toch blijft ze tegen iedereen vriendelijk. Ze is met iedereen begaan; een lieve vrouw met een warm hart. Hanne mocht van geluk spreken dat Alima hier was! Zonder haar zou ze het een stuk moeilijker hebben. En ze leerde zoveel van haar; met haar kon ze werkelijk alles bespreken! Een schat was het.

Spontaan sloeg Hanne even haar armen om Alima's nek en kuste haar op haar wang. De Malinese lachte dankbaar en duwde de nieuwe pagnes in Hanne's handen, erop aandringend ze nu eens om te doen. Vlot ontdeed de Nederlandse zich van haar katoenen rok die ze vlak voor haar vertrek nog snel in de aanbieding gekocht had. Ook het lichtblauwe bloesje dat ze erbij droeg, trok ze uit en ze stond in haar ondergoed voor haar vriendin die haar de prachtige lappen voorhield. Hanne droeg niet erg vaak een pagne omdat ze zich er niet zeker in voelde. Het eiste een bepaalde handigheid om zo'n lap om te doen die zonder enige knoop of ander hulpmiddel moest blijven vastzitten. Ze had al een paar keer aan deze en gene gevraagd hoe ze dat het beste kon doen, maar tot nu toe was ze daar niet goed in geslaagd. Na een tijdje liet de lap altijd weer los en gleed hij van haar heupen.

'Kun jij me niet nog eens voordoen hoe je 'm goed vastmaakt. Bij mij zakken ze iedere keer weer van m'n lijf. Maar deze pagne wil ik echt dragen! Dit is zo mooi...' Hanne had de pagne zo goed als ze kon omgedaan. Alima kwam overeind en zei dat het echt niet slecht was. Ook zij, de Malinese vrouwen moesten van tijd tot tijd hun kleding opnieuw vastmaken. Dat was iets waar aan je moest wennen. Hanne zou echter de uiteinden van de lap wat steviger onder de rand vast kunnen maken, dan bleef deze langer op zijn plaats.

De Malinese ging vlak achter de ontklede Hanne staan om goed voor te kunnen doen wat ze bedoelde en sloeg daarbij haar armen om haar vriendins naakte middel. Hanne lachte enigszins verlegen, waarop Alima haar verbaasd aankeek. De Nederlandse verontschuldigde zich snel: 'Nee, nee, er is niets. Het is alleen, wel... ik, wij blanken zijn niet zo gewend elkaar zo aan te raken. Vrouwen onder elkaar. Of mannen. Die nog minder.'

'Hoe bedoel je, elkaar zo aanraken?' vroeg Alima enigszins verwonderd, en liet haar armen zakken.

'Nee Alima, sorry, het is niets. Alsjeblieft', smeekte ze haar vriendin door te gaan de pagne vast te maken. Ze pakte diens armen, sloeg ze om haar eigen naakte middel en hield ze bij de polsen vast.

'Het is heerlijk zoals jullie onbevangen met elkaar omgaan. Het valt me steeds weer op dat mensen van dezelfde sekse hier gewoon lichamelijke affectie tonen. Bij ons is dat minder. Vandaar dat ik even moest lachen ... onwennigheid, meer niet. Echt, alsjeblieft, doe me voor hoe ik deze pagne goed vast kan maken. Ik wil 'm echt graag dragen.'

'Dames!' klonk onverwacht de zware stem van Karim, 'ik heb thee gezet. Willen jullie ook of hebben jullie het te druk daarbinnen?' Verrast keken de twee vrouwen naar het dunne gordijn in de deuropening van waarachter Karim geroepen had, en Hanne draaide vlug haar rug ernaartoe. Alima struikelde, overrompeld door de plotselinge beweging, en trok Hanne, die haar nog steeds bij de armen vast had, mee in haar val. Daar, boven op elkaar gelegen, ontlaadde zich plotseling alle spanning van die middag en beiden barstten uit in een onbedaarlijk lachen. Alima probeerde overeind te komen maar kon niet vanwege Hanne die, nog steeds ontkleed, slap van de lach over haar heen lag. Snikkend van het lachen proestte de Malinese dat Hanne op moest staan. Deze schudde in een krachteloos gebaar van onvermogen het hoofd, de tranen die over haar gelaat rolden de vrije loop latend. Zo bleven de twee vriendinnen liggen – er zat niets anders op dan te wachten tot ze uitgelachen zouden zijn. Ze hoopten maar dat Karim de thee nog niet ingeschonken had.

XIX   DE DROOM

Ze staat voor het huis in Massigui. Het is er stil, alleen een paar vogels laten zich voorzichtig horen. Hanne kijkt in het rond en ziet dat de groenten in het kleine tuintje verdord zijn. Overal op de cour groeit onkruid, insecten kunnen ongemoeid hun gang gaan; salamanders schieten schichtig weg tussen het wilde groen en de laterietrode stenen. Ze doet een stap in de richting van het huis dat bedekt is met grote witte lakens. Met moeite herinnert ze zich waar de ingang was. Na enig zoeken vindt ze de deur op de veranda en probeert deze. Tot haar verbazing is die open, ze gaat naar binnen. Het duurt even voordat ze aan de schemering in de huiskamer gewend is. Alle meubels zijn eveneens met lakens bedekt. Binnen is het huis opvallend schoon en opgeruimd. Er hangt een serene rust. Verrast door de kalme sfeer loopt Hanne benieuwd verder. In de keuken ligt alles nog op zijn plaats, alsof het wacht om weer gebruikt te worden. Ze gaat het donkere gangetje in, loopt langs de badkamer die ook netjes schoongemaakt is. Ze komt bij de slaapkamer van Anja. De deur staat open. Langzaam gaat Hanne naar binnen. Op bed ligt een lange zwarte man met zijn rug naar de deur gekeerd. Verbaasd blijft Hanne staan. Dan keert hij zich naar haar toe – hij is naakt. Ze begrijpt dat hij Soleymane is en neemt hem nieuwsgierig op. Zijn gelaat met de brede neus en volle lippen is vriendelijk en aantrekkelijk. In zijn glinsterende bruine ogen ligt een blik van begrip en acceptatie; hij weet wat er zal gaan gebeuren. Hanne's blik glijdt langs de lange hals naar zijn forse schouders, de onbehaarde en sterk gespierde borstkas, zijn platte buik met onderaan dicht, zwart krullend haar. Zijn donkere, welgevormde penis ligt geduldig op de rechterdij; de eikel, ontdaan van de verhullende huid, uitdagend. Terwijl Hanne ernaar kijkt zwelt zijn lid langzaam op, wordt hard, stijf.

Ze ligt naast hem, naakt en aait hem voorzichtig over zijn armen, de huid glad en stevig. Soley gaat op zijn rug liggen en Hanne begint zijn hele lichaam te strelen. Met haar vingertoppen gaat ze liefkozend over zijn knappe gezicht, en daalt langzaam af naar beneden. Ze ontwijkt zijn betekenisvolle orgaan en buigt zich om zijn gespierde benen te betasten. Dan legt Soley zijn zwarte hand op haar blanke borst en ze schrikt. Ze laat zich achterover zinken, afwachtend. Soley begint haar te strelen, ze is gespannen. Hij kijkt haar diep in de ogen, voelt speels aan haar harde tepels. Ze raakt gevangen in zijn blik, vindt alles wat hij doet goed en ontspant zich. Gewillig spreidt ze lichtjes haar benen en wacht op hem.

Ze liggen in Hanne's bed in Béléko. Soley is in haar, ze is warm en vochtig en geniet van zijn gevoelige bewegingen. Zijn zwartbruine gezicht is vlakbij het hare, glimlachend kijken ze elkaar aan terwijl hij haar soepel meevoert met het gloeiende genot van hun begerige lichamen.

Plotseling voelt ze een scherpe pijn, zijn stoten zijn hard en snel. Ze kijkt naar hem op en ziet Hugo. Met gesloten ogen, in zichzelf gekeerd, gaat hij zwijgend op en neer. Hanne duwt hem van zich af en stapt uit bed.

Ze loopt in het bos in Lonneker. De herfstkleurige bladeren van de imposante eikenbomen ruisen zachtjes in de koele wind. Sommige bomen hebben witte stammen, andere zwarte. Hanne kent dit bos, voelt zich er op haar gemak. In de verte komt een vrouw aangelopen. Hanne herkent haar als een patiënt uit de wijk. Ze betreurt het haar hier tegen te komen want ze mag haar niet. Ze vindt de vijftigjarige vrouw naïef en kinderlijk en ergert zich aan haar altijd twijfelachtige, domme uitspraken. Hanne wil haar voorbij lopen, maar de vrouw spreekt haar aan. Ze zegt dat ze ziek is en op dat moment valt ze dood op de grond. Gelaten kijkt Hanne naar haar. Vanachter een brede, met mos overgroeide eik stapt een Afrikaanse vrouw tevoorschijn en begeeft zich naar de dode blanke, die met gespreide armen en benen op de koude vochtige grond ligt. De goudbruine vrouw lijkt op Alima. Zonder tegen Hanne te spreken begint ze jonge takken van de bomen te trekken om daarmee de overleden blanke te bedekken. Als een buitenstaander kijkt Hanne toe.

Achter haar staat Soley. Hij kust haar teder in haar nek en laat zijn hand onder haar T-shirt glijden. Gewillig leunt ze naar hem over, laat toe dat hij haar uitkleedt. Als ze geheel naakt is, verdwijnt Soley en staat Hanne tegenover Alima. Deze kijkt haar vragend aan. Hanne smeekt haar zich ook uit te kleden, wat de gezette, gracieuze Malinese vrouw dan ook doet. Beiden naakt, staan ze in het prachtige bos dat nu heldergroen is, de onregelmatige bladeren beschermend boven hun hoofd.

Vanuit de neergelegde takken over de dode vrouw, begint een boom te groeien. Beide vrouwen kijken zwijgend toe hoe zich een stevige grijze stam vormt, waaraan dikke soepele takken komen met gladde, eironde blaadjes. Als de boom ter hoogte van hun onderbuik is, splitst hij in tweeën en groeit verder als twee afzonderlijke bomen, waarbij de diepe wortels en het onderste gedeelte van de stam één blijven. Hanne herkent deze boom niet en bedenkt verwonderd dat het een nieuw soort moet zijn.

XX   ROGIER

'Meneer, kunt u de leuning van uw stoel rechtop zetten, we gaan landen.' Rogier opende zijn ogen, knikte naar de hoogblonde stewardess die hem aangesproken had en drukte op het zilverkleurige knopje in de armleuning. Hij was zenuwachtig en opgelucht tegelijk; de laatste maanden had hij geheel naar dit moment toegeleefd. Het had hem door de afschuwelijke momenten van de bestraling geholpen, de misselijkheid, zijn lichamelijke zwakte en aftakeling, en de koude mistroostige herfst. In september, nu vier maanden geleden, toen hij wist dat hij weer behandeld moest worden voor de voortwoekerende kanker die zijn lichaam teisterde, had hij naar Sidiki Niantao geschreven om te vragen of hij rond de jaarwisseling een aantal weken bij zijn familie kon komen logeren. Met spanning had Rogier op zijn antwoord gewacht; terug naar Mali, daar wonen met de Malinezen, er gewoon zijn, deelnemen in het dagelijks leven daar – dat was nog zijn enige wens voor de onzekere tijd die hem restte.

De vierenveertigjarige zakenman uit Den Bosch had Sidiki leren kennen bij zijn eerste bezoek aan Mali, tweeënhalf jaar geleden tijdens zijn verblijf bij zijn zus Miriam die in Dioila werkte. Samen met haar was hij naar het dorp Wakoro gegaan, waar Niantao als verpleeghulp werkte, of aide-soignant zoals men daar zei. De stille, teruggetrokken Rogier had zich snel tot de rustige, zeer goedige man aangetrokken gevoeld. Sidiki, een Bozo uit Mopti die als jongvolwassene naar Bamako was getrokken en daar als verpleeghulp in het Gabriel Touré ziekenhuis was gaan werken, woonde al ruim tien jaar in Wakoro. Hij was nu midden vijftig, van gemiddelde grootte en had een zeer vriendelijke uitstraling. Zijn haar grijsde al enigszins, vooral in zijn dunne baard, hetgeen hem een soort ondeugende eigenwijsheid gaf die volledig bij zijn karakter paste. Altijd erg beleefd en voorkomend, wist hij toch zijn eigen mening of standpunt aan eenieder duidelijk te maken. Hij was een geliefd man met een uiterst professionele instelling, en iedereen in de wijde omgeving van het kleine savannedorp kende 'dokotoro' Niantao.

Naast zijn werk in de westerse gezondheidszorg was Sidiki een goede akkerbouwer en, als hij tijd had, wilde hij ook nog wel-eens zijn vissersnet uitgooien op de Baoulé of de Bani. Als kind was hij even buiten de drukke havenstad Mopti, langs de Niger-rivier, volgens Bozo-gewoonten ingewijd in de kunst van het vissen. Het water van de grote Malinese rivieren bleef hem trekken.

De Bozo had drie vrouwen die hem met meer dan genoeg kinderen gezegend hadden. Zijn oudste zonen en dochters waren op hun beurt ook al sinds vele jaren ouders; hij werd werkelijk een oud man. In Wakoro woonde hij met zijn eerste twee echtgenotes – de derde woonde in Dioila, waar de aide-soignant zich na zijn pensionering wilde terugtrekken, iets wat binnen niet al te lange tijd zou gaan gebeuren.

Rogier had snel antwoord op zijn brief gekregen; Sidiki voelde zich vereerd dat de Nederlander een aantal weken bij zijn familie wilde doorbrengen. De Malinees hoopte echter dat zijn nederig onderkomen hem niet zou tegenvallen, de zakenman was onge-twijfeld zoveel beter gewend. Snel had Rogier teruggeschreven dat Sidiki zich daar absoluut geen zorgen om moest maken. Het enige waarop hij hoopte was een plekje om te slapen en een gierstpot om uit mee te eten.

Voordat de diagnose darmkanker werd gesteld, betekenden zijn modezaken alles voor Rogier Fruster. Als jonge jongen was hij als leerling-verkoper bij een vermaarde zaak in Breda begonnen en al snel besloot hij dat hij zijn eigen bedrijf wilde opzetten. Zonder veel medewerking van zijn ouders, die verwikkeld in een echt-scheidingsprocedure weinig belangstelling hadden voor zijn plan-nen, was hij geheel alleen aan zijn eigen onderneming begonnen. Hij legde zich toe op de 'Young Business Wear' voor mannen en vrouwen die een meer nonchalante maar toch geklede garderobe wilden. Hij bleek hiermee uiterst succesvol, opende een tweede zaak en ontwikkelde zich tot een behendig manager. Hij beleefde veel plezier aan zijn werk en binnen tien jaar had hij vier goed draaiende kledingzaken met in totaal dertig personeelsleden. Vlak voordat hij ziek werd had hij nog samen met Joyce, die als uiterst ambitieuze secretaresse al vele jaren zijn onmisbare rechterhand was, een plan uitgewerkt voor een nieuwe zaak in Maastricht. Mocht ook dit filiaal op de grens met België en Duitsland een succes gebleken zijn, dan zou hij overwogen hebben de markt in het buitenland te gaan onderzoeken – was hij niet ziek geworden.

Het was bijna twee jaar geleden dat de rijke vrijgezel van de internist te horen had gekregen dat hij darmkanker met een slechte prognose had. Vanwege de zware behandeling had hij zoveel mogelijk van zijn werk uit handen gegeven aan de competente Joyce; de eindverantwoordelijkheid had hij echter gehouden. De directievergaderingen vonden niet langer op een vaste dag plaats; deze werden in zijn behandelingsschema met cytostatica ingepast zodat hij altijd aanwezig kon zijn – ondanks dat hij zich vaak moe en misselijk voelde.

Nadat het vernietigende vonnis over hem was uitgesproken, besloot Rogier opnieuw naar Mali te gaan. De eerste keer dat hij het Afrikaanse land bezocht had, was hij diep geroerd geweest door wat hij daar gezien had. Via zijn zus was hij in contact gekomen met de lokale bevolking en was onder de indruk van hun openheid en gastvrijheid voor hem als bezoeker. In het begin had hij wel moeite gehad met de armoede en de eenvoudige middelen waarmee hij zich moest behelpen. Ook aan de warmte, het constant transpireren, de viezigheid en alle insecten had hij erg moeten wennen. Na een week echter merkte hij tot zijn verbazing dat deze negatieve aspecten van het Sahel-land in het niet vielen bij de excentriciteit en gezelligheid van de Malinese bevolking. Het meest verrast was hij door de vanzelfsprekendheid tegenover het leven en de kalme aanvaarding met een doelbewuste zekerheid, die uit het eenvoudige bestaan van de mensen daar sprak. Terug in Nederland was hij zich gaan verdiepen in Afrikaanse culturen, waarbij hij voorheen nooit had stilgestaan omdat hij ze had afgedaan als primitief en hij kennis erover weinig relevant vond voor zijn eigen bestaan als geslaagd zakenman.

Onwennig was Rogier begonnen zijn weg te zoeken in bibliotheken en boekenzaken. In de weinige vrije tijd die hij had, las hij verwonderd over de cultuurrijke geschiedenis van het immens grote, zwarte continent. Geïnteresseerd leerde hij over de avontuurlijke handelsroutes die al millennia lang bestonden, voordat Europa amper bewoond was. Hij verlustigde zich bij de gedachte aan de overweldigende rijkdommen van de belangrijke koninkrijken die Afrika gekend had. Hij las over de slavenhandel, de Europese missionarissen, de kolonisatie en het wegvallen van de bestaande structuren volgens welke de volledig zelfvoorzienende Afrikaanse gemeenschappen gefunctioneerd hadden. Rogier verdiepte zich in de hedendaagse politieke en economische problemen die het geteisterde continent kende door de vernietigende machtsverschillen binnen de wereldstructuren, verergerd door de veelal corrupte en door het Noorden gemanipuleerde Afrikaanse regeringen.

Om zich goed voor te bereiden op zijn tweede reis naar Mali besloot hij Frans te gaan leren. Hij had het de eerste keer als een groot nadeel ervaren dat hij niet met de mensen kon praten en wilde daar wat aan doen. Na de zware chirurgische ingreep en tijdens de afmattende chemokuur, bracht hij zijn dagen in bed door met Franse studieboeken.

Hélène, een vroegere mannequin en een van zijn vele minnaressen met wie hij ooit eens gedurende enkele maanden het bed gedeeld had, was bereid geweest om op zijn tweede reis naar Mali met hem mee te gaan. Veel van zijn vrienden hadden hem na het noodlottige oordeel dat door de medici over hem geveld was, met allerlei excuses de rug toegekeerd. Alleen een paar oude bekenden zoals Hélène waren hem trouw gebleven en hadden hem in de afschuwelijke maanden van lichamelijke aftakeling bijgestaan.

Rogier had enorm genoten van die vier weken vakantie. De meeste tijd hadden ze bij Elisabeth en Jan gelogeerd, NO'ers die hij kende van zijn eerste bezoek. Rogier was dankbaar geweest voor hun gastvrijheid. Al had Elisabeth misschien als een overbezorgde moeder over hem gewaakt, haar maaltijden waren heerlijk en versterkend geweest terwijl Jan boeiend vertelde over de huidige problematiek van het Sahelse ontwikkelingsland. Hélène was erg lief voor hem geweest – Elisabeth had, in de veronderstelling dat ze een relatie hadden – één kamer voor haar gasten klaargemaakt en beschaamd had Rogier de eerste avond zijn pruik afgedaan. Zijn nog steeds aantrekkelijke vriendin had hem plagend op zijn kale hoofd gekust en hoewel het jaren geleden was dat ze een seksuele relatie hadden, waren ze zonder er verder iets over te zeggen troostend in elkaars armen gekropen.

Wegens zijn slechte conditie hadden ze in het land zelf geen lange reizen gemaakt. Verder wilde Rogier het liefst de dorpen in om zoveel mogelijk onder de Malinezen te zijn. Daarvoor ging hij regelmatig met Jan mee op tournee; zijn reisgenote bleef liever thuis en kletste met Elisabeth de dagen aaneen. Op een dag moest Jan naar Wakoro en Rogier had zich verheugd op een nieuwe ontmoeting met de sympathieke Sidiki en zijn hartelijke vrouwen. De aide-soignant was toevallig thuis en Jan liet Rogier, die door iedereen enthousiast begroet werd, bij hem achter terwijl hij zijn werk voor de bosbouwdienst ging doen. Sidiki was geschokt door het verhaal over zijn ziekte, dat Rogier hem vertelde.

'Darmkanker is een ernstige ziekte, maar niemand', zo had de Malinees gezegd, 'kan met zekerheid zeggen hoelang je nog te leven hebt. Dat is onzin, daar moet je je niet aan vasthouden. Voor ons Afrikanen is elke dag er één, en zo leven wij al vanaf onze geboorte. Niemand kent zijn einde en iedere ochtend dat wij de zon op zien gaan, zijn we God dankbaar. Je moet niet spreken over je dood – als het moment daar is, is het vroeg genoeg.'

Rogier had hem uitgelegd dat die opstelling niet voor hem als blanke gold. Voor hem was het vanzelfsprekend om iedere ochtend de zon op te zien gaan, daar rekende hij op, daar ging hij gewoon vanuit. Nu echter, nadat de artsen hem verteld hadden dat zijn lichaam vernietigd werd door woekerende kankercellen, nu was het duidelijk geworden dat het einde in zicht was. De zon zou voor hem niet al te lang meer schijnen.

'De zon schijnt voor iedereen en blijft schijnen. Sinds het moment dat we uit de schoot van onze moeder komen, moeten we dankbaar zijn voor elke dag dat we leven. Onze dood komt, en dan gaan we terug naar onze voorouders. Maar wanneer dat is weet niemand. Iedereen is blij 's morgens weer op te staan, te leven. En dat geld toch net zo goed voor mij als voor jou.'

Sidiki was over iets anders begonnen en ze waren niet meer op Rogiers ziekte teruggekomen. 's Avonds, toen hij het verhaal aan Hélène vertelde, realiseerde hij zich dat al die uren dat hij bij Sidiki en zijn familie op bezoek was geweest, hij niet aan zijn toestand had gedacht. En dat was ongewoon. De laatste maanden, vanaf het moment dat de arts het woord kanker had uitgesproken, was hij zich constant bewust van de enorme ommekeer in zijn leven. Hij was niet langer gezond en moest onder ogen zien dat hij zou gaan sterven. Voor het eerst in zijn leven was hij zich bewust van het feit dat hij in de letterlijke zin van het woord een sterveling was – en dat boezemde hem angst in. Eigenlijk had hij nooit nagedacht over de dood. Zijn ouders leefden nog, en daarbij, hij zou ze niet erg missen als ze er niet meer zouden zijn. Noch in zijn nabije vrienden-kring, noch in de zakenwereld was hij ooit nauw betrokken geweest bij mensen die overleden waren. De dood was voor hem altijd ver weg geweest en dat was het blijkbaar ook voor anderen in zijn omgeving want hij merkte dat hij er nauwelijks met iemand over kon praten. Rogier was nooit erg spraakzaam geweest; ook als kind en als jongeman was hij altijd teruggetrokken geweest, in tegen-stelling tot zijn zussen en zijn immer bekvechtende ouders. Nooit had hij geleerd zijn emoties te uiten en de contacten die hij als vol-wassene gemaakt had waren óf zakelijk óf erotisch – met jonge gezonde bedvriendinnen. Dood en verderf kwamen daarbij niet ter sprake.

Terug in Nederland had de zakenman zo goed als het ging de draad weer opgepakt. Hij liet zich door de bijzonder bekwame Joyce inlichten over wat er tijdens zijn afwezigheid voorgevallen was en belegde een vergadering met haar, de vier filiaalmanagers en met het hoofd administratie. Ondanks de recessie bleven de verkoopcijfers uitermate goed en er waren geen bijzondere personeelsproblemen; Rogier kon zich nog steeds verheugen over een prima draaiende onderneming.

Na acht maanden stelde de oncoloog een nieuwe chemokuur met bestralingen voor omdat er na een scanonderzoek enkele metastasen zichtbaar waren geworden. Opnieuw moest de zieke man het ziekenhuis in en opnieuw besloot hij, zodra hij weer op krachten was, naar Mali te gaan. Dit keer wilde hij echter niet bij blanken maar bij Malinezen logeren en daarom schreef hij naar Sidiki.

Nadat hij positief antwoord had gekregen van zijn bescheiden vriend uit Wakoro, had de vierenveertigjarige Nederlander de notaris laten komen. Aangezien de vrijgezelle Rogier weinig mensen kende die hem echt dierbaar waren, en hij de dood altijd iets voor later had beschouwd, had hij nooit de moeite genomen een testament op te laten maken. Nu echter gaf hij de verbaasde jurist de instructies dat eenderde van de opbrengst uit de verkoop van zijn zaken ten goede moest komen aan een zekere Sidiki Niantao in Wakoro, een klein Afrikaans dorp dat op geen enkele landkaart te vinden was. De overige tweederde moest aan vier verschillende ontwikkelingsorganisaties overgemaakt worden. De enige clausule die Rogier eraan toevoegde was dat bij de verkoop Joyce de gelegenheid zou krijgen de onderneming voor tachtig procent van de taxatiewaarde over te nemen. De zakenman gunde haar het succes toe dat ze ongetwijfeld als opvolgend directrice zou boeken.

Vlak voor zijn vertrek naar Mali belegde Rogier een algemene vergadering met alle personeelsleden waarin hij uitlegde dat Joyce de volledige vrijheid en verantwoordelijkheid kreeg als zijn zaakwaarneemster. Om haar hiervoor de ruimte te geven was er een nieuwe directiesecretaresse aangetrokken. Op de vraag wanneer hij terug zou komen gaf hij geen direct antwoord. Tot zijn eigen verbazing hoorde Rogier zichzelf vertellen dat hij in Mali een thuis gevonden had en niet wist hoelang hij daar zou blijven. De zaal was doodstil geweest. Kalm had hij verteld over Sidiki en zijn vrouwen, bij wie hij zou gaan logeren. Hij beschreef hun huis en de drukke gezelligheid die er met alle kinderen heerste; hij vertelde over het dorp en het dagelijks leven van de mensen en weidde uit over de ingewikkelde problemen waarmee het Sahel-land te kampen had. Na ruim twintig minuten hield hij op met praten en zag de verbaasde gezichten van zijn medewerkers. Verlegen verontschuldigde hij zich dat hij hen misschien verveeld had, waarop iedereen stellig ontkennend reageerde. Later had Joyce hem verteld dat zijn ongewone verhaal hen allen overvallen had. Men kon zijn warme enthousiasme voor de armoede die hij beschreven had moeilijk begrijpen en daarbij, niemand had hem ooit zolang achter elkaar aan het woord gezien. Het personeel had zich voorbereid, zo vertelde de zakenvrouw eerlijk, op een moeilijke vergadering waarin ze verwachtten dat hun ernstig zieke directeur afscheid van de zaak zou nemen. Zijn ziekte was echter nauwelijks ter sprake gekomen; in plaats daarvan had hij hen verrast met zijn verhaal over Mali dat geklonken had alsof hij daar een nieuw leven ging beginnen.

Rogier maakte de veiligheidsriem vast en liet zijn hoofd tegen de leuning rusten voor de landing. Een nieuw leven zou hij niet meer krijgen, bedacht hij treurig, maar dat hij opnieuw begon... Hij hoopte het. Hij hoopte dat hij nog genoeg tijd zou hebben om het intrigerende leven van de Malinezen beter te leren kennen. De eerste twee keren was hij in Mali op visite geweest; hij had bij Nederlanders gelogeerd en moest na een paar weken terug voor zijn bedrijf. Nu kwam hij naar Mali om er te zíjn. Niets riep hem terug naar zijn vaderland en dit keer zou hij geen landgenoten om zich heen hebben. Sidiki had hem gezegd dat hij zolang kon blijven als hij wilde en Rogier had dat dan ook voor zichzelf geheel open-gelaten. Misschien dat hij na enkele weken al terugverlangde naar het comfort en de vertrouwdheid van zijn ruime woning in Den Bosch. Of misschien kon hij er zo goed wennen dat hij er ver-scheidene maanden zou blijven. Of wellicht zou hij er wel zolang blijven als de kankercellen nodig hadden hun vernietigende werk te voltooien...

Zenuwachtig stapte Rogier uit de Boeing van U.T.A. en over-zag het kleine, vertrouwde vliegveld van Bamako. Langzaam liep hij de ijzeren trap af en voordat hij een voet op het zwarte asfalt zette, klonk de vriendelijke stem van Sidiki die hem opwachtte. Opgelucht begroette Rogier zijn vriend, die een kop kleiner was dan hij. Rogier had geregeld dat de Nederlander niet de gebruikelijke weg langs de douane hoefde af te leggen en nam hem direct mee naar het restaurant op de eerste verdieping. Daar bestelde hij voor zijn bezoeker iets te drinken en ging zelf de formaliteiten regelen.

De nacht bracht Rogier door bij familie van Sidiki en de vol-gende dag vertrokken de twee reizigers met het openbaar vervoer naar Wakoro. Met de douru-douru – een oud, omgebouwd busje zonder schokbrekers en met houten, splinterende banken als zit-plaatsen – gingen ze naar de halteplaats van de grote Somatra-bussen. Voorheen gingen deze zover als Gao; sinds de burgeroorlog in het noorden met de Touaregs echter reden de bussen maar tot Mopti. Sidiki kocht twee kaartjes naar Fana, waar ze uit zouden stappen om vandaar een auto te nemen naar Dioila en vervolgens naar Wakoro. Rogier was aangenaam verrast met de relatieve orde en ruimte die er in de bus was. Op de kleine banken zaten, zoals de ontwerpers ooit bedoeld hadden, niet meer dan twee passagiers – iets dat in andere openbare vervoersmiddelen niet voorkwam. Men werkte in het algemeen namelijk volgens het principe dat alle ruimte van het voertuig opgevuld kon worden door mensen, of dit nu zittend, staand, hurkend of liggend was. Soms vatte men het begrip volladen nog ruimer op en zat een passagier boven op de bagage op het dak van de auto, of stond achter op een los-vaste bumper. Vergeleken hiermee was de door Duitsland afgedankte bus een luxueus eersteklas transportmiddel.

In het bedrijvige Fana hadden ze het geluk dat ze binnen een uur naar Dioila konden vertrekken, waar ze tegen het vallen van de avond een auto vonden die hen, tegen wat extra betaling, nog wel naar Sidiki's dorp vijftien kilometer verderop wilde brengen.

De twee echtgenotes van Niantao die met hem in Wakoro woonden, verwelkomden hun blanke bezoeker uiterst hartelijk. Druk pratend en handenschuddend brachten ze hem naar een stoel die al voor hem klaar stond naast een vervallen salontafeltje onder een strooien afdak. Het afdak maakte deel uit van een kleine, op zichzelf staande vierkante hut met een aluminium dak. Het bleek dat ze dit lemen huisje voor hem uitgeruimd en schoongemaakt hadden. Binnen stond een bamboe bed met een dik schuimrubberen matras, een lokaal gemaakt hardhouten tafeltje en dito stoel en een eenvoudige ijzeren lage stoel met nylondraad. Aan de muur hingen kalenderposters en voor het kleine luik in de hut prijkte een nieuw gordijntje, evenals voor de deuropening. Op de tafel stond een helder opgepoetste olielamp met ernaast een nieuw doosje lucifers. In de hoek naast het bed stond een lichtgeel rieten kastje met op de onderste plank een plastic vergiet waarin men een nog in papier verpakt stuk zeep en een kale maïskolf gelegd had om zich mee te wassen. Ernaast stond een grote gietijzeren emmer. Op de zorgvuldig aangeveegde vloer van hard aangestampte aarde lag voor het bed een kleurrijke langwerpige mat. Het was meer dan Rogier had durven hopen. Hij had een eigen, keurig verzorgde hut naast de ingang van de cour waarin hij zich prima zou kunnen installeren met de weinige spullen die hij vanuit Nederland meegenomen had. Dankbaar schudde hij de vele handen die hem ter begroeting toegestoken werden. Er werd hem Fanta-limonade aangeboden en even later bracht Aminatou, de baramuso, een groot emaille blad met drie schalen erop. Iedereen trok zich plotseling bescheiden terug en alleen Sidiki bleef met de bezoeker achter. Hij nodigde zijn gast uit met hem te eten: rijst met kip en pindasaus.

Rogier genoot vanaf het allereerste moment van het leven hier, met de talrijke levendige Bozo-familieleden in het rustige savannedorp. Al snel kregen zijn dagen een kalme, ontspannen regelmaat die de zieke prima beviel. 's Morgens werd hij wakker van de opwekkende geluiden van de natuur, afgewisseld door gedempte vrouwenstemmen die al vroeg aan de dag begonnen. Rustig draaide de Nederlander zich dan nog eens om, om even later, als een van de dochters het ontbijt stilletjes op het lage tafeltje onder het afdak had neergezet, op te staan. Hij nam uitgebreid de tijd voor het voedzame ontbijt en zijn ochtendtoilet. Vaak ging hij daarna een kleine wandeling maken, waarbij hij soms bij Sidiki in de kliniek langsging of bij een van de vrienden die hij in de loop van de tijd had gemaakt. Na de middagmaaltijd hield hij een lange siësta; in de hitte van de voormiddag had hij weinig energie voor iets anders. In de namiddag installeerde hij zich soms in de schaduw van de enorme baobab die vlak naast de cour stond en bracht dan een paar uurtjes door met het lezen van de boeken die hij meegebracht had. Of hij schreef brieven aan bezorgde familieleden en kennissen in Nederland, luisterde naar de radio, studeerde wat Frans of speelde met zichzelf een spelletje schaak op de kleine schaakcomputer die hij ook bij zich had. De vele kinderen waren geïnstrueerd hem overdag met rust te laten en niet bij zijn hut rond te hangen. Zodoende kon hij zijn eigen gang gaan zonder constant op de vingers gekeken te worden. Het duurde even voordat iedereen in het gezin aan zijn aanwezigheid gewend was geraakt, maar na enkele weken hield niemand, behalve de allerjongsten, hem meer nieuwsgierig in de gaten. De avonden bracht Rogier samen met de familie door. Soms speelden ze bilot, een kaartspel dat hem al snel door de mannen geleerd werd, of probeerde hij tevergeefs van een van de zonen, de vijftienjarige

Moussa, te winnen met dammen. De jongen was duidelijk te sterk voor Rogier – en elke keer opnieuw bracht dat grote hilariteit teweeg. Vaak ook zat de Nederlander 's avonds gewoon rustig onder zijn afdak en mijmerde weg bij de gesprekken die door de Malinezen om hem heen in hun eigen taal gevoerd werden.

Op een dag stopte er voor de ruime cour, die een paar honderd meter van de weg af lag, een auto. Het was vier uur in de middag en Rogier had zich net opgefrist na zijn siësta. Benieuwd keek hij over de hoge lemen muur die het huisgezin afschermde van de buitenwereld en zag Hanne uit Béléko uit haar blauwe Daihatsu stappen. Van de enkele blanken die af en toe bij hem op bezoek kwamen, stelde hij haar en Hugo het meeste op prijs. Er waren weleens Nederlanders uit Bamako bij hem langsgeweest, waarbij hij sterk het gevoel had gehad dat ze uit pure nieuwsgierigheid gekomen waren; hij was voor hen een interessant verzetje bij gebrek aan iets beters. Jan en Elisabeth, zijn dichtstbijzijnde blanke 'buren', brachten hem altijd allerlei Europese lekkernijen vanuit een bezorgdheid die hij wel waardeerde, maar niet zocht. Bij Hugo en Hanne uit Béléko voelde hij zich het meest op zijn gemak; ze schenen beiden zijn keuze te respecteren, ook al begrepen ze het misschien niet. Hugo had hem in het begin gevraagd of hij iets voor hem kon doen en bood aan hem van tijd tot tijd wat Nederlandse bladen te brengen. Ook in het geval dat zijn ziekte hem voor problemen stelde kon hij altijd een beroep op hen doen, zo hadden ze hem aangeboden. Hij was hen hiervoor erg dankbaar geweest.

Rogier liep naar de ingang van de cour om Hanne te begroeten. Hij was niet gewend dat ze alleen kwam en vroeg naar haar vriend. Die zat in Bamako, zijn tweede thuis, merkte ze schertsend op en liep daarna snel door naar Aminatou die aan het gierst stampen was. Hanne begroette iedereen van de familie in vloeiend Bambara alvorens zich onder het afdak van Rogier te installeren. Hij schonk haar een cola in en had nog wat pistachenootjes die Elisabeth hem gebracht had.

'Ik heb aangeboden haar voor de dingen die ze brengt te betalen en ik heb eindelijk met haar kunnen afspreken dat ik een lijstje maak van wat ik nodig heb uit Dioila of Bamako. Dat is beter, dan kan ik zelf nog een beetje uitmaken wat ik in huis haal. Ik schaamde me erg tegenover Sidiki's familie voor wat ze me allemaal toeschoof', zei Rogier hoofdschuddend terwijl hij de nootjes op het wankele tafeltje zette. 'Ze gaat te ver in haar dwang om te zorgen. Het liefst zou ze mijn hele leven hier regelen. Ieder keer weer vraagt ze me of men hier wel goed voor mij zorgt, of ik goed eet en of ik schone kleren heb. Het feit dat ik vrijgezel én ziek ben, maakt mij blijkbaar tot een hulpeloze.'

Hanne luisterde verbaasd naar wat haar landgenoot vertelde. Ze had hem in de twee maanden dat ze hem nu kende nooit kritiek op iemand horen leveren en hij was deze keer ook spraakzamer dan anders. De stevige, maar duidelijk vermagerde man zat rechtop in zijn stoel en was zoals gewoonlijk netjes gekleed, dit keer in een marineblauwe bermuda van dunne katoen met een bijpassend gestreept Lacoste-shirt.

'Maar goed, je bent hier niet naartoe gekomen om mij over mijn blanke buren te horen uitweiden. Hoe gaat het in Béléko? Hebben jullie nog geen last van de warmte?'

Rogier was eind december naar Mali gekomen, het tijdstip waarop de thermometer de laagste waarden aangaf. Eind februari echter begon de temperatuur 's middags al op te lopen tot zo'n vijfendertig graden, als een voorzichtige waarschuwing voor wat er in de maanden daarna ging komen. Hanne vertelde van hun ervaring, bijna twee jaar geleden, toen ze in mei aankwamen in de heetste periode van het jaar.

'In huis was het 's nachts niet uit te houden! Buiten was het een graad of vijf koeler en als je dan over temperaturen van rond de veertig praat, dan voel je iedere graad. Werkelijk, daar kun je je van tevoren geen voorstelling van maken, hoe dat voelt!'

'Ik ben benieuwd hoe het zal zijn. Het lijkt me een vreemde ervaring om buiten te slapen. In feite leef je dan werkelijk vierentwintig uur per dag buiten. Dat is toch uniek, zoiets bestaat in Nederland niet.'

'Kamperen misschien.'

'Jawel, maar dat doe je twee, misschien drie weken en dat is dan vakantie. Dit is wonen! Iedereen leeft hier het hele jaar grotendeels buiten de deur. Altijd schijnt de zon, is de hemel blauw. Ik vind dat werkelijk prachtig!'

'Je hebt het hier echt naar je zin hè', reflecteerde Hanne over het enthousiasme van Rogier.

'Ja, ik had niet verwacht dat het zo goed zou gaan... Toen ik Sidiki schreef om te vragen of ik bij hem kon logeren, had ik geen tijdsduur in gedachte. Ik heb in Nederland alles zo geregeld dat ik er in feite niet meer naar terug hoef. Ik hield er echter wel reke-ning mee dat ik misschien niet zou kunnen wennen, of dat ik be-paalde aspecten van Nederland zou missen, zoals het comfort van een bad, een goede fauteuil, de televisie. Maar niets van dat alles. Ik heb het hier inderdaad echt naar mijn zin. En meer nog, ik ... het klinkt mezelf vreemd in de oren, maar ik ben hier gelukkiger.'

Hanne keek hem vragend aan.

'Vreemd, niet?! Natuurlijk had ik hier op gehoopt, anders zou ik de stap om naar hier te komen nooit gemaakt hebben. Maar het verbaast mij steeds weer dat het zo is. Ik denk er veel over na hoe dit kan. Vooral 's avonds, als ik hier zo buiten zit met de mensen om me heen, die dan zeer geanimeerd in het Bambara of het Bozo met elkaar converseren, dan ervaar ik een rust die ik mijn hele leven niet eerder ondervonden heb. En dat is verbazingwekkend, niet? Ik ben een, mag ik stellen, succesvol zakenman, heb altijd hard ge-werkt en de laatste vijftien jaar heb ik op ruime voet kunnen leven. Menig collega in de modewereld bekeek mij met afgunst aangezien ik altijd wel een aantrekkelijke dame naast me had. En nu zit ik hier, in een uiterst primitieve omgeving, met mensen die absoluut geen idee hebben van mijn leven in Nederland, daarbij ben ik ernstig ziek... En toch ben ik gelukkig...'

'Het is voor mij absoluut nieuw terrein om hierover met iemand van gedachten te wisselen... Op dit moment denk ik dat mijn innerlijke tevredenheid voortkomt uit het feit dat leven en dood collectieve ervaringen zijn... In Nederland – en misschien heeft dat te maken met de kringen waarin ik leefde – hielden we sterven ver van ons af. Ouder worden is al een enorm taboe, laat staan overlijden. Ik stond er dus niet bij stil dat ik een sterveling in de letterlijke zin van het woord ben... Eenmaal ziek en geconfronteerd met het einde van mijn leven, vond ik in mijn kennissenkring absoluut geen weerklank voor de afschuwelijke angstgevoelens die dit oproept. Deze angst komt, denk ik nu, voornamelijk vanwege mijn onbekendheid met de dood. Ik weet niet wat ik me erbij voor moet stellen. Wat gebeurt er met mij straks? Ik ben niet kerkelijk, heb geen geloof, weet niets van een hiernamaals. Dus straks houdt het op... Gewoon weg, er niet meer zijn... Leegte... Dat benauwde mij enorm en toen de arts zei dat het er slecht voor me uitzag, dacht ik direct aan hier. Je weet dat ik toen ook hier op vakantie ben geweest. Hebben we elkaar toen niet ontmoet bij Elisabeth?'

Hanne knikte ter bevestiging; ze was gefascineerd door Rogiers openhartige overdenkingen die hij met haar deelde en wilde hem niet onderbreken.

'In het begin was het me niet duidelijk waarom ik me tot het leven hier aangetrokken voelde. Ik kon m'n vinger er niet opleggen. Nu heb ik echter ruimschoots de tijd gehad erover na te denken. Het is de collectieve ervaring van leven-en-dood die hen onderscheidt van ons. Hier deelt men in een gemeenschappelijke levensenergie die er bij ons niet is. Misschien was die er vroeger wel, dat weet ik niet. Maar hier voel ik dat ik opgenomen word in een allesomvattende levenskracht die mij als individu geruststelt. Er is een gezamenlijk weten, of ervaring van onze sterfelijkheid die de dood vanzelfsprekend maakt. Er is een acceptatie van de cyclus van het leven en sterven hoort daar onlosmakelijk bij. Het is werkelijk een overweldigende ervaring! Ik voel me namelijk opgenomen in een geheel waarin mijn ziek zijn normaal is! Kun je me volgen, begrijp je me?'

'Ik denk het wel... Ik ben in ieder geval blij dat je zo'n positieve ervaring hebt. Ik bedoel, met je ziekte ... het is niet vanzelfsprekend om dan nog positief tegenover het leven te staan.'

'Precies, dat wordt ons altijd voorgehouden. En dat is nu juist het mooie, dat ik me hier eerder levend dan ziek voel. Dat komt door die enorme levenskracht die hier zomaar voelbaar is...'

'Ik vind het echt heel interessant dat je dit zo stelt', merkte Hanne geboeid op. 'Ik vraag me namelijk vaak af welk essentieel verschil er is tussen het leven hier en dat bij ons. En zoals je dat nu stelt, een levenskracht... Maar waar komt die dan vandaan?'

'Ik denk dat het te maken heeft met, nogmaals, die collectiviteit. Wij leven ook en hebben dus ook die kracht, maar bij ons is het veel individueler. Dat maakt ons kwetsbaarder. Het psychisch functioneren van de mensen hier is een gezamenlijkheid, ze zijn verbonden op een zeer diep en essentieel niveau, met elkaar én met de wereld om hen heen. Daar zijn ze één mee. Hun relatie met de natuur, die zich hier zo krachtig manifesteert, en hun relatie met het bovennatuurlijke is onlosmakelijk verbonden aan hun eigen functioneren. Dit geeft een psychische stabiliteit die wij in het Westen niet hebben. Bij ons moet alles vanuit onszelf komen, en hoewel dat voordelen heeft, maakt het ons weinig stabiel.'

'Wat zouden die eventuele voordelen van onze individualiteit dan zijn?'

'Dat je kunt doen wat je wilt. Je bent niet gebonden aan de normen en waarden van de gemeenschap, en dus kun je jezelf veel meer ontplooien. Vooropgesteld dat je daar psychisch de kracht toe hebt... En verder, het leidt tot een ander bewustzijnsniveau denk ik. Hier leeft men nog direct vanuit de oerkrachten die in het leven werkzaam zijn. Zij leven nog vanuit dat gezamenlijk psychisch functioneren waaruit de hele levende natuur ontstaan is. Maar dat maakt hen echter minder zelfbewust. Alles wat in henzelf omgaat, wordt op de buitenwereld geprojecteerd. In het westen bestaat de mogelijkheid tot een dieper zelfinzicht te komen en daarmee tot een groter begrip van het menselijk functioneren. En dat is positief. Al vind ik de prijs die we daarvoor moeten betalen erg hoog...'

'Je bedoelt de eenzame manier waarop we leven, en de vele psychische problemen die daaruit voortkomen?' Rogier maakte een duidelijk gebaar van bijval, waarop Hanne verder ging: 'Zouden we dat niet op kunnen vatten als groeistuipen van de mensheid – en dus iets waar we overheen moeten groeien? En dus iets waar we op dit moment mee moeten leren omgaan! Ik bedoel, onze problemen vergeleken met die van de mensen hier lijken soms pure welvaartsproblemen. Dan heb ik het niet over het materialistische ... hoewel ik denk dat dat ook iets is waarmee we nog moeten leren omgaan. Want het zal wel verband houden met elkaar, denk ik. Met welvaartsproblemen bedoel ik de vele psychische en relationele onzekerheden die men in onze maatschappij ondervindt. Zelf denk ik weleens dat dit een fase is die van groot belang is voor de mensheid. En dus evengoed onze aandacht en energie vraagt. Ik zeg dit omdat ik vaak het gevoel heb dat de problemen van de mensen hier veel essentiëler zijn dan die van de westerlingen.'

'Dat komt doordat men hier op het niveau van leven en dood functioneert, het niveau van ons oorspronkelijke begin. Dat leidt tot een herkenning van 'O ja, hier gaat het om'.' Ik weet niet of het één belangrijker is dan het ander. Blijkbaar zijn zowel onze manier van functioneren als de Afrikaanse manier nodig. Dat wil zeggen, als je denkt dat het ergens toe zal leiden, een doel heeft. Maar dat houdt mij op dit moment niet zo bezig. Voor mij is het genoeg dat ik hier iets gevonden heb wat ik in Nederland niet had. En dat verbaast me nog iedere dag. Toen ik ziek werd, viel alles waarvoor ik mijn hele leven zo hard gewerkt heb plotseling weg. Ik kwam in een gat terecht waarin niemand mij blijkbaar wilde volgen. Ik was vreselijk eenzaam.'

'Rogier, als ik mag vragen... zou het niet zo kunnen zijn dat je, nu je dit zo ervaren hebt, terug in Nederland dit vast zou kunnen houden? Ik bedoel, dat je ook daar je deel kunt voelen van die gezamenlijke levensenergie en het weten dat ziek zijn erbij hoort?'

'Interessante vraag. Ik heb er nog niet over nagedacht omdat ik er niet aan denk om naar Nederland terug te gaan. Ik denk niet eens meer aan Den Bosch of aan mijn eigen huis als thuis. Ik voel me op dit moment hier thuis, dus waarom zou ik weggaan...?'

'Ja natuurlijk, als dat zo is dan is het alleen maar mooi dat je hier kunt zijn. Ik vroeg dit omdat ik er zelf weleens over nadenk. Ik herken namelijk wat je zegt. Ook ik voel me hier als het ware opgenomen in een ... laat ik zeggen ... een zingevende kracht. Het leven hier heeft een grotere vanzelfsprekendheid. Dat klinkt raar, want als men hier érgens niet zeker van is, dan is dat van het leven. Iedereen kan morgen aan een of andere ziekte overlijden. Maar zoals je zegt, misschien juist daardoor is er een gezamenlijke aanvaarding die voor mij nieuw is. Zelf heb ik echter wel vaak moeite met al het leed hier. Er is zoveel ziekte, armoede en honger soms. Ik vind het moeilijk om daarmee om te gaan. En dan, ik vind het leven hier vaak zo ruw, zo bruut – soms bijna ... beestachtig. En dan vraag ik me weleens af hoe het zou zijn om terug in Nederland te zijn. Ik zou namelijk dat gevoel van volledig in het léven te staan niet meer willen missen. Maar ik weet niet of dat iets is wat ik zou kunnen internaliseren, en dus kan blijven ervaren ongeacht waar ik ben.'

'Hmm. Misschien. Voor mij is die vraag niet meer zo belangrijk... Ik heb gewoon de tijd niet meer om dat nog te ondervinden. Ik ben blij dat ik dit nog mag meemaken en dat ik niet volledig wanhopig aan mijn einde kom. Er blijft echter nog genoeg om over na te denken...'

'Ja natuurlijk', antwoordde Hanne instemmend, respecterend dat Rogier niet verder op haar vraag in wilde gaan. Het was opmerkelijk hoe persoonlijk hij met haar gesproken had en ze waardeerde dit enorm. De Rogier die ze nu leerde kennen leek weinig meer op de uiterst afstandelijke man die ze voor het eerst bij Elisabeth had gezien, al was hij nog steeds wat formeel in zijn doen en laten, en erg beheerst in de omgang met anderen. Ze was blij met dit openhartige gesprek; het kwam niet vaak voor dat ze met iemand over de diepste beleving van haar verblijf in Afrika sprak. Met een spontane dankbaarheid zei ze hem dit en verlegen lachte hij dat het voor hem ook nieuw terrein was. Zwijgend keken ze elkaar aan in een sfeer van vertrouwelijkheid. Dankbaar hielden beiden zich vast aan de blik van de ander, totdat Rogier plotseling opstond en vroeg of zijn gast nog wat wilde drinken. Hanne vroeg om wat water, eraan toevoegend dat ze zo weer op moest stappen.

Ze legde uit dat ze op weg was naar Dioila waar ze de nacht zou doorbrengen bij haar collega Michel en zijn Zaïrese vrouw Tshala. De volgende dag zou Hugo vanuit Bamako ook naar Dioila komen; daarna zouden ze samen terug naar Béléko gaan. Rogier vroeg of Hanne weleens met haar vriend meeging naar Bamako, waarop ze ontkennend antwoordde.

'Ik ga alleen als ik er een vergadering heb en dat is niet zo vaak. Ik houd niet zo van de hoofdstad en Hugo gaat vaak genoeg om onze boodschappen mee te nemen. Verder ... ik geloof dat hij liever alleen gaat. Hij is erg betrokken bij alles wat zich daar afspeelt, zowel in onze organisatie, NO, als bij de politieke ontwikkelingen. Hij voelt zich daar in Béléko enigszins van afgesneden, zegt hij.'

Hanne stond snel op en gaf aan dat het echt tijd werd om op te stappen. Ze zei de familieleden van Sidiki gedag alvorens ook van Rogier afscheid te nemen. Even sloeg hij een arm om haar heen en kuste haar innig op haar wang. Overrompeld door de intensiteit van zijn gebaar kuste ze hem terug en liep zonder verder iets te zeggen terug naar haar auto. Rogier wachtte tot ze startte en wegreed, waarna hij haar uitgebreid nazwaaide.

XXI DE BLUE MOON

'Ga vanavond mee naar de Blue Moon man. Hier een beetje rondhangen in dat doorgangshuis lijkt me niet de leukste manier om je vrijdagavond door te brengen...'

'Het schijnt dat er vandaag een demonstratie van de studenten is. Is het dan niet erg gevaarlijk op straat?'

'Denk 't niet. Die demonstratie is in de binnenstad en op de heuvel, Koulouba. Misschien dat je daar beter weg kunt blijven nu, maar straks in de avond is het wel weer rustig. En dan ... een beetje afwisseling is mij welkom. Er gebeurt tenminste iets en dan wil ik daar ook wel de sfeer van proeven. Het heeft lang genoeg geduurd voordat die Malinezen eindelijk eens in opstand kwamen tegen die dictator. Ik denk dat ik straks uit m'n werk even die kant uit rij, kijken wat er gebeurt.'

'Jij liever dan ik. Ik hoor liever naderhand wat er zich heeft afgespeeld, zonder risico. Ik vind de sfeer in de stad al gespannen genoeg; ik heb er geen behoefte aan om in elkaar geslagen te worden.'

'Nee joh, als blanke...! Daar zijn die Malinezen veel te lief voor, zo'n vaart loopt dat niet', wuifde Stefan de bezwaren van Hugo weg. 'En vanavond is het zeker weer rustig, dus dat is dan akkoord? Ik ben om een uur of tien bij je. Ik kom met Henriëtte.'

Nadat Hugo het kantoor verlaten had, ging de achtentwintigjarige regiovertegenwoordiger achter zijn computer zitten om een brief aan Wageningen af te maken. Zijn gedachten bleven echter bij de man die hij zojuist had overgehaald om mee te gaan naar de nachtclub. Hij kende Hugo nu bijna twee jaar en het was pas van de laatste maanden dat ze elkaar beter waren gaan leren kennen; sinds hij regelmatig naar Bamako kwam. Stefan mocht hem wel, al zouden ze nooit echt vrienden worden. Daarvoor was Hugo te ... wat was het ... te weinig gefocust. Stefan hield van mensen die wisten wat ze wilden in het leven, die de richting waarin ze gingen duidelijk hadden. Hij had niet zoveel geduld met mensen, vooral niet met mannen die weinig ambities hadden. Wat had het voor zin om eerst zo'n twintig jaar te leren en daarna bijna veertig jaar hard te werken als het niet was om naar de top te willen. Stefan had al met zijn studie ontwikkelingseconomie gekozen voor het wereldje van de ontwikkelingssamenwerking en daarin wilde hij zover mogelijk komen. Hij had zich ertoe aangetrokken gevoeld door het internationale aspect ervan; de mogelijkheid veel te reizen en in andere landen te wonen, en door de actuele en politieke gevoeligheid van het onderwerp. Hij had het getroffen met zijn huidige functie, een prima start voor zijn verdere carrière. Het driejarige contract met NO liep over een half jaar af maar hij overwoog om het met een half jaar te verlengen. Van een kameraad op buitenlandse zaken had hij gehoord van een aantrekkelijke baan in Jemen die over een klein jaar zou vrijkomen. Als hij genoeg zou lobbyen moest het mogelijk zijn die post te krijgen. De brede ervaring die hij daarmee zou opbouwen was een uitstekend uitgangspunt voor verdere sollicitaties, dan het liefst in Nederland, met korte buitenlandse consulten.

Stefan had niet de indruk dat Hugo, die toch al drieëndertig was, een duidelijk idee had wat hij in de toekomst zou willen. Hij had de sociale academie gedaan, maar je hoorde hem nooit over zijn vroegere werk, noch over plannen voor later. Evenmin had hij de Hollander horen praten over eventueel freelance werk dat hij zou willen doen, al was dat natuurlijk ook wel moeilijk met zo'n beroep. Als econoom lag dat eenvoudiger; toch zou Stefan niet graag drie jaar als partner meegaan naar de tropen. Als je geen mazzel had en niet iets interessants zou kunnen doen, was het toch een gat van drie jaar op je CV En daarnaast, hij zou ook de voldoening missen. Zoals Hugo, die daar al twee jaar in zo'n plattelandsdorp als Béléko zat, zonder enig vertier en zonder de bevrediging van een leuke baan... Hij zegt dat hij het leuk vindt om te tekenen en te schilderen, dat hij daar nu eindelijk de tijd voor heeft. En volgens Michel in Dioila verkoopt hij af en toe wel wat, maar het blijft toch voornamelijk een hobby. Ergens wel knap als je zo je tijd kon vullen, maar het sprak hem absoluut niet aan. Eigenlijk wel logisch dus dat Hugo de laatste tijd vaker naar Bamako kwam en zich tot secretaris van de veldraad had laten verkiezen. Voor de veldraad was hij een aanwinst; die gozer had ze goed op een rijtje en je kon merken dat hij wist hoe je effectief moest vergaderen. Wat dat betreft deed hij prima werk.

Het was vier uur 's middags en Stefan wilde het liefst op tijd naar huis. Hij moest zich dus nog even op deze brief concentreren aangezien een collega van de ambassade naar Nederland zou gaan en hem nog mee zou kunnen nemen. Daarmee zou er eindelijk een einde komen aan de slepende kwestie over de nieuwe inzet in Koulikoro in plaats van Massigui. Na het overlijden van Anja, een jaar geleden, had Stefan zich sterk gemaakt voor een extra NO'er in de regionale hoofdplaats, samen met Michel en twee andere veldwerkers van het gezondheidszorgproject. Het was namelijk gebleken dat de Malinese directie daar veel te instabiel was om goed mee te kunnen samenwerken. Door de frequente wisselingen van het personeel was er absoluut geen continuïteit in het beleid. Door op die post twee Nederlanders te zetten, één voor de administratie en logistiek en de ander voor beleidsmatige zaken, werd er een minimum aan grip op de voortgang en de beleidsvorming gegarandeerd. De bezwaren van Wageningen golden de daarvoor vereiste, ingrijpende veranderingen in het vijfjarige projectdocument wat drie jaar eerder was opgesteld. Het had het veldkantoor behoorlijk wat moeite gekost het belang van hun voorstel aan het hoofdkantoor in Nederland duidelijk te maken, maar nu hadden ze dan eindelijk hun gelijk gekregen.

Dit betekende dat Béléko nog de enige inzet op arrondissementsniveau was. Hanne had zich hiertegen flink verzet en dat had tot spanningen binnen de veldraad geleid – die hierover een oordeel moest geven – aangezien Hugo haar standpunt verdedigde. Het was jammer dat die kerel op het verkeerde paard wedde; dat vasthouden aan de basis was verloren energie. Men moest dáár zijn waar de beslissingen gemaakt werden: op cercle- en regioniveau. Verbazingwekkend hoe sommigen niet doorhadden hoe ontwikkelingshulp functioneerde. Het ging niet om een beetje goodwill voor de dorpelingen. Het gaat om een industrie waar eigenbelang essentieel is voor het voortbestaan, net zoals in het bedrijfsleven. Als organisatie moeten ze hun bestaans-reden weten te verdedigen, anders wordt de kraan gewoon dichtgedraaid. En dus moet je zoveel mogelijk invloed weten te krijgen, daar waar beslist wordt over die fameuze kraan. Doe je dat niet dan kom je gewoon droog te staan; daar is niemand bij gebaat. Je moet de regels van het spel dus dondersgoed kennen en aan de hand daarvan dat spel spelen. Daarbij een beetje lef tonen was volgens hem het beste. Je laat zien dat je wat durft, én wie je bent. Een beetje anoniem achter dat bureau zitten klungelen zou hem niet ver brengen; initiatief tonen en je hard maken voor de zaak.

Het beste zou zijn een medewerker bij de nationale directie te krijgen maar dat zat er voor een kleine organisatie als NO niet in. Daarom onderhield Stefan zoveel mogelijk zelf contact met die instantie. Hij had gehoopt dat Moussa Traoré in de nationale directie benoemd zou worden, hetgeen een prima gelegenheid zou zijn voor een meer intensieve samenwerking. In plaats daarvan echter was de vroegere 'Directeur Régional' onlangs naar het CNI overgeplaatst, waar hij verantwoordelijk was gesteld voor het nationale vaccinatieprogramma. Dit was voor Stefan als een persoonlijke tegenvaller gekomen daar de politieke macht van dat inentingsprogramma nihil was; Moussa had daar niets te maken met de club van de grote jongens op Koulouba, het politieke en administratieve centrum.

Een half uur later zette Stefan zijn handtekening onder de brief, deed zijn computer uit en ruimde zijn bureau op. Hij liep naar Bart, de velddirecteur, om te vragen of hij zondag nog ging tennissen bij de Amerikanen. Voordat Stefan naar Mali kwam had hij nooit eerder aan die sport gedaan; het bleek hier echter een adequate en sociale manier om zijn conditie op peil te houden, iets wat hij erg belangrijk vond. Hij sprak met Bart af om vier uur bij de sportclub te zijn en zei daarna ook zijn andere collega's die nog in het gebouw aanwezig waren gedag.

Thuis, in de wijk Hippodrome, liet Stefan zich vermoeid in een fauteuil vallen en riep naar de keuken dat hij wel een biertje lustte. Baba, de kok en huishoudelijke hulp, kwam met een kleine Castel en begroette zijn baas vriendelijk. De jonge jongen vertelde dat hij naar de markt in Medina-Coura geweest was en rekende voor hoeveel hij aan groenten gekocht had. De Nederlander knikte goedkeurend en vroeg wat hij aan het klaarmaken was. Voordat hij zou gaan eten, wilde Stefan eerst even zwemmen, een tukje doen en daarna lekker douchen, zodat hij zich fris en uitgerust zou voelen voor de avond. Het zwembad in zijn tuin was niet groot maar voldeed om zich 's middags even af te koelen en wat beweging te krijgen.

Vrijdag en zaterdag waren zijn uitgaansdagen, waarmee hij een week van hard werken van zich afschudde. Op zondag ging hij meestal bij een van zijn collega's of vrienden op bezoek voor een gezellig dinertje. Er waren momenten dat Stefan zich verveelde met de regelmaat van zijn leventje in het tropische land en dan nam hij als het even mogelijk was vakantiedagen op. In de tweeënhalf jaar dat hij in Bamako was, had hij bijna alle omliggende landen van Mali gezien. Zijn gedachten gingen nu uit naar een safaritocht in Oost-Afrika, over een maand of twee. Dan was het half mei en het hete seizoen was in die tijd op zijn ongenadigst; drie weken vakantie zouden hem goed doen. Hij moest zijn krachten een beetje sparen wilde hij fit blijven voor zijn werk. Zijn baan eiste veel van hem; hij maakte lange, inspannende dagen en moest de nodige frustraties verwerken. Vooral de contacten met Wageningen en met het veld verliepen soms uiterst moeizaam. Bij gebrek aan goede communicatiemiddelen en met de verschillende belangen van de drie partijen, wilde er nogal eens een conflict ontstaan dat slechts met veel geduld en diplomatie opgelost kon worden. Gelukkig kon hij het redelijk goed vinden met de andere stafleden en hadden ze een aardig stel Malinezen op kantoor rondlopen, anders zou hij het moeilijk gevonden hebben om het drie jaar vol te houden.

Het leven in het Afrikaanse land was aan de ene kant erg gemakkelijk en ontspannen; hij had een mooi huis, een bediende die alles voor hem deed en als blanke genoot je toch een bepaald aanzien dat men in Nederland niet zomaar had. Daarnaast had hij een leuke vriendin, Henriëtte, waarmee hij de weekenden op een prettige manier kon doorbrengen. Hij had erover gedacht haar te vragen bij hem in te trekken omdat hij die weekendseks een beetje zat werd. Hij was echter bang dat dit samenwonen verkeerde verwachtingen bij haar zou kunnen scheppen – hij was namelijk niet van plan zich aan haar te binden. Als alles een beetje volgens plan zou verlopen ging hij over een jaar naar Jemen, of als dat niet doorging dan toch naar een ander ontwikkelingsland; hij had er nog geen behoefte aan een vrouw mee te nemen. Een Afrikaanse vrouw had zeker haar voordelen – ze zochten hun identiteit nog bij de man en dus was zijn belang ook het hare – maar hij wilde liever eerst iets van de wereld zien voordat hij zich aan iemand bond. Wie weet wie hij in het Midden-Oosten nog tegen zou komen...

Het nadeel van het leven in Mali was de eentonigheid. Het wereldje van interessante, blanke mensen was uiterst beperkt en besloten. Iedereen kende elkaar en je kon niets doen zonder dat iedereen het van je wist. Het uitgaansleven was beperkt. De feestjes van de witten onder elkaar waren wel gezellig, maar hij had ze na ruim twee jaar wel gezien. De cinema of het theater stelde weinig voor en de nachtclubs kende hij nu onderhand ook wel. Daarnaast vond hij in het dagelijks gebeuren weinig intellectuele uitdaging. De omgang met de Malinezen bleef op een oppervlakkig niveau hangen. Hun gesprekken boden weinig stof tot diepgaande, herseninspannende discussies. Als je niet zou oppassen kon je gemakkelijk wegzakken in een passief vegeteren en vandaar dat hij na twee contracttermijnen weer in Nederland aan de slag wilde. Om nu zoveel mogelijk bij te blijven, had hij zich op verschillende tijdschriften en vakliteratuur geabonneerd, luisterde naar de BBC,

France Inter en de Nederlandse Wereldomroep en bleef zoveel mogelijk met de blanken om hem heen in gesprek over de ontwikkelingen in de wereld. Stefan hield ervan om Nederlanders, of andere blanken, te ontmoeten die voor allerlei soorten korte missies in het land kwamen. Nieuwe ideeën en gezichten waren een welkome afwisseling en het was vaak onderhoudend om met die goed geïnformeerde lui van gedachten te wisselen.

Stefan trok zijn zwembroek aan en schakelde de airconditioning in zijn slaapkamer in zodat hij zijn verlate siësta in alle koelte kon houden. In het begin had hij de 'kliem' altijd aan, maar de hoge elektriciteitsrekening had hem ertoe gedwongen het ding minder te gebruiken. Gelukkig werkte hij op een kantoor dat goed geklimatiseerd was, zodat het aantal uren die hij in de vermoeiende warmte doorbracht gering was.

Om half acht klopte Baba zachtjes op zijn deur met de boodschap dat hij kon eten. Stefan had hem hiertoe de opdracht gegeven; hij prefereerde gewekt te worden door een beleefde klop op de deur boven wakker te schrikken van het kille kabaal van een alarmklok. Hij had het enorm getroffen met zijn hulp, een betrouwbare jongen die werkelijk al het werk in huis prima deed en daarnaast een uitstekende nachtwaker was. De tuin rondom het huis was jammer genoeg wat klein en het huisje dat voor de hulp gebouwd was, stond erg dicht tegen het eigenlijke huis aan. Vooral als Baba 's avonds vrienden ontving vond Stefan de herrie hinderlijk en soms moest hij hem vermanen minder bezoek toe te laten. Verder was er tussen hen tweeën geen enkele spanning – wat, naar de verhalen van zijn collega's in Bamako te horen, niet veel voorkwam.

Om half tien 's avonds vertrok de goed uitgeruste en opgeknapte Stefan naar een van de buitenwijken van de hoofdstad om zijn vriendin op te halen. Ze woonde daar nog met haar ouders, die hem elke keer weer met veel respect ontvingen. Meestal sloeg hij de uitnodiging om binnen te komen en wat te drinken af; hij wilde niet de indruk wekken een loyale aanstaande schoonzoon te

zijn. Daarbij had hij er geen behoefte aan om steeds in die armzalige huiskamer op de zwaar versleten en doorgezakte bank te
zitten terwijl die mensen nauwelijks Frans spraken. Zelf was hij in
het Bambara nooit verder gekomen dan een magere begroeting en
een paar stevige scheldwoorden. Die laatste wilden nog weleens
van pas komen als op straat de een of andere idioot de weg blok-
keerde, of als de loopjongen op kantoor weer eens vergeten was
dat hij zijn koffie graag sterk dronk. Hij zag het nut er niet van in om
moeite te doen de inlandse taal te leren, wetende dat hij na drie of
vier jaar weer naar een ander land zou gaan. In zijn werk had hij het
Bambara niet nodig, en voor zijn vakanties ging hij naar het buitenland. Henriëtte had hem weleens gezegd dat als hij zich werkelijk
voor haar volk interesseerde, hij hun taal zou leren.

Stefan had zijn vriendin leren kennen in een van de nachtclubs. Vergeleken met de andere, zeer uitbundig geklede, dames
had ze er eenvoudig uitgezien. Haar haar had ze die avond in lange
dunne, naar beneden hangende vlechtjes en ze droeg weinig
make-up. Haar korte citroengele jurk deed haar aantrekkelijke
sepiakleurige armen en benen goed uitkomen. In tegenstelling tot
veel van haar vriendinnen gebruikte de jonge Bamakwase geen
crème om haar huid kunstmatig blanker te maken. Ze was hem opgevallen toen ze de dansvloer opging, waar ze zich rustig en met
uiterste gratie aan de muziek overgaf. Later op de avond was hij
naar haar toegegaan en had haar ten dans gevraagd. Daarna was
ze bij hem komen zitten en vertelde ze dat ze vierentwintig was,
dat ze op het Jeanne d'Arc College haar secretaresseopleiding had
voltooid en sinds een jaar bij Dupé werkte, de Suzuki-dealer. Stefan
vond haar aantrekkelijk zonder dat ze bijzonder knap was. Daarvoor was haar neus iets te breed en waren haar lippen te vol. Haar
heldere ronde ogen echter maakten dat alles goed en trokken de
aandacht als je naar haar keek. Ze had een zware, licht hese stem
die hem sensueel in de oren klonk en waar hij graag naar luisterde.
Ze sprak gemakkelijk en vlot, maar stelde zich bescheiden op. Daarbij was ze altijd goed en zeer gelijkmatig gehumeurd, iets wat voor

Stefan een verademing was na de inspanningen van een week hard werken.

Nadat ze elkaar drie weekenden in de Blue Moon ontmoet hadden, vroeg de Nederlander het meisje mee naar huis om met hem de nacht door te brengen. Ze was zijn eerste Afrikaanse vriendin en Stefan was gecharmeerd door de stevige, gladde huid met uiterst subtiele tintverschillen. Het enige nadeel van hun verder uiterst bevredigende relatie waren die verdomde condooms. Hoewel Henriëtte zei dat ze weinig andere vrienden had gehad, en zwoer dat ze hem trouw was, wilde hij niet het risico nemen met het aidsvirus besmet te worden. Hij vond het rubberen ding weinig aantrekkelijk, maar zag geen alternatief. De gedachte om zijn vriendin op een mogelijke besmetting te laten testen had hij snel opzijgeschoven. Het was tenslotte al voldoende om maar één keer vreemd te gaan om seropositief te worden.

Bij het toeteren van de hoorn kwam zijn Bambara-vriendin snel naar buiten. In het felle schijnsel van de koplampen liep zij naar de auto en stapte in. Hij legde uit dat hij beloofd had een collega op te halen en dus geen tijd had om binnen te komen. Via de in diepe duisternis gehulde dam bij de elektriciteitscentrale van Sotuba reden ze naar het doorgangshuis. Daar zat Hugo in de rustige huiskamer te praten met Saliou Coulibaly, de oude nachtwaker. De lange Nederlander zat met een pilsje in zijn handen ontspannen onderuit en maakte weinig aanstalten om op te staan toen Stefan binnen kwam lopen.

'Ga je nog mee?'

'Hallo. Saliou en ik waren net in een interessant gesprek verwikkeld. Leuk dat je hem even begroet', sprak Hugo hem in het, voor Saliou onbegrijpelijke, Nederlands toe.

'Oh, maak je daarover geen zorgen. Coulibaly kent mij al langer dan vandaag, niet?' antwoordde hij in het Frans en sloeg de stille man joviaal op zijn schouder. Deze stond op en wenste de twee mannen een gezellige avond.

Bij de auto stelde Stefan zijn landgenoot voor aan zijn Malinese vriendin, die achterin ging zitten. Hugo zei niets hierover en liet het gesprek over aan de ander.

In de Blue Moon was het nog rustig. Stefan wist dat het pas tegen middernacht gezellig druk zou worden, maar was bang geweest dat Hugo het misschien te laat zou hebben gevonden om dan pas uit gaan. Toch waren er al enkele mensen die in de schaars verlichte ruimte aan verschillende tafeltjes zaten te drinken. Aan een van deze zaten vriendinnen van Henriëtte en Stefan stelde voor zich bij hen aan te sluiten, waarbij hij er voor zorgde dat Hugo naast een van de aantrekkelijke meisjes kwam te zitten.

De sfeer in het groepje zat er snel in, met Stefan die hen vrolijk onderhield. Toen om elf uur het volume van de Soukous-muziek flink omhoog gedraaid werd, stonden verscheidene gasten direct op om te gaan dansen. Ook Hugo werd aangemoedigd mee te doen waarop hij het jonge Wolof-meisje dat naast hem zat meevroeg. Ze was een zeer geanimeerde gesprekspartner en bleef onder het dansen vrolijk doorkletsen met stemverheffing om boven de luide muziek uit te komen. Ze vertelde van haar zus die als hulp bij een Canadees gezin in Bamako werkte. Op een dag was ze van de markt teruggekomen met een stuk vlees dat de bazin verdacht vond ruiken. Op hoge poten ging ze naar de veterinaire dienst die erkende dat het vlees rot was. De slager werd er terstond bijgeroepen, kreeg een zware reprimande en moest de dame een nieuw, vérs stuk vlees geven. De hulp, haar zus dus, werd er daarom opnieuw opuit gestuurd. Daar, op de markt, viel de slager fel tegen haar uit. Ze had hem moeten vertellen dat ze voor de blanken werkte, dan had hij haar dat oude vlees nooit meegegeven! Nu krijgt ze altijd het beste stuk, besloot Hugo's danspartner haar verhaal, die verontwaardigd was dat de slager boos was geworden op haar zus alsof het haar fout was. Hoofdschuddend stemde de Nederlander met haar in en vroeg toen of de Malinezen dat vlees dan wel gegeten zouden hebben. Laconiek vertelde het meisje dat je er alleen maar wat meer hete pepers bij

254

moest doen bij het koken. Het zijn die blanken die om zoiets altijd moeilijk deden. Hugo barstte in lachen uit en vroeg of er nog meer dingen waren waarover de blanken moeilijk deden. Onverschillig nu haalde ze haar schouders op, zei dat ze volgens haar over alles wel moeilijk deden en gaf zich over aan de muziek.

Het was voor iedereen duidelijk dat Hugo zich uitstekend vermaakte met zijn nieuwe partner. Toen Stefan even later naast hem kwam te staan op de dansvloer, stootte deze hem betekenisvol aan met de opmerking dat ze vrij was.

Het zou me verbazen als hij erop in zou gaan, maar dan nog, ik vraag me af wat er tussen hem en Hanne nog leeft. Leuk is het niet, om achter haar rug om zoiets te doen. Maar waarom komt ze dan nooit mee hier naartoe? Ik zou knap balen als ik van m'n vriendin niets meer kreeg. Die Roukia wil vast wel. Met een blanke man is toch altijd interessant, en als hij haar af en toe wat toestopt dan zit dat wel goed. Henriëtte heeft 't wat dat betreft goed bekeken. Een betaalde baan bij die Fransman en in de weekenden krijgt ze alles voor niets. Zou ik haar meenemen op vakantie? Wel gezellig, met z'n tweeën op safari. Maar ook duur. En stel dat het me echt goed bevalt, haar altijd om me heen. Dan wordt het moeilijk om terug te gaan naar alleen de weekenden.

Hugo gaf aan dat hij even genoeg had van het dansen en liep terug naar het tafeltje. Op dat moment kwam er een aantal gasten binnen, allen blanken. Stefan kende hen, het waren de zoon en dochter van de Franse ambassadeur en hun vrienden. De zoon was hier met zijn vrouw en werkte bij de FAO. De dochter, Geraldine, had vorig jaar in Frankrijk haar studie antropologie afgerond en was voor een tijdje bij haar ouders op bezoek. Stefan schatte haar op een jaar of zesentwintig en had in de afgelopen weken een paar keer met haar gesproken. Ze was erg bescheiden en wat afstandelijk. Soms liet ze haar lange lichtblonde haren als een sluier voor haar gezicht hangen; als een maagd die haar eer bewaakte, scheen het hem toe. Hij vond het moeilijk om het gesprek met haar gaande te houden.

Tot zijn verbazing zag Stefan tien minuten later Hugo op het tafeltje van het Franse gezelschap toestappen en de blonde dame ten dans vragen. Ze accepteerde zijn uitnodiging en Stefan kon zien dat ze de noodzakelijke beleefdheden met elkaar uitwisselden. Daar zal het ook wel bij blijven, dacht hij rustig en zei tegen zijn vriendin dat hij trek had in een bier waarvoor hij terugging naar hun zitplaats. Roukia kwam naast hem zitten en keek met hem naar het nieuwe stel op de dansvloer. Minachtend vroeg ze of zijn vriend een van die mannen was die alleen maar wit vlees in bed wilden. Stefan lachte haar vernederende opmerking vlug weg met de opmerking dat de ambassadeursdochter geen katje was dat met zich liet sollen. Hugo zou daar snel genoeg achter komen.

Na het nummer 'Multipartisme' van Alpha Blondy, dat spontane bijval kreeg van de hele zaal, liep Hugo met de Française naar een nog leeg tafeltje vlak naast de ingang van de nachtclub. Stefan en Roukia waren niet de enigen die hen verbaasd gadesloegen, ook van de Franse tafel gingen er verraste blikken naar hen uit. De twee leken er zich echter niet van bewust en waren volledig in elkaar verdiept. Stefan sloeg een arm om Roukia die verveeld voor zich uit staarde en vroeg of ze nog wat wilde drinken. 'Als m'n vriend niet de beleefdheid heeft voor je te zorgen, doe ik het wel hoor', fluisterde hij haar in haar oor. Het Wolof-meisje schoof van hem weg nadat ze hem toegebeten had dat ze uitstekend voor zichzelf kon zorgen.

Dan niet meid. Kan ik er wat aan doen dat hij je laat barsten? Wat moet hij nu met die Geraldine? Zitten ze te praten, alsof je daarvoor naar deze club komt... Die gozer durft niet! Wat kan hem nu die Hanne schelen, die zit toch maar in dat Bambara-gat. Net een tweede Anja, ook zo populair met de inlanders. Die groene pagne die ze de vorige keer aanhad toen ze naar m'n kantoor kwam... Dacht even dat ik die griet van Massigui zag. Het stond haar wel goed; ze is ook niet onaardig. En ik moet zeggen dat ze haar mannetje staat in het werk. Ze is behoorlijk zelfverzekerd, kon je in 't begin toch niet van haar zeggen. En ze is tenminste niet zo emotioneel, daar werd ik bij Anja niet goed van – nooit kon ik wat doen of zeggen, of dan walste zij er met een lading irrationaliteit overheen. Hanne is wat dat betreft gelukkig rustiger, niets van die idiote Livingstone-achtige gedrevenheid. Jammer alleen dat ze blijft vasthouden aan dat aanklooien in die dorpen, alsof we daar Mali mee uit de misère helpen. Ik heb trek in iets stevigs, denk dat ik een cognac neem.

Zo, meneer en mevrouw gaan nog even dansen! Anders is ze niet zo danserig. Meneer bevalt haar zeker wel. Oh, ze lacht, vol humor die Hugo...

Oh Jezus, wat doe je nu man... Dit is... Een tweede cognac, geloof ik. Dit gaat niet goed. Als je dan een grietje wil, dan neem je toch niet die Geraldine. Stop man, zie je dan niet dat iedereen naar jullie kijkt? Hou op met zoenen, laat haar gaan! Hier komt narigheid van Hugo...

Stefan stond op en liep naar het innig omarmde stel dat op het midden van de volle dansvloer stond. Hij klopte Hugo op zijn schouder en vroeg of hij misschien de eer mocht hebben een keer met zijn charmante partner te dansen. Hugo keek hem verbijsterd aan. In het Nederlands vertelde hij hem op te rotten en zich met zijn eigen zaken te bemoeien. Of, neem me niet kwalijk, zei hij in het Frans, misschien wilde Geraldine wel met Stefan dansen? De Française schudde haar hoofd en ging terug naar het tafeltje waaraan ze met Hugo had gezeten. De twee mannen stonden even zwijgend tegenover elkaar. Daarna draaide Hugo zich om en liep Geraldine achterna. Deze pakte haar tas en terwijl de zaal zich vulde met de luide, ritmische klanken van vrolijke Madiaba-muziek, verliet Hugo met haar de Blue Moon.

XXII DE NÉRÉTAK

Boven het geluid van de vermoeid rammelende klimaatregelaar uit hoorde Hugo vaag het schurende geluid van vegen onder zijn raam. Niet lang daarna drong de indringende geur van verbrande bladeren door de kieren van het gesloten luik voor het raam. De Nederlander verwenste de Malinese nachtwaker voor zijn vroege ijver, en trok het rood geblokte laken kwaad over zich heen. Hij wilde nergens aan denken en probeerde naarstig opnieuw in de vergetelheid van de slaap weg te zinken. Eenmaal opgeroepen bleven de gedachten echter hardnekkig aandringen en verdrongen deze de slaap naar de achtergrond. Met een grove vloek draaide Hugo zich op zijn rug, sloeg het laken van zich af en staarde naar het stoffige muskietennet boven zijn hoofd. Een nieuwe dag lag voor hem.

Verwonderd vroeg hij zich af hoe het had kunnen gebeuren. Zes weken kende hij Geraldine nu. In het begin was hij ervan overtuigd geweest dat het bij een vriendschappelijk contact zou blijven. Na die eerste zoen op de avond van hun ontmoeting in de Blue Moon, had hij haar niet meer aangeraakt. Ze waren naar het huis van haar ouders gereden en daar had hij haar gevraagd hem te excuseren – het was niet zijn bedoeling een relatie of iets dergelijks met haar te beginnen. Ze had niets gezegd en Hugo had dat als een instemming opgevat. Gisteravond echter was het hem duidelijk geworden dat zij er toen al anders over dacht en zich sterk tot hem aangetrokken voelde.

Hij was bang dat hij geen goede beurt had gemaakt gisteravond; hij was vast vreselijk stuntelig geweest. En hij had zich gewoon laten gaan, was veel te snel tot een climax gekomen. Vreemd hoe de werkelijkheid zo verschilde van z'n ideeën over een slippertje. Na een feestje, onverwachts, in een heerlijke roes elkaar even goed verwennen – dát had hij zich erbij voorgesteld. Niet dit berekende, in een hotelkamer, een geplande bezigheid. Ze hadden om half acht afgesproken bij Hong Kong, het Chinese restaurant. Halverwege de maaltijd stelde Geraldine voor om naar Tennessee te gaan. Ze konden daar een kamer nemen; ze wilde met hem alleen zijn, niet die publieke drukte van een nachtclub. De kans dat iemand hen in het hotel zou zien was klein. Hij had ermee ingestemd, plotseling aangetrokken door het idee met haar naar bed te gaan. Hanne had hij uit zijn gedachten gezet, dit had niets met haar te maken. Hij had recht op een stukje eigen leven, en in Bamako had hij dat gevonden. In Béléko leefden ze te dicht op elkaar. Alles draaide daar om de Malinezen; ze riskeerden zichzelf te verliezen. Er was daar geen afleiding, geen ontsnapping mogelijk. Dit had hij haar ook gezegd en ze had het goed gevonden dat hij meer tijd in Bamako doorbracht. Soms vroeg hij zich af of ze zelfs niet blij was dat hij regelmatig weg was. Ze vroeg nooit wat hij nu precies deed in de hoofdstad en ze toonde niet veel interesse voor zijn functie als veldsecretaris. Dus was het prima zo, wat er tussen hem en Geraldine speelde ging zijn vriendin niet aan.

De vraag is nu natuurlijk, hoe verder, bedacht Hugo mistroostig. Het zou hem verbazen als Geraldine hun relatie verborgen zou willen houden. Hij wilde er echter geen bekendheid aan geven; Hanne mocht dit niet te weten komen. Ze had het al moeilijk genoeg in Mali. De manier waarop zij met iedereen meeleefde... Al haar emoties en gevoelens draaiden om de Bambara en hun onoplosbare problemen. De laatste tijd leek ze wat evenwichtiger en rustiger, maar het was duidelijk dat hij haar deze grote schok moest besparen. Hij moest Geraldine dus zien te overreden hun verhouding geheim te houden. Ze zou tenslotte niet al te lang in het land blijven; daarna konden ze wel weer verder zien. Ja, zolang ze in Mali waren moesten ze het tussen hun tweeën houden.

Ze was een interessante vrouw, jong, vol plannen en haar haar was prachtig. Goudblond, heel fijn, recht ook, en het rook naar appeltjes. Hij had gevraagd of hij haar mocht tekenen. Verlegen had ze toestemming gegeven en voordat ze zich uitkleedde had hij eerst een paar schetsen gemaakt. Ze was niet uitermate knap, maar de rechte, scherpe lijnen leenden zich uitstekend voor zijn potlood. De bouw van haar gezicht was volledig tegenovergesteld aan dat van de Afrikanen; alles was tenger en smal aan haar. Haar huid was intens bleek, en erg zacht. Hij kon zich Geraldine moeilijk voorstellen als een Afrikaanse. Tenzij, misschien dat hij het zou kunnen proberen... Haar fijne trekken verwerkt in een donker gezicht. Dat zou apart zijn! Geen métisse, nee, een echte Bambara-vrouw – maar met de typisch strakke kaaklijn van de Française, de duidelijk zichtbare oogleden, de neus lang maar misschien iets breder; het platte, korte voorhoofd zou hij zo laten, evenals haar brede mond. Haar huid, de kleur van haar ogen en het lange sluike haar zou hij duidelijk moeten aanpassen. In olieverf, dat kon prachtig worden! Het was het proberen waard – blank en zwart in één gezicht verweven!

Ze zou nog een keer voor hem moeten poseren, hij moest haar zo goed mogelijk op papier krijgen. Ze hadden gisteren afgesproken voor de volgende avond, vandaag dus. Het was een vreemde situatie geweest. Eigenlijk had hij zich niet zo op zijn gemak gevoeld en hij wilde de nacht niet daar in het hotel doorbrengen. Veel tijd om na te kletsen, meer met elkaar vertrouwd te raken, hadden ze niet gehad. Het had een beetje op een overhaaste aftocht geleken.

Hij vroeg zich af of ze verliefd op hem was. Ze had het niet gezegd, al zei ze wel dat ze vanaf het eerste moment met hem naar bed had gewild. Hij voelde vooral bewondering voor haar. Ze sprak zeer gepassioneerd over haar fascinatie voor vreemde culturen en over haar studie antropologie die ze onlangs afgerond had. Ze had voor die richting gekozen omdat ze een intellectueel kader wilde vormen voor haar emotionele verbondenheid met niet-westerse beschavingen, zo had ze Hugo uitgelegd. Op zijn vraag of dat ook gelukt was, had ze serieus geantwoord dat gevoel en verstand zich maar moeizaam lieten verenigen. Allerlei ervaringen vanuit haar jeugd, die ze grotendeels in Aziatische landen had doorgebracht, en van haar vroege adolescentie in Burkina Faso kon ze nu verstandelijk beter verklaren, maar waren gevoelsmatig niet veranderd. Ze had uiteindelijk besloten dat de positieve waarde lag in het rationele denkkader en niet in de emoties van haar gevoel. Met dat laatste kon ze weinig concreets beginnen, terwijl het rationele geleid had tot een academische graad die haar tenminste de mogelijkheid gaf een interessante baan te vinden.

Ze had hem dit de eerste avond vol vuur verteld, en het was toen dat hij haar gekust had. Ze begrepen elkaar, vonden aansluiting. Hij had tot de volgende ontmoeting gewacht om over Hanne te vertellen, over haar opstelling tegenover Mali, die zo verschilde van de zijne. Geraldine scheen beide houdingen in zich te verenigen, maar hield ze tegelijkertijd duidelijk gescheiden. Geïntrigeerd had hij haar gevraagd of ze zich voor altijd in de tropen zag wonen waarop ze gezegd had dat ze het niet wist, dat het er niet zoveel toe deed. Het ging om de verbondenheid die ze met deze culturen voelde en vanuit die verbintenis wilde ze werken – hetzij in de tropen zelf, hetzij in Frankrijk.

Ik kan maar beter opstaan, dacht Hugo zuchtend, slapen doe ik toch niet meer. Maar hoe gedraag je je als je net voor de eerste keer je vriendin bedrogen hebt? Hoe doe je gewoon? Ik was erg laat terug, Saliou zei niets, maar ik vraag me af wat hij dacht. Zou hij iets doorhebben? Hij mag Hanne erg graag, vraagt altijd waarom ze niet met me meegekomen is... Ach wel, zo erg is het allemaal niet. Wie weet is het zelfs wel voorbij. Geraldine blijft niet lang hier en om nu steeds naar een hotel te gaan...

Na zich gedoucht en aangekleed te hebben, opende Hugo de deur van de slaapkamer en liep de huiskamer in. Er was een NO'ster met haar gezin die in het zuiden van het land werkte. Hugo was blij zijn aandacht op iets anders te kunnen richten; hij schoof bij haar aan tafel en begon een gesprek. De Nederlandse, Joke, was erg gespannen en vertelde zenuwachtig dat ze zo vlug mogelijk de hoofdstad wilden verlaten – onderwijl haar jongste zoontje van twee helpend met eten. Ze waren de dag ervoor gearriveerd en waren geschrokken van de geladen sfeer overal. In de binnenstad waren sommige winkels al gesloten en overal zag je mensen in groepen samenkomen, uiterst geagiteerd en heftig met elkaar in discussie.

Ze had zelfs een rel gezien waarbij vijf politiemannen insloegen op jongelui die auto's bekogelden met stenen. Een knul bloedde vreselijk aan zijn hoofd en verschrikt was Joke snel doorgereden. Ze vroeg of Hugo niet bang was om in de stad te verblijven, vooral in de avond. Want was hij niet laat teruggekomen? Vreselijk, dat zou zij niet durven. Je wist maar nooit wat er kon gebeuren.

Hugo haalde zijn schouders op en zei dat het zo'n vaart niet zou lopen; als blanke durfden ze je niets te doen. Joke betwijfelde dat, een meute die in opstand kwam redeneerde niet meer en het zag er naar uit dat die opstand snel zou komen. Eddie, haar man, zou straks bij de bank al hun geld ophalen en nog vlug het een en ander inslaan en dan keerden ze terug naar hun standplaats. Ondanks dat het ook daar broeide, voelden ze zich er veiliger. Het was een klein stadje, niet zo anoniem als Bamako, men kende hen daar. Hun nacht- en dagwaker waren beiden van die plaats en dat gaf een beschermd gevoel. Joke vroeg hoe het in Béléko was, waarop Hugo instemmend antwoordde dat het op het platteland veel rustiger was. De ambtenaren, of intellectuelen zoals ze zichzelf noemden, en ook de dorpelingen waren allen wel in hevige debatten verwikkeld, maar van openlijke agressie was nauwelijks sprake. Alleen de chef d'arrondissement en de voorzitter van de staatspartij hielden zich rustig – ze waren nooit erg populair geweest. Lynchpartijen verwachtte Hugo echter niet van de Bélékwa; hij schatte in dat hun politieke gedrevenheid daarvoor te weinig ontwikkeld was.

'Gelukkig maar', reageerde de nerveuze Joke die haar tegenstribbelende zoon nu op schoot had genomen. Ze veronderstelde dat Hugo dus wel naar Béléko terug zou gaan... Zijn vrouw was vast ongerust. Heette ze niet Hanne?

'M'n vriendin', verbeterde Hugo haar.

'Oh. Vindt ze het niet vervelend dat je alleen in Bamako bent? Als ik had geweten dat het hier zo slecht was, zo'n wespennest, dan was ik niet gekomen. Maar ik wilde ook niet dat Eddie alleen zou gaan. Als er iets met hem gebeurt en ik ben er niet... Vreselijk, daar moet je toch echt niet aan denken!'

'Nee.' Hugo stond op en zei dat hij koffie ging zetten.

Zou Hanne ongerust zijn? Ongetwijfeld hield Karim de veearts haar op de hoogte van alles wat er in Bamako gebeurde. Of als hij er niet was, dan wel haar collega's Petit en Vieux. Die volgden ook alles op de voet. Dus ze zou weten van de rellen die er gisteren waren. En het nadeel is dat nieuwtjes zoals deze altijd veranderen in wilde geruchten. Ongetwijfeld werd de hoofdstad in het plattelandsdorp nu beschreven als één grote vuurzee. En, zoals Joke zei, het was niet onwaarschijnlijk dat de rellen zich zouden uitbreiden en er meer doden en gewonden zouden gaan vallen.

Hij had een vergadering op woensdag, overmorgen, met de staf. Zou hij zich daarvoor verontschuldigen en naar Béléko teruggaan? Hanne zou verrast zijn. Hij had gezegd dat hij donderdag pas thuis zou komen. Voor vanavond had hij afgesproken met Geraldine. Zou het echter niet beter zijn na gisteravond elkaar even niet te zien? Stel dat zij het evenmin een overweldigend succes gevonden had, zijn jongensachtige voorstelling, zou ze dan wel zin hebben om hem vanavond alweer te zien? En als hij gisteravond wél indruk gemaakt had, dan zou ze best bereid zijn om een week of twee te wachten voor een volgende afspraak. Niet?!

Hugo realiseerde zich dat hij zich van de situatie wilde distantiëren. Hoewel hij vond dat hij recht had op een stukje eigen leven en hij de indruk had dat Hanne dat prima vond, knaagde het aan hem dat hij misschien te ver was gegaan. Met geen mogelijkheid kon hij het gebeuren van de afgelopen nacht aan zijn vriendin vertellen – hij wist gewoon niet hoe ze zou reageren. Ze had haar vertrouwde vriendinnen van thuis in Nederland niet om haar heen om steun bij te vinden, en een slippertje zoals dit had voor de Malinezen niet hetzelfde belang. Misschien dat Alima Hanne zou begrijpen, maar was dat voldoende? Moest hij Hanne niet in bescherming nemen en Geraldine buiten zijn relatie met haar houden?

'Wat een idioot gedoe!' mompelde Hugo kwaad terwijl hij zijn koffie inschonk en tevergeefs naar iets te eten zocht.

'Saliou!' riep hij luid.

'Ja', klonk de rustige, enigszins gebroken stem van de oude man die net op dat moment het kleine keukentje binnenkwam.

'Het brood is op. Kun jij niet even nieuw halen...'

'Slecht geslapen?'

Met een ruk draaide Hugo zich om naar de nachtwaker achter hem en antwoordde nors dat hem dat niets aanging. Hij wilde alleen wat eten.

De nachtwaker vroeg kalm hoeveel stokbroden Hugo wilde hebben, knikte hem toe en liep naar buiten. Hugo sloeg met zijn vuist op het aanrecht. Hij kon inderdaad maar beter naar Béléko gaan. Afstand nemen van de situatie was het beste. Hier zou hem dat niet lukken, alles in Bamako stond nu in het teken van zijn geheime verbintenis met de Française. Daarbij stond de hele stad op exploderen, de sfeer was vreselijk geladen. Het dorp was een betere plek om tot zichzelf te komen en Hanne zou vast blij zijn hem eerder dan verwacht terug te zien. Misschien zou hij nog wat varkensvlees kunnen kopen bij de slager hier en wat lekkere groenten zodat ze vanavond konden barbecueën. Hanne hield er niet van als hij met een auto volgeladen met spullen uit de stad kwam, maar eens een keertje lekker eten moest toch kunnen, vond hij. De laatste keer dat ze gebarbecued hadden, ruim een half jaar geleden, was met Elisabeth en Jan geweest. Die hadden allerlei lekkers meegenomen en het was erg gezellig geweest. Dat konden ze samen toch ook eens doen.

Na het ontbijt ging Hugo naar het veldkantoor om te zeggen dat hij niet bij de vergadering aanwezig zou zijn. Stefan was vol begrip. Het was heel goed mogelijk dat de noodsituatie uitgeroepen zou worden en dat het kantoor dicht zou gaan. Hij vond het begrijpelijk dat Hugo naar Béléko wilde.

Sinds de avond dat ze samen naar de Blue Moon waren geweest, was hun verstandhouding bekoeld. Stefan had Hugo niet meer mee uit gevraagd en de Française werd niet genoemd. Hugo meende iets van opluchting te horen in de stem van de staf-medewerker.

Terug in zijn kamer schreef Hugo een kort briefje aan Geraldine waarin hij uitlegde dat de vergadering waarvoor hij in Bamako was niet doorging en dat hij daarom besloten had naar huis te gaan. Indien de situatie in de stad het mogelijk maakte, zou hij binnen twee weken terugkomen en contact met haar opnemen. Hij ondertekende met 'je liefhebbende Hugo'. Daarna pakte hij zijn spullen, rekende zijn verblijfskosten af, deed boodschappen in de supermarkt die nog open was op Route de Koulikoro, gaf de brief voor Geraldine af aan de dagwaker van de woning van haar ouders en begaf zich op weg naar Béléko.

Gewoonlijk ging Hugo naar huis via Dioila, waar hij even wat dronk bij Michel en de Zaïrese Tshala of bij Jan en Elisabeth, en waar hij ook de post afgaf die in Bamako op het NO-kantoor bezorgd was. Dit keer besloot hij echter de kortere weg te nemen, die direct van Fana naar Béléko ging. Zonder een tussenstop moest hij de tweehonderd kilometer in minder dan drie uur kunnen afleggen omdat de laterietweg die in Fana begon in redelijk goede staat was. Een maand ervoor hadden de lui van openbare werken de gaten opgevuld en het vervelende wasbordoppervlak weg-geschraapt met enorme machines.

Hugo hield er niet van om zijn vriendin zonder auto achter te laten en ging als het even kon met het openbaar vervoer naar Bamako. Soms bracht Hanne hem naar Dioila, waar hij sneller een taxi-brousse naar de hoofdstad kon krijgen of een lift van de een of andere projectauto. Maar nu had hij boodschappen moeten doen en dus was hij genoodzaakt geweest met hun Daihatsu te gaan.

Tegen half één reed Hugo Fana binnen, waar hij stopte om te tanken en een paar beignets en bananen te kopen. Tien minuten later draaide hij de rode grindweg naar Béléko op.

Hij had er goed aan gedaan uit Bamako weg te gaan. Hij moest afstand nemen van wat er tussen hem en zijn blonde

Française voorgevallen was. Het zou dom zijn de relatie met Hanne op het spel te zetten voor een vluchtig avontuur. Want hoewel hij Geraldine bewonderde en hij in hun discussies duidelijk aansluiting bij haar vond, zag hij zich geen langdurige relatie met haar beginnen. In feite had zij hem het bed in gepraat. Ze had vaag iets gezegd over een gebroken vriendschap een jaar geleden en de behoefte aan weer een beetje lichamelijk contact. Dat had ze gekregen, en meer hoefde het niet te worden. Want welbeschouwd was hij tot haar aangetrokken door hetgeen hij momenteel bij Hanne miste. Geraldine was rechtlijnig in haar houding naar Afrika en andere niet-westerse culturen. Zij liet zich niet door haar gevoelens leiden en wist haar standpunt rationeel te houden. Ze liet zich niet meevoeren door de door armoede veroorzaakte, hartverscheurende problemen die altijd en overal te zien waren, zonder daarbij afstandelijk of ongeïnteresseerd te zijn. Haar verdedigingsmechanisme was hetzelfde als dat van hem, namelijk alles beredeneren, iets dat Hanne maar zelden deed. Tot voor kort tenminste. De laatste tijd echter had ze hem een paar keer verrast door haar kalme manier van reageren op de gebeurtenissen om haar heen. Vorige week bijvoorbeeld. Haar reactie was bewonderingswaardig – het was toch een schokkende gebeurtenis waar ze getuige van was geweest.

Om half elf 's avonds hoorden ze geluiden en stemmen uit de richting van de dispensaire komen en even later kwam Vieux, de verpleeghulp, Hanne roepen. Een oude vrachtwagen vanuit Sikasso, volgeladen met goederen en waar bovenop een twintigtal mensen hun plaats als passagier had gevonden, was dertig kilometer voor Béléko verongelukt: omgeslagen nadat hij met een te grote vaart wegens slechte remmen met één wiel door een diepe geul was gegaan en daardoor te schuin was komen te hangen. Enkelen waren op tijd van de wagen gesprongen, anderen hadden daar geen kans toe gezien en waren onder het zware gevaarte terechtgekomen. Het had een uur geduurd voordat er een andere auto was langsgereden en snel een paar zwaargewonden naar

Béléko had vervoerd. Daar had de chauffeur een lege vrachtwagen van de katoenfabriek geregeld om de andere gewonden op te halen. Vijf mensen waren ter plekke omgekomen en één was er onderweg overleden, voordat hij de dispensaire van Béléko bereikt had. Alle gezondheidswerkers waren gealarmeerd en zo kwam het dat Petit, de twee aide-soignants, Sidibé de Peul met zijn privépraktijk en Hanne zich met hun vijven over de vele gewonden gebogen hadden. De lijken die men onder de vrachtwagen vandaan had kunnen halen werden in de consultatieruimte neergelegd; de overlevenden die nog konden zitten hadden een plaatsje op de veranda gekregen, terwijl de zwaargewonden in de grote zaal lagen. Hugo was met Hanne meegelopen om te zien of hij kon helpen. De aanblik van al die kreunende gewonden in de overvolle zaal en de doden op de kale vloer, overmande hem. Verslagen had hij voor het kleine cementen gebouw gestaan en naar de chaotische drukte gekeken. Het was de oudere, ervaren Sidibé geweest die de leiding had genomen. Petit, met een keurig schone witte overjas aan en met een stethoscoop om zijn nek, liep als een verdwaald kuiken doelloos rond. De Peul gebood hem naar het kantoortje te gaan om uit te zoeken wie de gewonden waren en alvast enkele overplaatsingsformulieren te schrijven. Vieux en zijn collega begonnen met het hechten en verbinden van de talrijke diepe vleeswonden. Sidibé vroeg Hanne hem te helpen met het onderzoeken van de zwaargewonden. De meesten bleken interne bloedingen te hebben, evenals gebroken of verbrijzelde ledematen. De ervaren gezondheidswerker werkte snel en effectief en regelde met de verbouwereerde chauffeur van de katoenauto de evacuatie naar Bamako van de acht mensen die in levensgevaar verkeerden.

Na een half uur was het voor Hugo duidelijk dat hij niets kon doen en ging hij naar huis. Hij bleef op om op Hanne te wachten, die twee uur later terugkwam. Hij had verwacht dat ze volledig ontdaan zou uitvallen over de bruutheid van het leven in Mali. Mensen vervoeren als een stelletje geiten bovenop een overvolle vrachtauto was gewoon niet humaan, had ze al vaker verafschuwd

opgemerkt als onderweg een dergelijk volgeladen auto tegen-
kwamen. En nu was het dan zover gekomen dat die mensen die als
beesten vervoerd werden, even beestachtig aan hun einde
kwamen.

Hanne was bleek weggetrokken en liet zich vermoeid in een
stoel vallen. Nadat Hugo gevraagd had of ze wat wilde drinken en
voor hen beiden een whisky ingeschonken had, verwachtte hij een
emotionele reactie. Verbaasd luisterde hij daarentegen naar haar
bedachtzame redenatie. Duidelijk aangedaan, maar met kalme
beheersing merkte ze op dat het betreurenswaardig was dat de
mensen uit armoede gedwongen werden om een goedkoper
plaatsje bovenop een verwaarloosde vrachtwagen te nemen in
plaats van een personenauto, terwijl ze wisten dat ze daarmee een
risico namen. Het was moeilijk te bevatten hoe armoede mensen
dwong zich over te geven aan situaties die berucht waren om hun
onveiligheid. In feite was het een vorm van geweld, alleen was de
geweldenaar moeilijk aan te wijzen. Gecompliceerder werd het
door de vraag waarom de eigenaars van de auto's mensen de dood
in stuurden door hun wagens niet goed te onderhouden. Of
waarom politiemannen zo gemakkelijk hun ogen sloten voor het
gevaar van zulke wagens en zich lieten omkopen om de wet die zulk
vervoer van mensen verbood niet te handhaven. Hierover hadden
ze samen van gedachten gewisseld en kort daarna waren ze naar
bed gegaan. Hugo meende toen dat haar reactie later zou komen;
waarschijnlijk had het feit dat ze daadwerkelijk had kunnen helpen
haar over de eerste schok heen geholpen. De volgende dag, en ook
de dagen erna, bleef Hanne daarentegen over het ongeluk praten
met een beschouwende acceptatie die Hugo verbaasde.

Vier dagen na dat schokkende verkeersongeval was Hugo
naar Bamako gegaan, en nu vroeg hij zich af hoe het met Hanne
zou zijn. De spanning tussen Petit en zijn vriendin was toegenomen
omdat de chef de poste zich gepasseerd had gevoeld door Sidibé
die de touwtjes in handen had genomen, en door zijn vrouwelijke
collega die zij aan zij met de Peul had samengewerkt terwijl ze

volgens hem eigenlijk niets met het curatieve werk van de dispensaire te maken had. Hanne was niet op zijn beschuldigingen ingegaan en had besloten dat ze hem een paar dagen zou ontlopen; haar ervaring was dat hij na een tijdje wel weer zou afkoelen.

Vanuit tegengestelde richting kwam een Toyota Hilux aangestoven en Hugo sloot snel zijn raam om de verstikkende stofwolk die achter de auto aan wervelde buiten te houden. Hij kwam bij de Bani en verminderde snelheid voor de 'radier', die als een smalle dam de rivier doorkruiste. Na het dorp Dandougou en het onopvallende gehucht Selebougou, kwam Hugo even na tweeën eindelijk in Béléko aan. Hij had zich gehaast. Hij wilde thuis zijn, met Hanne op de veranda zitten en horen hoe het haar de laatste dagen vergaan was. Vanavond zouden ze het vlees op een houtskoolvuurtje kunnen braden en gezellig buiten eten. Béléko had niets te maken met Bamako; de problemen van de hoofdstad gingen hen in het verafgelegen plattelandsdorp weinig aan. Hij moest die twee werelden dan ook gescheiden houden. En nu was hij in Béléko en wilde gewoon onderuit gezeten met een pilsje van de rust genieten. Hij zou ook wat meer tijd besteden aan zijn vrienden daar. Hoognodig moest hij weer eens bij Jean en Pauline op bezoek. En waarom niet weer eens een boom opzetten met Karim, die leefde helemaal op nu er eindelijk beweging was gekomen in de oppositie tegen de president en zijn regering. En misschien dat Hanne en hij een soort nieuw begin konden maken. Werd het na bijna twee jaar niet tijd om de oude spanningen te vergeten en elkaar met nieuwe ogen te bekijken? Tenslotte werd Hanne nu niet meer zo meegesleurd door alles om haar heen en het zag er naar uit dat ze wat steviger in haar schoenen kwam te staan. Ze zou nu misschien gaan inzien dat zijn poging om zich tegen de harde realiteit te beschermen, niet de slechtste was. Hij gaf er de voorkeur aan zich bij het bekende te houden en zich niet al te diep met de voor hen, blanken, toch onbegrijpelijke wereld van de Bambara bezig te houden. De dingen een beetje humoristisch bekijken, dat vereenvoudigde een hoop.

Hopelijk had ze het conflict met Petit rustig opgenomen, bedacht Hugo terwijl hij het smalle zandpad insloeg dat van de hoofdweg, langs het huis van Karim en de staatskliniek naar hun huis leidde. Hanne zou verbaasd zijn hem zo snel terug te zien, drie dagen eerder dan gepland. Hij had post bij zich, er zat een brief van haar moeder bij en een boek dat ze besteld had. Waarschijnlijk lag ze te rusten, siësta te houden. Als ze tenminste niet in één van de dorpen was, maar die kans was klein nu haar collega in de contramine was gegaan.

Hugo draaide de Daihatsu naast het kleine hek aan de zijkant van hun huis in de dichte schaduw van de néré en toeterde even. Het was beter haar zo wakker te maken dan dat ze zou schrikken als hij het huis inliep. Hij zette de motor af, pakte de koelbox met het vlees en verscheidene zuivelproducten, sloeg de portieren dicht en liep de veranda op.

'Ik ben het', riep hij opgewekt terwijl hij de brede ijzeren deur naar de huiskamer opende. 'Rechtstreeks vanuit Bamako, met post en interessante boodschappen...'

Geheel tegen zijn verwachting in kwam Lala uit de keuken, de hulp die sinds een half jaar bij hen in huis werkte. Deze vroeg verrast of hij gekomen was, de geijkte vraag van alle Malinezen, die onderdeel uitmaakte van hun begroeting – terwijl je toch vlak voor hun neus stond. Het werkte hem altijd weer op zijn lachspieren. Goedgehumeurd bevestigde hij haar vraag en vroeg waar Hanne was. Wederom verrast vroeg ze of hij dat dan niet wist. Nee, hij wist van niets en het duurde even voordat hij uit het omslachtige verhaal van de stevige, twintigjarige Lala begreep dat zijn vriendin naar Dioila was vertrokken.

Hoe kon dat nu, riep hij verbaasd. Hij had de auto, zij had geen vervoer. Lala legde uit dat Hanne de mobylet genomen had, waarop Hugo ongelovig uitriep dat Dioila veel te ver was om met de brommer naartoe te gaan. De diepzwarte Malinese keek hem uitdrukkingsloos aan en liep terug naar de keuken. De Nederlander ging haar achterna en vroeg verontwaardigd wanneer zijn vriendin terug zou komen. Lala antwoordde dat ze dat niet wist. Hanne had haar daarover niets gezegd. Waarschijnlijk voor donderdag, want dan verwachtte ze meneer terug. Maar had Hanne dan geen bericht achtergelaten? Ze kon toch niet zomaar voor een paar dagen weggaan?! Wanneer was ze eigenlijk vertrokken? Gisteren, antwoordde Lala en pakte de emmer met water op waarin ze vuile kleren geweekt had die ze nu wilde gaan wassen, hem duidelijk makend dat ze hem niet meer informatie kon geven.

Teleurgesteld ging Hugo terug naar de huiskamer, liet zich in een lage stoel vallen en strekte zijn lange benen vermoeid voor zich uit. Dit was niet wat hij verwacht had. Hanne was nooit eerder met dat kleine brommertje naar Dioila gegaan. Zou ze verwachten dat hij naar huis zou komen via die plaats, en dat hij haar op zou pikken? Maar de brommer dan? Nee, ze kwam waarschijnlijk ook met dat ding weer terug hierheen. Of misschien dat de projectauto deze kant op kwam en ze daarmee terug zou rijden? Maar waarom was ze eigenlijk gegaan? Ruim vijftig kilometer op die hobbelende tweewieler was nu niet bepaald een pretje. Zou er iets gebeurd zijn, iets tussen haar en Petit?

'Lala!' riep hij naar buiten en stond op om het haar te gaan vragen. Gewillig luisterde ze naar zijn vragen, maar kon hem helaas niet verder helpen. Of wacht, jawel, Hanne had iets gezegd over Wakoro. Ze dacht erover daar naartoe te gaan, maar twijfelde aangezien dat nogal ver was. Ze zou wel zien, misschien dat ze vanuit Dioila met een auto zou gaan.

'Wakoro?' reageerde Hugo verbaasd, 'wat heeft ze daar te zoeken?' Lala haalde haar schouders op. Woonde daar niet die blanke man, die naar ze gehoord had ziek was?

Rogier! Was Hanne naar Rogier? Onmogelijk! Of... Zou ze daar al vaker geweest zijn? Niet dat hij wist! Wat had zij nu bij Rogier te zoeken?

Versteld liep hij terug naar de huiskamer en bleef daar even staan. Hanne zou toch niet... Zou ze iets met hem...

Onzin! Had Lala niet gezegd dat ze misschien naar Wakoro zou gaan? Onmogelijk dat ze speciaal voor Rogier op haar mobyletje eerst naar Dioila rijdt om daar dan een auto te zoeken. Iedereen in Dioila zou daar iets over te zeggen hebben. Hanne die een vriendje heeft. Een ouwe kerel van ergens in de veertig, die crepeert van de kanker. Onzin gewoon.

'Lala, pak die koelbox uit! Alsjeblieft. Ik ga de auto leeghalen en me douchen, ik ben vies', riep hij naar achteren en liep naar buiten. Buiten het hek, naast de auto, keek hij verwonderd om zich heen. Het was de laatste tijd niet vaak meer voorgekomen dat hij alleen thuis was. Meestal was hij het die van huis was en Hanne alleen achterliet. Het dorre landschap dat sidderde in de maartse middaghitte kwam hem uiterst verlaten voor. Behalve een paar domme geiten was er geen levende ziel te bekennen. Zand, droog zand, uitgedroogd gras en een paar bomen. Dat was het enige dat Béléko te bieden had.

Geïrriteerd pakte Hugo zijn reistas uit de kleine jeep, evenals de drie dozen met boodschappen. Daar gaat m'n barbecue, dacht hij teleurgesteld. Tenzij, zou Hanne niet vanmiddag nog terugkomen? Misschien was ze voor haar werk onverwachts naar Dioila gegaan en kwam ze vandaag alweer terug. Hij moest het eerst eens rustig afwachten! Hij was zichzelf niet, was veel te gespannen door wat er in Bamako gebeurd was. Het was haar goed recht om naar Dioila te gaan. Zij kon niet weten dat hij eerder terug zou komen. Misschien was ze wel ongerust wegens de verhalen over Bamako, over de rellen daar.

Hij pakte zijn spullen op en vroeg aan Lala die bij de koelkast bezig was, of Hanne iets gezegd had over de politieke situatie in Bamako. Had ze misschien gezegd dat ze zich zorgen om hem maakte? Was ze daarom naar Dioila gegaan, in de hoop meer te weten te komen? Want iedereen was het erover eens dat het niet goed ging in de hoofdstad; het was te hopen dat er niet te veel doden vielen.

Dus niet. Wat Lala in feite zei, begreep Hugo uit haar antwoord, was dat Hanne met geen woord over hem in Bamako gesproken had.

'Bedankt Lala. Als je hiermee klaar bent, kun je wel gaan. Die kleren maak je morgen maar af. Ik wil gaan rusten. Bedankt voor je hulp', sprak Hugo haar gelaten toe en ging naar zijn kamer.

De rest van de middag besteedde hij aan het opruimen van zijn spullen, nam een douche en daarna probeerde hij te rusten. Toen toen dat niet lukte haalde hij zijn tekenspullen tevoorschijn. De schetsen van Geraldine waren goed. Als hij geen andere zou kunnen maken, kon hij hiermee waarschijnlijk dat olieverfschilderij wel uitwerken. Maar waarom zou hij haar niet meer zien? De enige reden om niet naar Bamako terug te gaan, waren de onlusten. Zodra de situatie weer wat kalmer was, kon hij wel weer gaan. Trouwens, hij moest wel. Zijn functie als veldsecretaris verplichtte hem daartoe. Misschien had hij vandaag niet zo overhaast moeten vertrekken. Die Joke had hem opgefokt. Dat zenuwachtige gedoe over mogelijke aanslagen! Maar daarbij, toegegeven, was hij gevlucht voor Geraldine. Hij had zich geschaamd. Tegenover Hanne. Daarom was hij teruggekomen. Maar waarvoor? Waar was zij nu? Hij was stom geweest te verwachten dat ze popelend op hem zat te wachten. Ze had haar werk, haar vrienden. Maar waarom naar Dioila, op zo'n rammelende mobylet? Om naar Wakoro te gaan?

Ongeduldig kwam hij achter zijn tekentafel vandaan en liep de veranda op. Naarmate de middag verstreek werd de teleurstelling over Hanne's afwezigheid sterker. Juist nu hij haar nodig had, haar om zich heen wilde hebben, juist nu was ze er niet. Hij had verwacht een nieuw begin met haar te kunnen maken. Hij had haar willen verwennen, lief voor haar willen zijn. Misschien waren ze wel met elkaar naar bed gegaan; teder, liefdevol. En met passie, zoals vroeger. Maar in plaats daarvan was hij alleen thuis, liep hij op en neer in een leeg huis. Het was om kwaad van te worden. Hij was niet uit Bamako weggegaan om in een leeg huis te komen. Hij

273

had het goed willen maken met zijn vriendin en nu maakte zij het hem onmogelijk! Zijn geste was in het niet gevallen; Hanne was er niet om hem te verwelkomen, ze was er niet om verheugd te zijn met zijn vroege komst.

De teleurstelling zette zich om in een machteloze kwaadheid en Hugo zocht iets om te doén. Hij wilde zijn handen laten wapperen, alle frustraties eruit werken. Dit hangerig wachten totdat Hanne eindelijk besloot terug te komen had weinig zin. Misschien iets in de tuin, die had hij verwaarloosd. Alhoewel, in de hete tijd was er niet veel te doen en Amadou hield alles bij. Het enige was die tak van de néré. Die hing nu al twee weken half afgebroken naar beneden, na een zware storm. Dat ding belemmerde het vrije uitzicht; dat irriteerde hem, zo'n grote tak die half op de grond hing. Amadou had gezegd dat ze moesten wachten totdat hij er vanzelf af zou vallen. Wat een onzin eigenlijk. De neembomen snoeien ze wel elk jaar, maar als de wind dan een tak van de néré scheurt, moeten ze geduldig afwachten. Hanne had daar natuurlijk mee ingestemd. Ze zei dat het haar niet stoorde, die takkentroep die daar maar hing. Hem stoorde het echter wél en het was een mooi karweitje voor nu. Het zou hem goed doen zijn spieren in te spannen en eens even goed te zweten. Het was tenslotte ook goed brandhout, die oude takken. Het verbaasde hem dat die boom nog niet volledig onder de krachten van de natuurelementen bezweken was. Hij droeg al jaren geen enkele vrucht meer en de smalle samengestelde blaadjes zagen er elk jaar meer gehavend uit.

Uit het schuurtje in de hoek van hun cour haalde Hugo een grote hakbijl die hij ooit eens bij de lokale smid had gekocht. Daarna pakte hij de trap die hij tegen de omvangrijke stam van de boom plaatste. Het afhakken van het half afgescheurde gedeelte van de boom was zwaar werk. De vezels waren taai en hij kon er maar moeilijk bij. Met grote halen sloeg hij in op het witgele hout dat als een diepe wond tevoorschijn was gekomen vanonder de donkere bast.

In de drie kwartier dat hij bezig was, passeerden er enkele voorbijgangers die allen bleven staan om naar hem te kijken. Hugo had geen zin om hen te begroeten. Hij wist dat ze wat hij aan het doen was, afkeurden. Wel, hij gaf hen tenminste iets om over te praten. Er gebeurde weer eens iets in het dorp... De blanke had met een bijl de tak van hun heilige boom afgeslagen – waar moest dit op uitdraaien! Hadden ze eens een nieuw onderwerp voor hun eeuwigdurende palavers: was Hugo als blanke beschermd tegen de toorn van de kwade geesten of niet? Het zou allemaal wel. Hij had andere problemen die dringender waren. Hij was thuis gekomen nadat hij zijn vriendin bedrogen had, in de veronderstelling dat hij het goed zou kunnen maken met haar. Nu was ze er niet, en erger, hij had geen flauw idee waar ze wél was, met wie en waarom. Dat waren zíjn geesten, en die moest hij bevechten. Over de schimmen van de Afrikanen kon hij momenteel niet inzitten, dacht Hugo vermoeid terwijl hij de laatste, fatale slag met zijn hakbijl gaf.

XXIII DE SLANGENBEET

Met roodbetraande ogen keek Hanne naar het vreemde spiegel-beeld in het vierkante stuk glas boven de wastafel. Het donkere haar, ontdaan van de lange lokken, stond weerbarstig alle kanten op. Ze herkende zichzelf nauwelijks. Het voorheen ronde gezicht met blozende wangen, omgeven door zwarte krullen leek een gedaanteverwisseling te hebben ondergaan. Er was weinig gelijke-nis meer met de Hanne die twee jaar geleden naar Mali was gekomen. Met haar nu lelijk magere gelaat, getekend door diepe kringen onder haar verdrietige ogen en met het korte, opstandige haar toonde ze tien jaar ouder. Het kon Hanne echter niet veel schelen dat haar haar meer weghad van een verknipte ragebol dan een fatsoenlijk kapsel. Wat deed haar uiterlijk ertoe – Hugo had haar bedrogen! Hoewel hij haar die dag niets had willen vertellen over dat schilderij dat al bijna af was, kon het niet anders dan dat hij een vriendin had. Het hartstochtelijke vrouwengezicht dat hij geschilderd had was vol verlangen. Verlangen naar hem, Hugo, waarschijnlijk! Dat die vrouw zo haar gevoelens had durven tonen betekende dat ze met elkaar vertrouwd waren, intiem. Zou hij met haar geslapen hebben? Zou hij zich tot haar aangetrokken voelen en zou het serieus zijn tussen hun tweeën? Had hij een andere vriendin gevonden? Een Malinese! Een hele bijzondere... Een levendig gelaat, heel bijzonder. De trekken waren die van een blanke, terwijl het toch duidelijk een Afrikaanse was! Zou ze een métisse zijn? Maar daar leek ze niet op. Bij een métisse kon men vaak wel zien wat die persoon van de donkere en wat van de blanke ouder geërfd had. Dit was echter een echte Malinese vrouw, die toch ook een blanke zou kunnen zijn. Haar trekken, de oogopslag en haar gezichtsexpressie waren blank; de huid en de kleur daarvan, en ook het haar en haar hele uitstraling waren daar-entegen volledig Afrikaans. Ze kon niet ontkennen dat het een prachtige vrouw was om te zien. En het was verreweg zijn beste schilderij! Zou ze in Bamako wonen? En hoe oud zou ze zijn? Ze had iets tijdloos, iets bovennatuurlijks bijna... Daar kon zíj niet tegen op. Vooral niet zoals ze er nu uitzag, met dat idiote haar en die roodomrande ogen! Vreselijk! En zover was het dus gekomen; achter haar rug om belazerde hij haar, had hij een vriendin. Ze werd afgedankt, opzij gezet... Blijkbaar was ze te blank of zo... Misschien was ze niet exotisch genoeg en wilde meneer eens iets anders... Of zou hij haar toch alleen maar getekend hebben? Misschien dat ze niet met elkaar naar bed waren geweest? Maar waarom had hij dat schilderij niet vanaf het begin laten zien? En waarom dan die nukkige zwijgzaamheid van de laatste weken? Zou het hem dwars zitten? Zou hij er spijt van hebben? Maar wat dan nog? Wat had ze aan zijn spijt? En waarom praatte hij niet met haar, vertelde hij niet wat er gebeurd was? Stond maar voor dat schilderij, zei niets. En ik had geen zin om te vragen wie zij was. Kón het niet! Ik heb de laatste weken al zo vaak gevraagd wat er met hem aan de hand is. En hij blijft me maar ontwijken. Blijft maar hangen in dat apathische gedoe. En nu laat hij mij dat schilderij zien. Want het was opzet! Hij wist dat ik zijn kamer in zou komen... Hij wilde gewoon dat ik haar zou zien! Wel, zég dan ook iets, idioot, en met een harde klap sloeg Hanne op de witstenen wastafel. Een glas dat op de rand stond, viel met een klap in honderden stukjes uiteen. Met een diepe zucht staarde ze naar het verbrijzelde resultaat van haar woede. Kapot... Was het kapot? Was dit het? Was dit het einde van hun relatie? Want hoe moesten ze verder van hier... Zouden ze de stukjes nog op kunnen pakken? Als Hugo maar eens wilde praten! Waarom bleef hij zo in zichzelf gekeerd? Zo kende ze hem helemaal niet. Het beangstigde haar. Als een spook ging hij soms door het huis. Het was begonnen toen ze thuis was gekomen uit Dioila. Jan was zo vriendelijk geweest haar mobylet achter in de auto te leggen en haar naar huis te brengen. Hij had haar niet alleen willen laten gaan. Het waren spannende dagen toen, overal in Mali was het onrustig. De druk op de president en de regering werd alsmaar groter en niemand wist wat er zou gaan gebeuren. Ze hadden gehoord van de rellen in Bamako en Elisabeth had geprobeerd haar over te halen bij hen in Dioila te blijven. Hanne wilde echter thuis in Béléko zijn als de situatie in het hele land zou verergeren en was daarom een dag eerder naar huis gegaan dan ze gepland had. Ook had ze zich bezorgd afgevraagd of Hugo niet eerder terug uit de hoofdstad zou komen en ze was opgelucht geweest toen ze bij haar aankomst de Daihatsu onbeschadigd naast het huis had zien staan. Alle deuren van het huis stonden open en snel was ze naar binnen gelopen om Hugo te begroeten die, tot haar verbazing, midden in de kamer zat en niet opstond toen ze binnenkwam. Nors had hij voor zich uit gekeken en stug had hij gevraagd waar ze geweest was. In plaats van zijn vraag te beantwoorden vroeg zij hem ver-wonderd wat er aan de hand was, waarop hij haar alleen had aan-gestaard. Verbijsterd door zijn vreemde gedrag had ze angstig gevraagd of er iets schokkends met hem in Bamako gebeurd was. Was hij misschien betrokken geweest bij de onlusten of misschien aangevallen? Kwaad was hij opgesprongen en schreeuwde dat er niets gebeurd was, maar dat het niet normaal was dat zij op een krakkemikkig brommertje helemaal naar Wakoro ging. Geschrok-ken door zijn felle uitbarsting had ze alleen maar durven mompelen dat ze niet naar Wakoro was geweest, naar Dioila, niet Wakoro. Hierop was Hugo bruusk weggelopen, schreeuwend dat ze hem ge-rust kon belazeren als ze dat wilde. Volledig uit het veld geslagen door zijn onbegrijpelijke en angstaanjagende reactie was ze naar buiten gelopen waar Jan op dat moment haar mobylet van de auto aftilde. In een verontschuldigend gebaar had ze haar schouders opgehaald en gevraagd of hij wat wilde drinken. Ze had hem een stoel op de veranda aangeboden en een biertje voor hem uit de koelkast gehaald. Hugo had zich niet meer laten zien en na het pilsje had Jan gehaast afscheid genomen.

Vanaf die dag had Hanne geen normaal gesprek meer met Hugo gevoerd. Alhoewel hij minder stug deed en hij ook niet meer tegen haar uitviel, weigerde hij te vertellen of er iets bijzonders met hem in de stad gebeurd was. Ook scheen hij haar niet te willen geloven dat ze naar Dioila was gegaan omdat ze een brief van

Elisabeth had gekregen waarin zij vertelde dat ze zwanger was. Hanne had toen zin gehad om haar te bezoeken, dat was alles. Inderdaad had ze tegen Lala gezegd dat ze misschien naar Wakoro zou gaan, maar daar was niets van gekomen. In plaats daarvan was ze naar huis gegaan. Honend had Hugo opgemerkt dat dit erg te betreuren viel, Rogier had vast met verlangen naar haar komst uitgekeken. Totaal verbijsterd had ze hem gevraagd wat hij bedoelde met die idiote insinuatie, waarop hij kortaf geantwoord had dat ze dat zelf het beste kon beantwoorden.

Zijn gedrag was een raadsel voor haar. Meende hij werkelijk dat ze met Rogier een verhouding had of zo? Sinds ze de zieke zakenman wat beter was gaan leren kennen voelde ze een warme sympathie voor hem, en inderdaad was ze hem een paar keer gaan bezoeken. Dat ze alleen gegaan was had echter niet aan haar gelegen – Hugo was druk bezig in Bamako en zij had geen zin gehad om op hem te wachten. Het kon toch niet zo zijn dat Hugo zich daar kwaad om maakte? Om het feit dat ze gewoon haar eigen gang was gegaan? Of zou hij echt denken dat ze met Rogier aan de haal gegaan was? Vreemd, onbegrijpelijk eigenlijk, evenals zijn gedrag. Soms sloot hij zich uren op in zijn kamer; met dat schilderij begreep ze nu! Of soms ging hij als een schim door het huis en sprak nauwelijks tegen haar. Op andere dagen scheen hij juist haar gezelschap te zoeken en was hij zelfs redelijk vriendelijk tegen haar, om een paar dagen later weer in een zwijgzame apathie te vervallen. Hanne was blijven proberen hem aan het praten te krijgen, maar tevergeefs; hij weigerde in te gaan op haar pogingen de spanningen in hun verstandhouding te breken.

Hij was in die tijd nog een paar keer naar Bamako geweest; was daar echter niet lang gebleven. Hij zei dat hij liever in Béléko was dan in de onrustige hoofdstad. De roerige politieke ontwikkelingen waren eigenlijk zo'n beetje het enige waarover ze samen nog van gedachten wisselden.

Zelfs over de afgehakte nérétak werd niet veel gezegd. Hanne was geschrokken toen ze bij het uitzwaaien van Jan zag dat de grote tak als brandhout in mootjes gehakt onderaan de boom lag. Ze wist dat de mensen van hun dorp dit zouden afkeuren. Hugo had één van hun heilige bomen geschonden en dat zou hen niet in dank afgenomen worden. Amadou en Lala hadden er niets van gezegd, maar de Nederlandse voelde dat het hen dwars zat. Ze had gevraagd of zij misschien het brandhout wilden hebben, en hoewel ze allebei beleefd ja geknikt hadden, nam geen van beiden het mee. Het was nu ruim twee maanden later en niemand in heel Béléko had de afgehakte takken opgehaald. Het hout lag als een stille getuige in het droge zand onder de imposante boom en werd hier en daar al aangevreten door de termieten. Alleen de natuur had blijkbaar de macht Hugo's handeling te doen vergeten, had Hanne nog die ochtend gedacht toen ze stil in de dichte schaduw van hun geheimzinnige buur gestaan had. Ze had naar troost gezocht en naar de moed om Hugo tegemoet te treden na hun ruzie van die ochtend over haar afgeknipte haar. En toen had hij dat schilderij laten zien...

Ze was moe, uitgeput. Het gebroken glas moest maar tot morgen wachten. Ze ging naar bed. Het was pas acht uur, maar de emoties van die dag hadden haar leeggezogen. Ze twijfelde of ze zou kunnen slapen. Zou hij ook in hun bed slapen? Te bedenken dat ze gisteren nog met hem gevreeën had... Ze had gehoopt hem daarmee te bereiken, de laatste week leek hij verder van haar verwijderd dan ooit tevoren. Waarom had hij haar niet van zijn vriendin in Bamako verteld? Niet alleen bedroog hij haar, hij martelde haar met zijn moordende zwijgzaamheid! Maar er zou nu wel verandering in komen... Met het schilderij had hij bekend. Morgen zouden ze ongetwijfeld alles uitpraten.

Traag poetste Hanne haar tanden, stapte voorzichtig over het versplinterde glas en liep via de keuken naar buiten waar onder de neembomen het smalle tweepersoonsbed stond met een muskietennet erboven gespannen. Ze deed de dunne katoenen pagne af die vanwege de hitte haar enige kleding was en ging languit op haar rug liggen; haar benen en armen lichtjes gespreid om de vochtige transpiratie zo min mogelijk te voelen. De donkere warmte drukte zwaar op haar; haar lichaam voelde loom en log. Hugo, het schilderij, de spanning, de pijn – de gedachten tolden door haar hoofd en vormden een poel van onontwarbare emoties. Ze was te moe. Ze begaf zich in een duistere, vermoeiende leegte waarin ze alleen was. Eenzaam en verdrietig zakte ze langzaam weg in de vergetelheid van de slaap.

Een harde schreeuw! Ruwe bewegingen! Het was Hugo die haar wakker schudde en schreeuwde dat hij gebeten was. Dáár! Daar ging-ie, een slang! Een adder, hij was gebeten door een adder! Zijn stem brak en in paniek smeekte hij haar hem te helpen. Snikkend riep hij dat ze hem niet alleen moest laten, hij was gebeten, vast door een giftige! Ze moest hem helpen, wat moest hij doen?

Geschrokken door het plotselinge tumult was Hanne overeind gekomen, verwonderd over wat er gebeurd was. Het was aardedonker; naast haar greep Hugo naar zijn voet, in paniek schreeuwend dat hij gebeten was. Resoluut sloeg Hanne de klamboe omhoog, pakte de zaklantaarn die naast het bed stond, gebood Hugo gedecideerd dat hij stil moest blijven zitten en liep het huis in om uit haar tas het kleine doosje met de zwarte steen en een scheermesje te pakken. Terug bij het bed vroeg ze Hugo haar bij te lichten terwijl ze zijn voet bekeek. Bij zijn enkel zag ze enkele tandafdrukken: twee grotere en iets lager een paar heel fijne, kleine afdrukken. Het wás dus een giftige slang! Ze zei tegen Hugo dat hij zich absoluut niet moest bewegen, zodat zijn bloed zo min mogelijk zou stromen. Behendig maakte ze met het vlijmscherpe mesje een kleine insnijding over de twee grotere markeringen – die van de giftanden – en drukte daarna snel de zwarte steen erop; deze zou het gif opzuigen. Ze vroeg Hugo de steen vast te blijven drukken. Vlug pakte ze haar pagne en scheurde een brede strook af die ze stevig om het been van Hugo bond, even boven de knie. Daarna scheurde ze nog een smalle strook af waarmee ze de steen, die zich vanzelf al vastzoog, voor alle zekerheid ook nog vastbond. Daarna schudde ze Hugo's kussen op, drukte hem op het hart rustig te gaan liggen en herhaalde dat hij zich zo min mogelijk mocht bewegen. Even bleef ze zo naast hem staan, overdenkend wat ze nu het beste kon doen. Hugo keek haar hoopvol smekend aan en vanuit een oude vertrouwdheid pakte ze zijn hand. Om hem gerust te stellen verzekerde ze hem dat het goed zou komen. Ze hadden snel gereageerd. Angstig vroeg hij of ze gezien had of het een giftige slang was en in het flauwe schijnsel van de zaklantaarn knikte ze bevestigend. Hugo kreunde, waarop Hanne naast hem neerknielde en hem troostend toefluisterde dat er geen direct gevaar was. Het belangrijkste was dat hij rustig bleef liggen, dan kon zij Chislaine gaan waarschuwen! Die had antiserum in de koelkast liggen en bovendien had zij veel meer ervaring met slangenbeten. Hanne wilde Hugo echter niet zo lang alleen laten en vroeg zich af hoe ze de Française kon inschakelen. Ze besloot naar Karim te gaan. Terwijl ze de eerste de beste jurk die ze kon grijpen over zich heen liet glijden, zag ze dat het vier uur was. Gehaast zocht ze naar de sleuteltjes van de auto, opende het hek en begaf zich in de warme, nog zwarte, maanloze nacht. Met voor zich uit het felle licht van de koplampen reed ze langs de Caïlcédrat, de zetel van de vele Bambara-geesten, en over de grote zandvlakte langs de dispensaire naar het huis van haar vrienden.

Op het geluid van de motor en Hanne's geroep kwam de veearts al snel zijn huis uit en was verrast hun blanke buur te zien. Kort legde ze uit wat er gebeurd was en zonder dat ze hem erom hoefde te vragen, zei hij dat hij direct Chislaine zou gaan halen. Alima was ook naar buiten gekomen en vroeg of ze misschien ook iets kon doen. Hanne bedankte haar vriendin, maar er was niets waarmee ze nu kon helpen. De religieuze was de persoon die ze nodig hadden...

Na een uitgebreid verslag van Hanne over wat er gebeurd was, besloot Chislaine direct een polyvalent antiserum toe te dienen om de neurologische vergiftigingsverschijnselen te voorkomen. Ze had alle benodigde spullen bij zich, ook voor onverwachte complicaties zoals een shockreactie op het antigif. Hugo onderging alles met een angstige blik, Hanne constant met zijn ogen volgend. Tegen de vroege ochtend lag Hugo verzorgd en wel aan het infuus met de medicijnen en doezelde weg met behulp van wat valium. Hanne zette koffie en de beide vrouwen installeerden zich buiten op de veranda aan de voorkant van het huis in het zachte ochtendgloren. Hanne slaakte een diepe zucht.

'Geschrokken?' vroeg Chislaine bezorgd aan haar jonge, vermoeid uitziende vriendin.

'Ja, en nee. Ik weet het niet. Hij haalde me uit een diepe slaap en voordat ik me echt realiseerde wat er gebeurd was ben ik al opgesprongen om... Wel, ik wist wat ik moest doen, en dat kalmeerde. En dan, Hugo was al in paniek...' Ze verviel in een afwezig stilzwijgen en Chislaine nam nog een slok van haar koffie. Plotseling begon Hanne op vlakke toon te vertellen wat er de vorige dag voorgevallen was. De oudere non luisterde verbijsterd naar Hanne's verhaal. Ze merkte hoofdschuddend op dat het duidelijk was dat er iets gebeurd was – Hanne's haar zag er niet uit. Hanne keek haar verwonderd aan en, zich realiserend wat de ander bedoelde, greep vertwijfeld naar haar hoofd.

Na een korte stilte vroeg Chislaine voorzichtig aan Hanne of ze de vrouw van het schilderij kende. Gelaten ontkende deze. Hanne had haar nog nooit gezien. Het was wel een mooi, sprekend gezicht en in feite had ze een uiterst sympathieke uitstraling. 'Een vreemde reactie, niet, tegenover de minnares van m'n vriend. De vriendin van mijn vriend dus... Zou ze eigenlijk ook míjn vriendin moeten zijn... Niet...?! Oh Jezus, wat een gezeur eigenlijk!' riep ze in een plotselinge afkeer van de hele situatie.

'Oh Chislaine, neem me niet kwalijk maar het is toch belachelijk... Kunnen wij dan niet eens onze relatie uitwerken? Waarom doen we toch zo moeilijk? Je vraagt je af waar het voor nodig is...'

'Wel, jullie hebben nu iets anders aan je hoofd. Van meer levensbelang als je dat bedoelt...' Hanne zuchtte. Was dat zo? Het drong allemaal nog niet echt tot haar door. Ze hadden toch snel gereageerd en hij had een antigif gekregen. Dan was alles toch onder controle, dan liep hij toch geen risico?

'Het was een giftige slang. Dat is een riskante zaak. Normaal gesproken moet het antiserum zijn werk doen, maar helemaal zeker kunnen we niet zijn. Dat moet je goed in de gaten houden Hanne!'

'En moet ik daarom maar vergeten dat hij me belazerd heeft! Mag ik me daarom niet kwaad maken omdat hij er weleens tussenuit zou kunnen knijpen? Oh, wat een idiote situatie...! Heeft in Bamako een vriendin, vertelt mij niets en wordt dan gebeten door een slang...! En nu zou ik dus met hem te doen moeten hebben... Knielend naast hem moeten neervallen omdat hij een zootje gif in z'n lijf heeft!'

Woedend was ze, woedend en wanhopig. Ze huilde. Chislaine liep naar haar toe en sloeg troostend haar armen om de radeloze Hanne die nu snikkend uitriep dat ze Hugo niet wilde kwijtraken. Niet nu! Niet nu ze nog zoveel uit te praten hadden, nog zoveel goed te maken hadden. Hij mocht haar niet alleen laten! Ze hoorden bij elkaar! Hadden elkaar nodig! Er was iets fout gegaan, ergens waren ze beiden op verschillende sporen terecht gekomen. Maar dat mocht niet onherroepelijk zijn! Hij mocht haar nu niet alleen achterlaten. Ze hadden ruzie gehad, veel te veel en waren elk hun eigen weg gegaan, maar dat betekende toch niet dat ze hem kwijt wilde, riep ze vertwijfeld. Chislaine klopte Hanne kalmerend op haar rug en sprak haar sussend toe. De door emoties overvallen Hanne verviel in een verdrietig peinzen.

Met een schok verbrak Hanne het stilzwijgen en vroeg met schorre stem of ze Hugo niet beter konden evacueren. Konden ze hier in Béléko wel genoeg voor hem doen?, klonk ze ongerust. De ervaren geneesvrouw meende echter dat het op dit moment meer kwaad dan goed zou doen om de zieke in de al beginnende hitte van de dag over de stoffige en hobbelige wegen te vervoeren, aangezien ze al het mogelijke al hadden gedaan en men in Bamako

284

momenteel niets anders voor hem zou kunnen doen. Binnen een paar uur zou duidelijk worden of het antiserum aangeslagen was, en Hugo buiten levensgevaar. Het had dus geen zin om nu te gaan rijden; ze moesten het vol vertrouwen afwachten. Hanne moest niet denken aan de gevolgen in het geval het antigif niet zou werken, sprak Chislaine de jongere vrouw gedecideerd toe. Hugo was het meest gebaat bij rust en goede zorg. Ze moest kalm blijven en zeker niet in paniek raken de komende uren, hoe moeilijk dat ook zou zijn. Dacht Hanne daartoe de kracht te hebben?, vroeg Chislaine bezorgd. Hanne knikte stil, met moeite haar tranen bedwingend.'

'Dan zal ik voor hem bidden', besloot Chislaine kalm hun gesprek terwijl ze Hanne een laatste, bemoedigende schouderklop gaf. 'Een beetje hulp van God kunnen we hier wel gebruiken.'

Alvorens naar de missie terug te keren keek de non nog even naar Hugo. Deze was in een onrustige slaap gevallen. Het infuus dat bijna leeg was zou Hanne even later kunnen verwijderen. Zijn voet begon al te zwellen, iets dat normaal was verzekerde Chislaine de angstige Hanne. Ze zou halverwege de ochtend weer langskomen, maar Hanne kon haar natuurlijk altijd laten roepen als het eerder nodig was. Ze besloten Hugo, zolang hij in de schaduw lag, buiten te laten liggen. Als over een paar uur de brandende zon onder de bomen door zou draaien moest hij verplaatst worden.

Dankbaar nam Hanne afscheid van de kleine, tengere vrouw die met haar tas vol spullen in de auto stapte. Het was zes uur en Amadou Diarra zou zo komen. Het nieuws van de slangenbeet zou vlug de ronde doen in het kleine dorp en het was te verwachten dat er nogal wat mensen langs zouden komen. Honger had ze niet en met moeite kon Hanne zich ertoe zetten zich te douchen voordat de hitte weer in alle hevigheid zou ontbranden. Ontdaan keek ze naar de verbrijzelde stukjes glas op de cementen vloer van de badkamer. Gisteren leek ver weg. Zo ook het schilderij; het leek onbelangrijk. Hij had haar bedrogen, maar was nu gebeten door een slang. Wat als hij dit niet zou overleven? Wat deed die vrouw er dan toe... Alsof een hete naald haar hartstreek doorboorde werd Hanne getroffen door een scherpe pijn. Kreunend viel ze op haar knieën, zich onbewust van de splinters glas die in haar huid sneden. Hugo mocht niet sterven, niet hier, niet nu... Waarom had hij zich van haar afgeschermd, waarom had hij haar niets gezegd... Maar het gaf niet. Als hij maar zou blijven leven... Als hij de avond haalde, dan zouden ze daarna wel praten...

Hanne schrok op van Amadou die in de huiskamer zachtjes in zijn handen klapte en goedemorgen riep. Ze had hem niet horen aankomen en stond snel op. Haar linkerknie bloedde. Met een washandje tegen haar been gedrukt liep ze de badkamer uit. Geschrokken door het bloed op haar onderbeen schoot Amadou haar tegemoet. Maar Hanne verzekerde hem dat het niets ernstigs was en legde snel uit wat er met Hugo gebeurd was. Beheerst stelde de rustige jongen voor met het waterputten te wachten totdat Hugo wakker zou zijn. Hij zou bij hem gaan zitten, dan kon zij zich opknappen.

Dankbaar voor zijn stille zorgzaamheid douchte Hanne zich, verbond haar knie en veegde het glas aan de kant. Ze zette voor zichzelf een verse kop koffie en ging naast Amadou zitten bij het bed van de nog slapende Hugo. Nippend van haar koffie luisterde ze naar de rustige, bekende achtergrondgeluiden van de nieuwe dag die voor hen, de blanken, zo angstig begonnen was. Te midden van het zachte ruisen van de bomen, de gillende kinderen, vogelgezang en een enkele vroege bromfietser, hoorde ze het verre, vertrouwde geluid van stampende dorpsvrouwen. Zoals Anja eens gezegd had, klonk het ritmische geklop als het onsterfelijke hart van Afrika dat eeuwig doorging – ook als zij er al lang niet meer zouden zijn...

Lala, Karim en Alima, Jean, de buren, iedereen was hevig aangedaan door de onfortuinlijke gebeurtenissen van de afgelopen nacht bij Hanne en Hugo. De twee jonge hulpen deden hun best Hanne bij te staan waar mogelijk en Amadou ging die ochtend, nadat hij 's morgens vroeg gekomen was, niet meer weg. Goede vrienden en bekenden kwamen de veranda op om met Hanne te praten en vroegen of ze even een blik op de nog doezelende zieke mochten werpen. De vele dorpsgenoten die langskwamen bleven bescheiden bij het hek staan en Amadou legde aan iedereen opnieuw uit wat er die nacht gebeurd was.

Hanne voelde zich getroost door alle belangstelling. De betrokkenheid en het medeleven die de Bélékwa toonden waren hartverwarmend. Ze voelde zich erdoor geaccepteerd en wist zich opgenomen in hun besloten plattelandsgemeenschap. De mensen lieten zien dat ze erbij hoorden en dat was voor Hanne de stevigste riem onder het hart die ze haar konden toesteken. Alle moeilijkheden, alle frustraties, het vele verdriet en de pijnlijke emoties, dat alles was niet voor niets geweest. Nu zíj, de blanken, in moeilijkheden waren snelden de mensen toe om hén te helpen en bij te staan. Ze voelde zich gesterkt. Ze had ervoor gekozen om zich volledig open te stellen voor deze mensen, om hun belevingswereld te ervaren, om hun leed mee te lijden. En nu wist ze dat het de moeite waard geweest was. De mensen die zich om hen heen verzamelden waren met háár begaan! Dit keer deelden zij, de Malinezen, in haar verdriet! Ze hadden haar in hun midden opgenomen en droegen haar door hun menselijke warmte en liefde door de moeilijke uren van de dag. Ze vormden een geheel, een gemeenschap en Hanne voelde zich er thuis en gesteund.

Jean zat die dag stilletjes op de veranda en sprak met niemand, behalve met zijn vrouw Pauline die ondanks haar zeer gebrekkige gezondheid en met de zes maanden oude baby op de rug, aan het eind van de ochtend ook even op bezoek kwam. Alima was er al vroeg en huilde zachtjes, waarop Karim haar hand vasthield. Lala deed stil het huishoudelijke werk en zorgde ervoor dat al het bezoek een plaatsje kreeg. De zieke Hugo brachten ze halverwege de morgen naar binnen, waar ze hem in de slaapkamer op bed legden. Bakary kwam samen met Vieux en Demba, en zei dat hij die dagen voor het werk wel alleen op stap zou gaan. Kadi, de verloskundige, drukte Hanne stevig tegen zich aan en liet haar

287

tranen de vrije loop. Alle kinderen die de gewoonte hadden bij Hanne en Hugo op de veranda te spelen, stonden bedeesd tegen de muur van de cour. Alleen de allerjongsten realiseerden zich niet wat er gaande was en werden nu en dan tot kalmte gemaand.

Tegen half elf kwam Chislaine terug en vroeg bezorgd hoe het met Hugo ging. Snel liep ze naar de slaapkamer waar hij lag en onderwierp de nog suffende zieke aan een onderzoek. Even later knikte ze de zenuwachtig wachtende Hanne opgelucht toe en zei met gebroken stem dat het grootste gevaar achter de rug was.

Hanne viel de Franse non, die voor haar een vriendin was geworden, huilend om de hals. Chislaine, geroerd door Hanne's tranen en aangedaan door de spanning van die morgen, huilde met haar mee. Daarop opende Hugo moeizaam zijn ogen en vroeg angstig wat er aan de hand was. Door haar tranen heen lachend vertelde Chislaine hem dat hij rustig weer kon gaan slapen; het gevaar was geweken!

Met behulp van kalmerende middelen sliep Hugo het grootste gedeelte van de dag, zich onbewust van alle drukte om hem heen. In de namiddag echter riep hij angstig om Hanne, die vanaf de veranda naar hem toesnelde en hem troostend kalmeerde. Ze ging naast hem op de rand van het bed zitten en keek naar haar vriend die hulpeloos achterover lag met zijn rechtervoet ondersteund door twee kussens. Het was duidelijk dat hij pijn had en dat hij bang was, ondanks de verzekering van Hanne dat het goed ging met hem. Het beeld van de giftige adder die uit zijn bed weggleed was als het ware van zijn netvlies af te lezen.

Hugo zei dat hij weg wilde, naar Bamako. Daar waren blanke artsen, en Nederlanders die hem zouden kunnen helpen. En vanuit Bamako konden ze tenminste gemakkelijk naar Nederland vertrekken... Naar huis als het nodig zou zijn! Hij wilde weg uit Béléko; wie kon hen helpen in dit kleine, afgelegen dorp?! En stel, nee, hij wilde niet in Béléko sterven, hij moest naar huis! Ze hadden hulp nodig, dit konden Hanne en Chislaine niet alleen aan! Ze moesten hier weg!

In een verlangen hem te troosten en zijn angst weg te nemen, en in een verlangen naar de intieme vertrouwdheid van hun liefde die diep, heel diep bedolven was geraakt onder de gebeurtenissen van de laatste tijd, nam ze teder zijn hand in de hare. Het vrouwenportret van het schilderij in de kamer ernaast bande ze uit haar gedachten en fluisterde Hugo zachtjes in zijn oor dat alles goed zou komen.

Op dat moment klopte Lala bescheiden op de slaapkamerdeur en met tegenzin liet Hanne haar partners hand los. Ze verzekerde hem dat ze zo terug zou komen. Het Malinese meisje vroeg verlegen of Hanne even mee naar buiten wilde komen. Daar wachtte Amadou haar op, samen met een onbekende man. Deze werd voorgesteld als een marabout uit dezelfde wijk als waar Amadou woonde, Dabala. De jonge Diarra was duidelijk zenuwachtig en verwonderd vroeg Hanne wat er aan de hand was. Geen van drieën antwoordde haar, waarop Hanne zich direct tot de lange man in een donkerblauwe boubou richtte. Hij zei dat Lala en Amadou hem hadden laten komen omdat ze bezorgd waren over de gebeurtenissen van de afgelopen nacht. Verbaasd keek ze naar Amadou en Lala die beiden naar de grond staarden. Na enig aandringen legde Amadou schuchter uit dat ze de marabout geroepen hadden omdat men ervan overtuigd was dat de slang die Hugo gebeten had, gestuurd was; als straf voor het afhakken van de nérétak. Het was onmogelijk dat hij zomaar zou genezen, met slechts de medicijnen van de blanken. De geesten moesten gerespecteerd worden: ze dienden een offer te brengen. Elhadji Diabité, de marabout, zou een witte bok moeten slachten onder de néré, waarbij hij namens Hugo om vergiffenis moest vragen en zijn excuses aan moest bieden. Daarna moesten ze de beste stukken vlees aan mensen in het dorp weggeven en van de rest van de bok een maaltijd bereiden, welke dan door de kinderen van de buurt onder de néré opgegeten diende te worden. Alleen op deze manier, met dit offer, zou Hugo kunnen genezen.

Onzeker keek Hanne naar Amadou die op smekende toon gesproken had. Stamelend bedankte ze hem voor zijn bezorgdheid en bedankte de marabout voor zijn komst. Maar ze moest hier eerst over nadenken. En ze moest hierover met Hugo van gedachten wisselen. Langzaam draaide ze zich om en liet de drie Malinezen die elkaar vertwijfeld aankeken achter.

Verbouwereerd door wat ze gehoord had liep ze direct naar de slaapkamer waar Hugo op haar wachtte. Traag nam ze opnieuw zijn hand in de hare en keek hem met een verhitte blos op haar wangen bezorgd aan. Hoe zou hij dit opvatten? Hier had ze geen moment aan gedacht. Een slang, gestuurd, als straf. Straf waarvoor? Die tak, die verdomde boom. Ja. Natuurlijk... Je kunt niet zomaar aan die néré komen. Daar staat een straf op. Dat was zo... En voor hen, voor de Bambara was die straf gekomen in de vorm van een slang. Offeren. Een bok slachten, bloed laten vloeien. De geesten respecteren... Hun geesten... Hun angst... En die van Hugo! Want hij was nog steeds doodsbang... Maar hij was toch al genezen? Hij was buiten levensgevaar volgens Chislaine en daar vertrouwde ze dan ook op. Ja toch... Hugo's angst was niet terecht. Zenuwen, spanning. Hij was geschrokken, begrijpelijk. Dus waarom offeren? Voor de geesten. Van Lala en Amadou. Hun angst... En die van de anderen, van het hele dorp... Maar zou Hugo willen offeren... Zou hij... hij gelooft daar toch niet in... Mensen, als ik bedenk hoe hij toen met Anja reageerde. Drama noemde hij het... Van sorcellerie wilde hij niets weten, en dit dan... Dit is nog vager. Geesten die een slang sturen... Goed voor de Afrikanen zei hij, maar niet voor hen, Nederlanders... Daar staan we boven, dat is ons geloof niet... Wat moest ze doen? Het hem niet vertellen? Alleen beslissen? Hij was vreselijk gespannen! Kijk eens hoe hij zweette, hoe onrustig hij was... Hoe zou hij het opvatten? Zou het hem niet nog zenuwachtiger maken? Of zou hij erom lachen? Het wegwuiven? Maar waarom sprak hij nooit over die tak, over wat hij gedaan had? Ze wist niet wat er gebeurd was, hij had haar in het duister gelaten! Zou... zou er echt... Zou het mogelijk zijn dat hij werkelijk...

onder invloed van die boom... Zou dat kunnen, dat hij onder invloed van die boom stond? Hij had er altijd om gelachen. Anja verbeeldde zich dingen. Ik had haar spanning verkeerd aangevoeld, zei hij. En nu? Nee. Maar wat moet ik nu? Wil ík wel? Zou ik willen offeren? En hij zal er vast om lachen... wil er niets van weten. Een slang gestuurd! Ik weet het niet. Moeten we hier aan toegeven? Het is hun wereld. Maar hij is zo bang, en ... stel dat hij toch nog... Onzin! Natuurlijk redt hij het! Chislaine weet wat ze doet. Alleen Hugo is daar nog niet van overtuigd! Hij wil hier zelfs weg! Zegt dat hij hier doodgaat... Hij wil hier niet creperen zegt hij. Wat moet ik nu? Dat schaap, of die bok, laten slachten? Een ritueel om ... om wat? Voor alle zekerheid? Maar geloof ik daar dan in? Dit is geen hekserij, dit komt vanuit het geestenrijk. Dit zijn bovennatuurlijke krachten. Volgens hen. En Hugo moet daar niets van hebben... Toegeven aan die angst is ook niet goed. Aan de andere kant, een bok slachten op zich is natuurlijk niet erg... Hebben de kinderen tenminste eens vlees te eten. Oh, Hugo, hier zitten we dan. Hoe lossen we dit op... Ik weet het niet. Ik wil dit rustig overdenken. Zouden Amadou en Lala zich misschien onveilig voelen hier? Dan zouden we het voor hen moeten doen? Maar Amadou heeft lang geleden al eens gezegd dat hij een amulet had gehaald om zich te beschermen. Dus daar is wel een oplossing voor te vinden. Nee, het gaat om ons, om Hugo! Ik, ach ik kan me niet voorstellen dat hij ...

'Hanne? Is er iets? Je kijkt zo bezorgd! Gaat het niet goed met me? Ik, m'n voet, hij doet zo'n pijn.'

'Nee schat, nee. Het gaat goed met je. Echt, geloof me toch, het serum is aangeslagen! Echt, maak je geen zorgen. Alleen...'

'Ja? Alsjeblieft, ik weet dat ik... De laatste tijd... Ik heb me idioot gedragen... Ik, ik was mezelf niet...'

'Hugo, ik moet je wat vertellen', en in één lange adem vertelde Hanne hem wat ze zojuist zelf in de tuin achter hun huis gehoord had, aangespoord door zijn zachte, bezorgde toon en verlangend naar de vertrouwde intieme openheid die er eerder tussen hen bestaan had.

Zwijgend luisterde Hugo naar haar en staarde naar het plafond. Hanne was uitgesproken en wachtte gespannen op zijn reactie, haar blik strak op hem gericht.

'Hanne, ik was mezelf niet. Ik had je... Het was... Het leek wel of ik gevangen zat, ik kon er niet uit. Iets weerhield me om je alles te vertellen... Ik was kwaad dat je niet thuis was, daarom heb ik die tak afgehakt... Dat was... ik wist dat die boom voor hen belangrijk was... Ik baalde...'

'Hanne ... dat schilderij ... die vrouw is niet wie je denkt... Ik ... Hanne ... we moeten alles proberen, ik ben bang... Als de Malinezen het zo zien... Het was niet normaal, zoals ik me opgesloten voelde... Ik was mezelf niet, de laatste weken... Een slang... Als straf.... Kan dat...? Oh... alsjeblieft! Laten we dat offer brengen...'

XIV HET OFFER

Genietend van de ongewone middagrust in haar huis zat Alima achter de nieuwe trapnaaimachine. Karim was op tournee voor de vaccinaties van de runderen, haar oudste zoontje Sedou was naar school en de hulp Watara was met de twee andere kinderen, Maimouna en Habib, naar haar moeder in het dorp. Haar nicht was voor enkele weken terug naar huis en er waren dit keer geen gasten. Alima was dus alleen. Niemand die haar stoorde, die iets aan haar vroeg of iets van haar wilde. Even kon ze rustig haar gang gaan totdat straks iedereen thuis zou komen en de cour weer met opgewonden, blije of met verdrietige stemmen gevuld zou worden. Sedou zou trots zijn lei tonen met daarop de nieuwe woordjes die hij die dag geleerd had. Maimouna zou in haar vrolijk kleutertaaltje vertellen wat ze gezien had terwijl Habib haastig naar haar toe zou komen dribbelen en zich aan haar been zou vastklampen. Hun tweejarige benjamin was een stille, wat in zichzelf gekeerde kleuter die het liefst dicht bij zijn moeder bleef. Karim zou tegen de avond terugkomen, vermoeid van een dag werken in de drukkende hitte van mei. Hij zou zijn luid knetterende motorfiets tot in de cour rijden en hem tussen de muur en de keuken stallen. En hij zou het restant van het vaccin opbergen en zijn gezicht en handen wassen, alvorens hij zich tot zijn vrouw zou keren om haar te begroeten. Glimlachend dacht Alima aan de liefdevolle twinkeling die ze op dat moment in zijn ogen zou kunnen lezen.

Nu was ze echter nog even rustig alleen en werkte aan een jurkje voor haar dochtertje. Ze had een vrolijk paarse lap gekocht, de laatste keer op de markt in Ségou toen ze haar zus bezocht, en wilde daarvan voor alle drie haar kinderen iets feestelijks naaien. Niet dat ze er erg goed in was – regelmatig moest ze de kleermaker Samba Coulibaly, met wie ze op vriendschappelijke voet stond, om hulp vragen. Deze toonde haar dan geduldig hoe ze het beste dat rechte kraagje of die weggewerkte zak kon stikken.

Alima had gehoopt dat Hanne had willen leren naaien, zodat ze van tijd tot tijd gezellig samen hadden kunnen werken. Hoewel Hanne gezegd had dat ze geïnteresseerd was en wel bij Alima 'in de leer' wilde, was het er nooit van gekomen. Haar hoofd stond er niet naar, bedacht de Malinese bezorgd terwijl ze voorzichtig een mouw vaststikte. Vooral de laatste tijd niet, de laatste paar maanden eigenlijk. Sinds Hugo die nérétak afgehakt had. Je kon gewoon aan Hanne zien dat ze leed. Ze was erg stil geworden en haar anders zo levendige ogen stonden gespannen en verdrietig. Trouwens, aan Hugo kon je ook zien dat er iets aan hem vrat. Ze waren beiden niet zichzelf. Alima was een paar keer bij hen op bezoek gegaan en het was soms gewoon beangstigend zoals Hugo als een bleke schim door het huis ging en Hanne volledig negeerde. Tegen haar, Alima, wilde hij soms nog wel iets zeggen, maar een echt gesprek ging hij eigenlijk niet meer aan. Volgens Hanne gebeurde het ook wel dat hij soms ineens wel sprak en dan net deed alsof alles normaal was. Zijn gedrag had Hanne volledig uit het veld geslagen. Alima her- innerde zich hoe op een namiddag haar Nederlandse vriendin met roodbetraande ogen op bezoek was gekomen en snikkend verteld had dat Hugo voorgesteld had samen op vakantie te gaan – naar de Ghanese kust, om te zwemmen.

'Alsof er niets aan de hand is. Alsof ik het zou kunnen ver- dragen om met hem alleen in de auto te zitten en samen een paar weken op vakantie te gaan. Oh, Alima, ik begrijp hem niet meer', had Hanne toen wanhopig huilend uitgeroepen. Achteraf bleek dus dat hij een maîtresse had. In het begin had dat voor Hanne alles verklaard. Hij had zich schuldig gevoeld, zei ze. Hij had haar bedro- gen en droeg dat als een last met zich mee. En daarom had hij zo vervelend gedaan.

Verbaasd had Alima haar vriendin gevraagd of ze werkelijk geloofde dat dit alles verklaarde. Ze wist dat het voor de blanken anders was dan voor de Malinezen en dat men het een blanke man als onbehoorlijk aanrekende als hij een vriendin had. En Alima kon zich de pijn van Hanne wel voorstellen toen ze ontdekte dat Hugo in Bamako een andere vrouw had – zijzelf zou ook vreselijk verdrietig zijn. Maar Alima weigerde te geloven dat dit de enige reden was voor Hugo's vreemde gedrag.

Alima herinnerde zich haar vriendins bittere woorden op de dag van Hugo's vertrek, twee weken geleden. Alima was haar vriendin direct gaan opzoeken nadat ze de auto van NO met Hugo erin voorbij had zien rijden. Hanne was thuisgebleven, ging niet terug naar Nederland. Ze had tegen iedereen gezegd dat ze er de voorkeur aan gaf in Béléko te blijven, waar ze haar werk had en waar ze zich thuis voelde. Het was waar dat Hanne in Béléko, het gesloten traditionele Bambara-dorp, thuis was. De mensen hadden haar volledig geaccepteerd en ze maakte nu deel uit van de gemeenschap. Iedereen kende Hanne, la Néerlandaise, en behalve een reizende vreemdeling sprak niemand haar meer aan met het anonieme tubabu. In feite echter was Hanne zo kwaad, zo woedend op Hugo geweest en ook zo teleurgesteld in hem dat ze op dat moment niets meer met hem te maken wilde hebben, had ze Alima toevertrouwd. Ze had zijn wens om te offeren niet kunnen accepteren.

'Ineens veranderde hij zomaar van gedachten. Twee jaar lang verkondigt hij dat de geestenwereld van de Bambara niets met hem, een Nederlander, te maken heeft. Hij vond dat ik hun beleving te serieus nam, dat ik teveel toegaf aan hun manier van denken. Hij lachte om mijn angst dat Anja bij sorcellerie betrokken was. Natuurlijk schrok hij toen ze overleed. Maar nee, het was gewoon een auto-ongeluk, meer niet. Al die tijd houdt-ie zichzelf en mij voor dat we blanken zijn, dat we ons niets van de rondwarende geesten hoeven aan te trekken. En om de angst van de Bambara voor de néré lachte hij ook, haalde hij zijn schouders op en hij hakt rustig een tak van die boom... Maar dan, als meneer plotseling bang is geworden, omdat hij gebeten is door een giftige slang, dan wil hij plotseling wél offeren. Dan accepteert hij ineens het idee dat hij onder de invloed van de boom staat. Het was niet zijn schuld, zogenaamd, dat hij zich als een schoft heeft gedragen en mij het leven onmogelijk heeft gemaakt. Nee, Alima', was Hanne kwaad verder gegaan, 'hij wil niet offeren omdat hij de Bambara respecteert, welnee! Hij wil alleen maar offeren voor zijn eigen gemoedsrust. Met dat bloed van dat arme schaap wil hij niet de kwade machten kalmeren maar zijn eigen schuldbesef! En daar weiger ik aan mee te doen! En wat betreft die angst van hem, wel, misschien is het angst voor mogelijke boze Bambara-geesten ... maar ik betwijfel het. Nooit heeft hij zich willen verdiepen in de duistere kant van het leven hier. Kwade machten vond hij onzin, bestonden niet. Alleen het waarneembare, het zichtbare gold voor hem. Alles was interessant of leuk en moest getekend of geschilderd worden. Er plaatjes van maken, het reduceren tot iets grijpbaars. Maar dat er hier in de brousse méér leeft dan wat je ziet, dat vergat meneer. Totdat hij gebeten werd. En bang! Bang voor de dood... En dan wil hij wel offeren ... maar waarvoor? Voor zijn eigen demonen! Plotseling wordt meneer met zichzelf geconfronteerd, met zijn eigen zwakheid, zijn verhouding met die griet en met zijn schuldbesef. Daar is hij bang voor! Maar hij zal dat toch zelf moeten oplossen... Het is zijn angst, en daar hoeft niet dat arme schaap voor te creperen. Daarom wil ik er niet aan meewerken... En als hij denkt dat hij in Nederland beter af is, dan vind ik dat prima. Maar ik blijf hier!'

Stil had Alima naar het woedende relaas van haar vriendin geluisterd. Ze was het niet helemaal met Hanne eens geweest, maar had besloten niets te zeggen. Hanne was moe en overstuur en moest hoognodig uitrusten. Ze moest nog bekomen van alle schokken: van de slangenbeet, van Hugo's bedrog en van zijn overhaaste vertrek. De laatste maanden en vooral de laatste dagen hadden haar uitgeput en verbitterd. Het had geen zin gehad er toen over te praten en Alima had Hanne aangeraden een paar dagen thuis te blijven om eens goed uit te rusten. Bakary en de verloskundige Kadi konden het best een tijdje zonder haar stellen. Het was trouwens ook erg heet. De regentijd werd zoals ieder jaar ingeluid door een intens drukkende hitte die iedereen, ook de Malinezen, vermoeide.

Alima had erop toegezien dat haar vriendin een rustig plekje achter het huis vond, in de enigszins verkoelende schaduw van de neembomen. Lala kreeg opdracht alle goedbedoelende bezoekers vriendelijk de toegang te weigeren. En voor de avond nodigde Alima Hanne uit om bij haar thuis dègè met suiker en melk, Hanne's lievelingsgerecht, te komen eten.

Een week lang was Hanne thuisgebleven; een week waarin ze veel huilde en gelukkig ook veel sliep. Alima was elke dag bij haar langsgekomen totdat Hanne besloten had weer aan het werk te willen.

De Nederlandse had de draad opnieuw opgepakt en had zich samen met Kadi gebogen over de bijscholingscursus voor traditionele vroedvrouwen, die de week daarop van start zou gaan. Petit had zich onverwachts soepel getoond en had zijn bezwaren tegen de leidende rol van de verloskundige opgegeven. Gelaten had Hanne tegen Alima opgemerkt dat dat tenminste een positieve ontwikkeling was te midden van alle ellende van de laatste tijd, eraan toevoegend dat ze wel vreesde dat haar geslepen collega er een dienst voor zou vragen als tegenprestatie.

Alima schoof het hendeltje van de naaimachine omhoog waardoor de naald uit de stof kwam. Ze hield het leuke jurkje, dat bijna af was, omhoog en glimlachte naar het redelijk geslaagde resultaat van haar inspanningen. Ze zag haar dochtertje er al parmantig in rondstappen en de trotse moeder hoopte dat de twee pakjes voor haar zonen net zo goed zouden lukken.

Met een plotselinge zucht liet ze haar naaiwerk op haar schoot zakken en staarde mijmerend voor zich uit. Arme Hanne! En arme Hugo! Ze waren hier zo vol goede moed aangekomen twee jaar geleden, en nu... Hugo in Nederland en Hanne alleen hier. Het gesprek van gistermiddag met Hanne hield haar bezig. Soms begreep ze de blanken niet. Het leek wel, soms, alsof ze problemen zóchten. Alima mocht Hanne erg graag. En Hugo ook! Hij was altijd erg vriendelijk tegen iedereen – behalve dan de laatste weken. Maar normaliter was hij echt begaan met de mensen van Béléko en uit de discussies met onder andere Karim bleek dat hij zeer geïnteresseerd was in de hele ontwikkelingsproblematiek van hun berooide Sahel-land. Ook was hij altijd wel voor een grapje te vinden. Karim kon tenminste goed met hem opschieten. En had Hanne in het begin niet verteld dat het Hugo's idee was om naar Afrika te gaan... Wat hij in Kenia had gezien, had hem erg aangegrepen volgens Hanne, en hij had de wens opgevat een paar jaar op dat intrigerende continent door te brengen.

Het was ongetwijfeld niet goed wat Hugo gedaan had, maar ... ze zouden het toch kunnen oplossen?! Die kwestie met die néré moesten ze niet zo hoog opnemen. Als je iemand kwaad maakt dan probeer je dat toch weer goed te maken? Zo ook met die boom. Hugo had die tak niet moeten afhakken, daarmee had hij de orde verstoord. Dat schaap slachten was een eenvoudige oplossing geweest, maar Hanne had dat dus niet gewild.

Gisteren had haar blanke vriendin nogmaals uitgelegd waarom zij niet had willen offeren. Ze was na haar werk, aan het einde van de middag, bij hen binnengelopen en had gevraagd of ze Alima even kon spreken. Om de drukte van het gezin en enkele bezoekers te ontvluchten waren ze ondanks de benauwende warmte de slaapkamer van Alima en Karim binnengegaan. Hanne vertelde dat ze nieuws had van Hugo. Hij had naar het NO-kantoor in Bamako gebeld en Stefan had haar een briefje gestuurd. Hugo had verteld dat hij in Nederland vier dagen in het ziekenhuis opgenomen was geweest en dat hij nu bij zijn ouders logeerde om aan te sterken – alles bij elkaar was hij tien kilo afgevallen.

'En hij had ook gezegd dat er een brief onderweg is', had Hanne peinzend opgemerkt en was in een weemoedig stilzwijgen vervallen.

'Heb jij al geschreven?' had Alima voorzichtig aan haar vriendin gevraagd.

'Nee. Maar, tja, dan zal ik hem wel moeten vertellen wat ik gedaan heb...'

'Wat dan?' vroeg Alima gespannen.

'Ik heb zijn schilderij verbrand. Dat van die vrouw. Het was ongetwijfeld zijn beste werk. Maar ik moest iets doen!' had ze verhit gesproken. 'Ik wilde een daad stellen. Een daad waarmee ik alles kon uitbannen. En, nou ja, ik besloot toen dat portret te vernietigen. Ik heb het buiten verbrand, naast de veranda, in de schaduw van de néré. Ik heb, denk ik, geprobeerd onze eigen geesten te kalmeren.'

Even was ze weer in een nadenkend zwijgen vervallen alvorens ze kalmer verder ging: 'Het geheel is nu afgesloten voor mij. Dat schaap heb ik niet geofferd, dat is iets dat Hugo zelf zal moeten uitvechten. Wel heb ik geaccepteerd dat Amadou en Lala een marabout gevraagd hebben een kip te slachten onder de néré. Ik ben daar bij geweest. Ze zeiden dat ze bang waren bij ons te blijven werken als ze zelf geen offer konden brengen. Begrijpelijk. Ze lijken beiden nu erg opgelucht en de sfeer in huis begint weer normaal te worden. Wat betreft Hugo en mij... We hebben fouten gemaakt. Allebei. En ik weet niet of... Om weer opnieuw te beginnen alsof er niets gebeurd is, gaat ook niet. We zijn veranderd... zijn onszelf én elkaar tegengekomen. Ik weet niet, Alima, hoe het met ons verder zal gaan. Misschien als hij weer hiernaartoe zou komen... Maar ik weet niet of hij dat zal doen. En ik blijf hier. Ik wil tenminste dat laatste jaar van mijn contract afmaken... En Mali staat aan het begin van een nieuwe periode, met een nieuwe president, nieuwe hoop misschien. Dat wil ik meemaken. En nu hoop ik maar dat jullie voorlopig ook nog hier in Béléko blijven, want ik zou het wel heel erg vinden als jullie gingen verhuizen', was Hanne van onderwerp veranderd. Het was duidelijk dat ze op dat moment niet meer over zichzelf en Hugo wilde praten. Lachend had Alima de vrees uitgesproken tot in de eeuwigheid in dit kleine plattelandsdorp te zullen moeten wonen, waarop Hanne hartelijk had geantwoord dat zij dan ook al die tijd zou blijven.

Ach wel, zuchtte Alima berustend terwijl ze haar werk weer opnam om ook de tweede mouw eraan te zetten. Misschien keerde de rust ook wel terug zonder dat geofferde schaap; nu Hugo in Nederland was en nu die jonge Diarra en Lala de hulp van een marabout hadden ingeroepen. Het bleef natuurlijk jammer dat ze dat huis indertijd juist naast die néré gebouwd hadden. Maar, vermaande Alima zichzelf, terwijl ze voorzichtig de naald naar beneden draaide, was ze dan alle discussies met haar studiegenoten vergeten? Geesten en machten hadden alleen greep op je als je erin geloofde! Zeiden ze... Of had ze toen misschien met de overmoed van de jeugd gesproken? Ze hadden beweerd, en geloofd, zich los te kunnen maken van de drukkende invloed van hun voorouders en van kwade machten. Een nieuwe generatie waren ze, een generatie die aan de toekomst toebehoorde en niet aan het verleden! En nu begrijp ik mijn blanke vriendin niet omdat ze geen offer wil brengen... Ik lijk wel een Bélékwa, ik denk al net als de mensen hier, wees ze zichzelf terecht en trapte wat harder op het gietijzeren voetpedaal van de naaimachine waardoor de naald met een regelmatige gang sneller door de stof ging.

'Ik zal blij zijn als we weer in Bamako wonen', mompelde ze hardop voor zich uit. 'Dit dorp werkt me op m'n zenuwen', en ze dacht aan een voorval tijdens een doopfeest, een maand geleden. Alima had in een sfeer van vertrouwelijkheid tegen een vriendin die in Béléko was geboren en opgegroeid, verteld dat ze niet van plan was Maimouna te laten besnijden. Ontsteld had de vrouw haar aangestaard en was toen in een onbedaard lachen uitgebarsten. Geërgerd had de Bamakwase haar vriendin gevraagd daarmee te stoppen aangezien ze alle aandacht van de andere feestvierende vrouwen trok. De Bélékwase negeerde echter haar verzoek en toen de anderen vroegen wat er aan de hand was, had ze lachend verteld dat Alima haar dochtertje als half-man[2] wilde laten opgroeien. De reactie van het gezelschap op deze ongewone en

---

[2] Zie verklarende woordenlijst

schokkende opmerking was dezelfde als van de vrouw en iedereen had Alima zenuwachtig lachend gevraagd of ze haar voorouders wilde verloochenen.

Karim was vol vertrouwen dat ze binnen niet al te lange tijd naar Bamako zouden verhuizen en Alima hoopte dat hij gelijk had. Ze verlangde ernaar terug te zijn in haar geboortestad...

Aan haar oudste zoontje Sedou zou ze de imponerende moskee in het centrum van de stad laten zien en met hem langs alle winkels op de Boulevard du Peuple slenteren. Met alle drie haar kinderen zou ze naar de dierentuin onderaan de heuvel van Koulouba gaan en daarna zouden ze op het terras van Le Relais een ijsje eten. Hoewel, dat ging natuurlijk niet meer! De Relais was samen met zoveel andere restaurants afgebrand tijdens de opstanden. Alima was er sinds de staatsgreep twee maanden geleden nog niet geweest. Het was een donkere tijd geweest voor de Malinezen. De laatste dagen voor de gevangenneming van de president waren er in Bamako en in vele andere steden gewelddadige onlusten geweest. Lugubere taferelen hadden zich afgespeeld waaraan Alima liever niet dacht. Niemand wist precies hoeveel mensen er waren omgekomen in de chaotische paniek, in de helse vuren van het winkelcentrum Sahel Vert en in de moordlustige schietpartij op de Grand Pont. Lijken hadden in de Niger gedreven, als macabere getuigen van een jarenlange onderdrukking die zijn bloedig einde vond in hun dood. De as van hun verbrande broeders en zusters was door de wind over de rouwende stad uitgewaaid. En de vele gewonden zouden hun blijvende verminkingen met zich meedragen als een pijnlijke herinnering aan een vernietigend bewind.

Bamako had gebrand en Alima vreesde de aanblik ervan. Niemand van haar familie was omgekomen en opgelucht had ze Allah hiervoor bedankt en geprezen. Vooral voor haar jongere broers, die als studenten bij elke demonstratie aanwezig waren geweest, had ze gevreesd. Een van hen had een schampschot aan zijn been opgelopen; gelukkig was dat zonder complicaties genezen.

Karim was wel teruggeweest in de hoofdstad waar hij al die jaren vol hoop contact had gehouden met de verboden oppositie. Nu, twee maanden na de staatsgreep, zag de politieke situatie er bemoedigend uit. Vrije verkiezingen waren er beloofd en de jonge militair die de macht tijdelijk op zich had genomen werd door iedereen vertrouwd. En dus konden politieke partijen zich gaan organiseren en Karim vervulde daarin een leidende rol. Als vriend en rechterhand van de partijleider van Adema, de grootste nieuwe partij, was het hoogstwaarschijnlijk dat zijn toekomst in Bamako lag.

De veearts verwachtte met een mogelijke politieke carrière eindelijk iets wezenlijks voor zijn land te kunnen doen. En hij zou het als een late rechtvaardiging beschouwen voor het onrecht dat hem als jonge man aangedaan was, bedacht Alima begaan. Haar man had het onderdrukkende regime nooit kunnen vergeven dat hij niet in het toenmalige Oost-Duitsland had kunnen gaan studeren. Misschien dat een positie in het nieuwe, democratische bewind van zijn land de verbittering over die episode van zijn leven zou kunnen wegnemen.

En wie weet, dacht Alima opgewekt, zou zij in de hoofdstad eindelijk een baantje vinden. Het liefst zou ze nog steeds willen lesgeven maar na al die jaren van werkloosheid was dat waarschijnlijk moeilijk. Misschien was er wel iets anders te doen, als secretaresse, verkoopster in een boekwinkel, of een baantje bij de partij van Karim. Ze zou van alles proberen, dat was zeker! De kinderen werden al groter, een vierde kwam er waarschijnlijk niet en dus zou ze de tijd hebben.

'Maar opschieten!' berispte Alima zichzelf ferm, 'dat zijn maar toekomstdromen. Het duurt zeker nog wel een jaar voordat we naar Bamako gaan, en dit jurkje moet nú af.'

Het was al bijna vier uur, zag de Malinese op het fijnbewerkte goudkleurige horloge dat ze om haar mahoniebruine pols droeg. Haar kinderen zouden snel weer thuiskomen evenals Karim en dan was het met de rust van die dag weer gedaan.

XXV DIEUDONNÉ

Oh, Pauline... Waarom toch? Waarom nu al? Je kinderen zijn nog veel te jong, Dieudonné heeft zelfs jouw melk nog nodig... Ach vrouw, ik hoop dat je nu de rust vindt die je zocht. Ik heb alles gedaan om je ni, je ziel, op weg te helpen... De zevende dag gisteren, het sanga ritueel is goed verlopen. Al zeven dagen... Wat zal er nu van je worden? Je bent hier weggegaan... Terug naar je voorouders... Ik hoop dat je ziel rust vindt. Je bent tenminste hier gestorven, te midden van je eigen mensen, niet in Dioila of Bamako. Een Bambara waardig...

Het regende gisteren, de hele namiddag. Iedereen zegt dat het er veelbelovend uitziet. De meesten zijn al begonnen met ploegen. Ik moet ook beginnen. Maar vrouw... zonder jou, wat moet ik doen! Je tweede dochter heeft voor je baby gezorgd. Maar dat kan ze niet blijven doen, hij heeft moedermelk nodig. Jeannette zal het huishouden moeten overnemen. En ze moet mij op het land helpen. Victorine komt dit jaar niet meer, die heeft zelf een kleine. Die blijft bij die man van d'r. Paul moet maar helpen. Hij is groot genoeg om de houw vast te houden. Dan maar geen school. Hij gaat toch wel over. Traoré, die leraar van hem, zegt dat hij pienter genoeg is. Kan-ie ook wel een paar weken school missen. Ik moet dat land omploegen. Met de hand. Pauline smeekte me weer ossen te nemen, maar ik heb niet eens dat oude krediet afbetaald. Zou ze gevoeld hebben dat ze wegging? Ze was na Dieudonné's geboorte weer zo lang zwak. Toch was ze aardig aan het herstellen. Die verdomde malaria! Twee dagen... Niets hielp. Alsmaar koorts... Zelfs de zusters begrepen het niet. Arme vrouw. Het was snel afgelopen. Je hebt een zwaar leven gehad. Je was een goede vrouw. En moeder. Ik had wel beter gewild, maar we hadden het lot tegen ons. Toch heb je me zeven kinderen geschonken. Maar de laatste is nog zo jong... En Thérèse, die huilt al de hele week om je. En het regenseizoen is begonnen, ik moet weer verder.

'Jeannette, neem Dieudonné op je rug! We gaan naar Hanne.' Als ik hem naar de zusters breng dan doen ze hem naar Bamako. Dat wil ik niet. Mijn zoon niet in het weeshuis. Hanne wil vast wel even voor hem zorgen. Tot het regenseizoen voorbij is en de gierst weer binnengehaald is. Dan is hij ook groot genoeg om met de pot mee te eten. En in die paar maanden kan hij ook mooi aansterken. Die blanken weten hoe je een kind moet voeden. Zij kan die blikken melk wel kopen.

'Ga alvast vooruit! Ik kom op de fiets.' Zou ik die kleertjes nog meenemen? Veel moois is het niet. Laat ik het maar doen, zelf heeft Hanne natuurlijk niks. Wat kan ik nog meer meenemen, er is niets in huis. Wacht, ik geloof dat Pauline nog een laken heeft liggen. Van de doop van Dieudonné. Ja. Dat kan ik haar wel geven. Die oude fiets wil ook niet meer.

'Jongens, jullie blijven hier. Let op jullie zusje.' Zouden er nieuwe kogellagers in moeten? Na het regenseizoen. Nu echt geen uitgaven meer. Mooi werk dat Karamogo geholpen heeft. Dat witte linnen was nog duur. Maar dat kon ik je niet weigeren vrouw. Je ging goed verzorgd het graf in. En ik moest iedereen toch te eten geven... Dat schaap had hij mooi op de kop weten te tikken. Er waren veel mensen. Je bent goed op reis gegaan. De zusters hebben je ook willen helpen. Het was geen slechte mis. Iedereen van Bougoucourella, je dorp, was er. Chislaine zei het niet slecht – je was inderdaad een dappere vrouw.

Ah, de deuren staan open, dan is ze thuis. Oh, de vrouw van die veearts, Keita, is op bezoek, hoe heet ze ook alweer... Alima, Bagayogo. Viel me mee dat ze kwam die dag, voor Pauline. Na die geschiedenis met die zieke os had Keita het niet meer met me op. Zei botaf dat ik niet goed voor dat beest gezorgd had. Belachelijk, alsof ik niet weet wat ik doe. Zou hem eens mee moeten nemen de brousse in, op jacht, zien wie er dan de baas is...

'I ni wula!'

'Hé, Jean, kom binnen, ga zitten.'

'Dank je, alles goed?'

306

'Ja. En bij jullie?'

'Goed... Jij ook een goede middag Bagayogo. Hoe is het met de familie?'

'Dank Jean, goed. Gisteren de sanga voor Pauline gedaan?'

'Ja.'

'Wil je wat drinken Jean?'

'Ja.'

'Een biertje?'

'Ja.' Daar wen ik niet aan hoor, dat vragen wat je wilt drinken. Kan ze niet gewoon geven wat ze wil?!

'Hoe is het met de kinderen, Jean?'

'Goed, we redden 't wel.'

'Oh, hé! Daar is Jeannette van jou. Ach ziel, met de baby. Kom verder meid, ga zitten. Jullie hebben vast ook dorst. Ik haal voor jullie ook wat.'

Ze ziet er niet slecht uit. Dat haar vind ik wel zonde. Maar het lijkt alweer wat langer, groeit bij hen zeker sneller. Zal ik het van Dieudonné vragen waar die vrouw van Keita bij is? Ik wacht wel even, misschien gaat ze zo wel weg.

'Hoe is 't met Keita?'

'Goed. Druk met vaccineren. En de politiek! Hij is tegenwoordig meer in Bamako dan hier. Alleen de partij telt nog voor hem.'

'Welke partij?'

'Adema.'

'Mij krijgen ze niet voor die nieuwe politiek. Daar in Bamako maar zeiken en hier gebeurt er niets. Hebben ze het over verkiezingen, wat wil dat nou zeggen! Moet je wat op een papiertje krabbelen... Weet niet eens wat er staat!'

'Dat krijg je uitgelegd.'

'Ja, zeker, moet ik die vent die dat doet ook maar vertrouwen, wat zeggen al die namen mij nou. Zou beter Paul mee kunnen nemen. Die kan tenminste lezen wat er staat.'

'Tegen die tijd zal de lijst heus wel bekend zijn en dan kun je van tevoren al bepalen wat je aan wilt kruisen. Ik denk dat dat wel zal lukken.'

'En wat denkt Keita ermee op te schieten, met die politiek?'

'Ieder zijn interesse, Jean. Hij wil dat nu eenmaal graag, meebeslissen en zo. Hij wil betrokken zijn bij het beleid van dit land. Meebouwen aan een toekomst.'

'Gaan jullie zeker naar Bamako?'

'Als de partij wint wel, ja.'

'Erg hè, Jean. Laten ze mij hier alleen! Zo, hier is wat te drinken voor jullie allemaal.'

'Hanne, daar gaan nog maanden overheen. Voorlopig blijven we echt nog in Béléko wonen.'

'Gelukkig maar. Het is al stil genoeg zonder Hugo.'

'Hoe is het met hem? Heb je pas nog van hem gehoord?'

'Eergisteren kreeg ik weer een brief van hem. Er was een delegatie van de regionale directie uit Koulikoro en Stefan van het hoofdkantoor was erbij, die bracht post mee. Het gaat goed met Hugo. Hij logeert bij vrienden, in zijn dorp. Hij schreef dat hij zich wel vermaakt. Met alle luxe om...'

Zo, daar is hij goed vanaf gekomen. Wat zag die gozer er slecht uit toen-ie hier wegging! Die hele affaire heeft hem flink aangegrepen. Hadden beter dat offer kunnen brengen, hij kwam er gewoon niet los van. Maar goed dat hij naar zijn dorp is teruggegaan. Hij had die tak niet moeten afhakken. Hanne was niet thuis, vraag me af of zij hem niet tegengehouden zou hebben. Het is te hopen dat-ie goede bescherming heeft gevonden.

'Wanneer komt je man terug?'

'Uh, wacht even, Alima. Ja, Jean? Wanneer Hugo terugkomt? Wel ... dat weten we nog niet.'

'Of komt-ie niet terug?'

'Oh ... dat, wel, dat denk ik wel, moeten we nog even bekijken... Hij wil eerst goed uitrusten en een tijdje bij zijn familie en vrienden zijn, en dan...'

'Die marabout uit Dabala had toch aangeboden die bok te slachten?'

'Ja, dat klopt.'

Vraag me af waarom ze het niet gedaan hebben. Waren ze mooi overal vanaf geweest. Nu zitten ze nog met die nasleep van alles. Soms snap ik ze niet hoor... Die pater, Patrick, die ons getrouwd heeft, die had het er ook alsmaar over dat we niet moesten offeren. Dat we dan toegaven aan de angst voor de duivel. Wel, als je zijn woede op je hals gehaald hebt, zul je je er toch ook tegen moeten beschermen. Ik ben tenminste blij dat ik Pauline goed op reis heb geholpen. Was niet slecht van m'n broer om daarbij te helpen. Al blijft-ie me Tiéfolo noemen. Maar hij zei niets van die mis. Zou één van zijn zonen niet kunnen helpen met ploegen? Hij heeft er genoeg. Heeft zelfs twee ossen. Maar ik vraag niet of ik die kan lenen. Dan zoek ik het zelf wel uit. Ach, we redden het wel. Als Hanne voor Dieudonné zorgt en de zusters schieten ook een beetje bij... En met Gods hulp hebben we dit jaar een goede oogst.

'Hanne, ik stap weer eens op. Karim kan zo thuiskomen. Wanneer kom je weer eens eten? Je bent nu toch maar alleen. Maar goed om te horen dat het met Hugo veel beter gaat.'

'Morgen misschien? Vanavond heb ik Kadi, de verloskundige, uitgenodigd. Ik maak rijst met kip en pindasaus. Hopen dat het lukt want ze kan zelf zo goed koken. Wacht, ik loop even een eindje met je mee. Ik heb gedacht, zou ik niet eens een feestje kunnen organiseren, met balafons en dergelijke. Ik wil weleens wat terugdoen. Iedereen nodigt me steeds maar weer uit en...'

Een feest. Arme Pauline. Je hebt tenminste een waardig afscheid gehad. Feesten hebben we nooit veel kunnen geven. De dopen, maar groots was het niet. Ik had je beter gegund, maar we hadden het lot tegen ons. Als dit jaar nu eens de oogst lukt, en niemand wordt er ziek... Het was dat Hanne en Hugo ons hielpen. Anders had ik je na Thérèse al kwijt geweest. Je was nooit erg sterk. Vooral na de bevallingen. En die twee miskramen... Je was er slecht aan toe. Maar je was een goede vrouw. Je was me altijd trouw. En je warme schoot... Tja. Jeannette is tenminste oud genoeg om voor ons te zorgen. Als Hanne nu voor de baby zorgt... Zou die Hugo niet terugkomen? Zou hij nu bang zijn? Ze hadden dit huis ook nooit hier moeten bouwen. Waar waren ze nu bang voor, dat dorpshoofd en zijn notabelen... Ze wilden geen andere blanken in hun dorp... Het is waar dat je het met hen nooit weet. Met al dat geld en al die connecties. Want ze zitten overal. Die in Wakoro is er ook nog steeds. Ze zeggen dat-ie voor die medicijnen van die Bozo, Niantao, gekomen is. Dat-ie ziek is en dat ze hem in zijn eigen land niet kunnen genezen. Maak je mij niet wijs. Laatst zag ik hem nog, op de markt van Dioila en hij zag er echt niet ziek uit. Schijnt dat die Niantao hem genezen heeft. Ik vraag het me af. Er zit vast iets anders achter. Die blanken zijn altijd wel op iets uit. En als ze er eenmaal zijn, maken zij de dienst uit! Dat hele katoengebeuren... Vader had gelijk, een nieuwe vorm van slavernij... Die blanken weten er altijd wel weer een draai aan te geven. Want dat gebeuren in Bamako snap ik ook niet. Steunen de blanken eerst de president voor weet ik hoe lang, en dan van de ene dag op de andere, hup, weg ermee. Vuile spelletjes worden er gespeeld, overal. Al was het niet door dat ongeluk geweest had ik ook niets van ze moeten hebben. Achteraf is dat nog aardig afgelopen. Arme Pauline, ze was zo blij dat ik eindelijk weer op de missie kwam. En ze kon het met Hanne en Hugo ook goed vinden... Zou leuk zijn als hij nog terugkomt. Kunnen we nog eens gaan jagen. Al maakt-ie er niet veel van. Na dit seizoen zal ik Paul meenemen! M'n oudste zoon! Ik word oud. Hoeveel regenseizoenen heb ik hier al niet gezien? Zeker meer dan veertig, als het geen vijftig is. Jij was ook moe vrouw. Het viel je zwaar...

'Zo, Jean. Alima is naar huis. Wil je nog wat drinken?'

'Nee. Ik moet je wat vragen. Nu Pauline... weg is, Dieudonné is nog zo jong. Hij zou nog lang niet gespeend moeten worden. De laatste week heeft hij bijna niets gegeten. Hij wordt al mager. Ik wil niet dat hij naar het weeshuis gaat. Kan jij voor hem zorgen?'

'Je bedoelt...'

'Gewoon, hem een tijdje bij je houden. Tot hij met de pot mee kan eten. En tot al het werk gedaan is en de gierst weer van het land is gehaald.' Ze zegt niets. Zou ze dat niet willen? Wat moet ik dan? De zussen van Pauline hebben zelf al genoeg monden om te voeden. Ik had gedacht dat Hanne dit wel...

'Jeannette wil vast nog wat limonade. Ga ik even halen.'

Ik wilde het die zussen niet vragen, maar misschien dat Christien in Bougoucourella het wel zou doen. Al heeft ze er zelf al een op de rug. Maar ze hadden wel een goede oogst. En voldoen-de zoons om op het land te helpen. Jammer, ik had gehoopt dat Hanne wel zou willen. Zou ze teruggaan naar huis? Als Hugo niet terug-komt is daar wel kans op. Een vrouw alleen kan natuurlijk niet. Maar bij die blanken weet je het nooit. Wel beter als ze weer naar haar dorp gaat. Jammer, ik zal haar best missen.

'Hier Jeannette. En ik heb ook nog wat te drinken voor Dieu-donné. Wacht, geef hem maar hier. Dan help ik hem wel even. Zo knul, kom maar bij mij op schoot.'

Hij is niet bang voor d'r. Kent haar natuurlijk al vanaf z'n geboorte en thuis neemt ze hem ook altijd op schoot. Aardig van haar om regelmatig langs te komen. Altijd geïnteresseerd in Pauline en de kinderen. Ze huilde bij de begrafenis. Daarom dacht ik dat ze wel...

'Jean, het is goed. Ik zal wel voor Dieudonné zorgen. Ik denk dat Pauline het daar wel mee eens zou zijn.'

'Mooi! Jeannette, haal m'n tas eens van m'n fiets. Ik heb maar een paar kleertjes, meer kan ik je niet...'

'Prima. Absoluut geen probleem. Echt niet! We halen wel wat op de markt. Ik denk dat ik Lala vraag ook 's middags te werken. Tot een uur of vier. Dan ben ik klaar met m'n werk en heb even gerust. En als Lala niet kan, dan is er wel een buurmeisje dat wil helpen. Nee, dit zal wel lukken, hè knul!'

'Mooi! Dan ga ik nu naar huis.'

'Nu al? Ik... weet je zeker dat je niet nog wat wilt drinken... of even blijven... Wel... Dan blijft Dieudonné dus hier... Goed... Dan

311

kom ik morgen wel even met hem langs. Tegen de avond, als je terug bent van het land. Want je gaat zeker nu beginnen? Van Amadou begreep ik dat ze al volop aan het ploegen zijn en de buren hiernaast zijn van de week ook begonnen. En Jeannette, meid, als je wilt kom je gerust maar langs hoor, om even met je broertje te spelen. Sterkte joh, thuis. Jij ook, Jean.'

'Ja. Tot kijk. En uh, bedankt.'

'Oh, dat is niets, het is een lief joch. Wij vinden het samen wel... Tot morgen dan.'

Zo. Geregeld. Mijn zoon bij een blanke, wie had dat ooit gedacht! Dan blijft ze zeker nog wel een tijdje hier. Lijkt me sterk dat Hugo dan niet terugkomt. En zou... misschien kan Dieudonné dan ook wel bij hen blijven... Jammer dat ze zelf geen kinderen hebben, Pauline had het daar steeds over. Maar wie weet... Dit is tenminste opgelost. Zou ik niet gelijk bij m'n broer langsgaan? Pauline zou het er wel mee eens zijn. Die vond altijd al dat ik het bij moest leggen met hem. Ach vrouw, wat moet ik nu zonder jou... Ik heb m'n best gedaan. Jij kan rustig vertrekken. Ik blijf nog hier. En ik zal m'n rug nog eens buigen over de aarde... Het graan moet tenslotte weer gezaaid worden.

VERKLARENDE WOORDENLIJST

* Amène ça (Frans): Neem dat mee.

* arrondissement (Frans): een bestuursgebied in Franstalig West-Afrika. Mali is onderverdeeld in: provincies, cercles, arrondissementen en secteurs. Het arrondissement Béléko, waarvan het dorp Béléko de 'hoofdplaats' is, telt ongeveer 35.000 inwoners, verspreid over een zestigtal dorpen.

* Bamakwa(se) (Bambara): inwoner van Bamako.

* baramuso (Bambara): de eerste vrouw van een man die meerdere echtgenotes heeft.

* Bélékwa(se) (Bambara): inwoner van Béléko.

* boubou (Frans): Afrikaans kledingstuk dat lijkt op een lange, wijde jurk.

* boy (Engels): jongen of man die in dienst is genomen om in de huishouding te helpen.

* brousse (Frans): de rimboe; de wildernis. Hier ook gebruikt in de betekenis van platteland.

* Castel: Malinees biersoort.

* cercle (Frans): een bestuursgebied in West-Afrika. Zie ook : arrondissement.

* CFA (Frans: Communauté Financière Africaine): West-Afrikaanse munt. Voor de devaluatie van februari 1994 was 1 CFA 0,66 cent waard. 5000 CFA was 33 gulden

* chef d'arrondissement (Frans): de ambtenaar die in het arrondissement verantwoordelijk is voor alle overheidstaken

* chef de poste (Frans): het hoofd van een bepaalde (overheids)dienst.
* CNI (Frans: Centre National d'Immunisation): overkoepelende staatsorganisatie voor de vaccinatie.
* co-vrouw: letterlijke vertaling van het Franse co-épouse. Benaming voor de andere echtgenote van een vrouws polygame echtgenoot.
* dègè (Bambara): gierstbrij.
* Directeur National de la Santé (Frans): Nationale Directeur van de Gezondheidszorg.
* Dieudonné (Frans): Dieu- God, donné – gegeven; een voornaam.
* dispensaire (Frans): een kliniek waaraan geen arts verbonden is en waar zieken poliklinisch geholpen worden of, indien het ernstig is, voor enkele dagen worden opgenomen.
* dokotoro (Bambara): dokter. Ook gebruikt voor minder geschoolde gezondheidswerkers die zelfstandig zieken behandelen.
* dugutigi (Bambara): dugu = dorp, tigi = chef, hoofd, baas; dorpshoofd.
* furatigi (Bambara): fura = medicijn, tigi = chef, baas, hoofd; een persoon die veel kennis heeft van de geneeskrachtige planten, struiken en bomen.
* golongise (Bambara): een manier van waarzeggerij om de oorzaak van een ziekte te achterhalen, waarbij door de furatigi of de soma kleine schelpen ritualistisch op de grond geworpen worden waarna hun ligging geïnterpreteerd wordt.

* grigri (Frans): traditionele bescherming tegen de invloed van kwade geesten, vaak in de vorm van een amulet.

* half-man: van oudsher wordt er in de Bambara-cultuur, evenals in sommige andere Afrikaanse culturen, gedacht dat kinderen tweeslachtig geboren worden, hetgeen zich bij een jongetje uit in de voorhuid en bij een meisje in de clitoris. Door de besnijdenis wordt bij meisjes dus het 'mannelijke' element verwijderd en bij jongens het 'vrouwelijke' element. Besnijdenis vormt een belangrijk onderdeel van het initiatieritueel; er is echter een verschuiving om de besnijdenis op medische wijze al bij baby's te doen.

* Hèré bé (Bambara): deel van de Bambara begroeting. Letterlijke vertaling: vrede is.

* iemand de weg geven: een Bambara-uitdrukking die betekent dat men als gastheer of -vrouw toestemming geeft aan een bezoeker weg te kunnen gaan.

* iemand de weg vragen: een Bambara-uitdrukking die betekent dat men als bezoeker toestemming vraagt weg te mogen gaan.

* imam (van het Arabische imam): geestelijke leider van de moslims.

* i ni sogoma (Bambara): goedemorgen, tot ongeveer 11 uur 's morgens.

* i ni su (Bambara): goedenavond, vanaf dat het donker is.

* i ni tile (Bambara): goedemiddag, vanaf ongeveer 11 uur 's morgens tot 4 uur 's middags. Tile = zon: een begroeting voor wanneer de zon hoog aan de hemel staat.

* i ni wula (Bambara): goedemiddag, vanaf ongeveer 4 uur 's middags totdat het donker is.

* kalebas (van het Franse calebasse): gedroogde, uitgeholde vrucht van de plant kalebas, een tot de komkommerfamilie behorende klimplant. Deze uitgeholde vrucht wordt gebruikt als kom, schaal. lepel etc.

* karitéboter: boterachtige substantie gemaakt van de harde noot van de karitévrucht.

* Les blancs sont compliqués (Frans): Blanken doen moeilijk.

* Les gens de la NO (Frans): De mensen van NO.

* Les Néerlandais (Frans): de Nederlanders

* Lipton: Engelse theesoort. In Mali gebruikt ter onderscheiding van 'thé' waarmee de zwarte, sterk gezoete thee bedoeld wordt welke volgens een van de Arabieren afkomstig ritueel gezet wordt.

* matrone (Frans): 'hulp-vroedvrouw'; een vrouw die een beperkte opleiding heeft en zelfstandig bevallingen doet.

* marabout (maraboet): mohammedaanse priester.

* médecin-chef (Frans): de verantwoordelijke arts van een ziekenhuis; medisch-directeur.

* mobylet(je) (van het Franse mobylette): door Nederlanders in Mali gebruikte benaming voor een lichtgewicht bromfiets.

* ni (Bambara): de ziel; vitale levenskracht.

* pagne (Frans): kledingstuk; een lap stof die om het middel en/of om het bovenlijf gedragen wordt.

* patience (Frans): geduld; lijdzaamheid.

* père (Frans): vader; priester; pater.

* Pharmacopée Traditionnelle (Frans): overheidsinstelling waar men de traditionele medicijnen op hun werking onderzoekt en verwerkt tot doseerbare vormen, zoals tabletten, capsules etc.

* Primary Health Care (Engels): basisgezondheidszorg.

* quartier industriel (Frans): industrie wijk.

* radier (Frans): een (vaak) betonnen constructie in een rivierbeding waarover in de droge tijd verkeer kan rijden. Het is geen brug, lijkt meer op een dam.

* RTM (Frans: Radio et Television du Mali): De Malinese staatszender van radio en televisie.

* sanga (Bambara): rouwtijd; dag van herdenking met een ritueel feest, zeven dagen na de begrafenis.

* soma (Bambara): tovenaar of tovenares die zowel kan waarzeggen, kan genezen als iemand kan beheksen.

* sorcellerie (Frans): toverij; hekserij.

* sorcier (Frans): tovenaar; duivelskunstenaar.
  sorcière (Frans): tovenares; heks.

* sura (van Arabisch surah): hoofdstuk van de koran.

* tafo (Bambara): een ding, meestal een katoenen koordje waarin kleine knoopjes gemaakt zijn, waarover door een genezer tijdens het maken een magische formule is uitgesproken en dat de zieke op of bij zich draagt.

* taxi-brousse (Frans): een verbouwde wagen, vaak een busje dat als openbaar vervoer gebruikt wordt op het platteland.

* to (Bambara): een stevige gierstebrij; het belangrijkste basisgerecht van de Bambara.

* tournee (van het Franse tournée): hier bedoeld als een reis van een ambtenaar of een ontwikkelingswerk/st/er langs verschillende dorpen i.v.m. zijn/haar werk.

* tubabu (Bambara): blanke.

* wax hollandais (Frans): een in Nederland gefabriceerde pagne (doek) waarbij de plaatsen die niet bedrukt worden met was worden bedekt alvorens de stof door een verfbad wordt gehaald of wordt gestempeld.

BESCHRIJVING VAN ENKELE BOOMSOORTEN

Voor de in dit boek genoemde tropische bomen heb ik de Franse benaming gebruikt. De uitzonderingen zijn: de néré, dit is de Bambara-benaming, en de tamarinde, welke een Nederlandse benaming is. Hier volgt een beschrijving van enkele van deze uitheemse boomsoorten.

Baobab (*Adansonia digitata*): bekend in het Nederlands als de apenbroodboom.

Een reusachtige, zeer karakteristieke boom met een omvangrijke, grijze stam (tot 7 m doorsnede) en robuuste takken die op wortels lijken. Hij kan 25 à 30 m hoog worden. Handvormige bladeren en helwitte bloemen vlak voor de eerste regens. De bevruchting gebeurt voornamelijk door vleermuizen. De baobab wordt voor vele doeleinden gebruikt:

- herkenningspunt en verzamelplaats (bij rituelen, marktdagen et cetera);
- de soms holle stam wordt door dieren gebruikt als verblijfplaats, soms door mensen als toevluchtsoord en vroeger als begraafplaats;
- van de stam wordt touw gemaakt waarvan men manden, hoeden en dergelijke kan maken;
- de bladeren worden gegeten, vers of gedroogd (rijk aan ijzer, calcium en vitamine C);
- als bindmiddel bij het koken;
- als veevoer;
- de vruchten zijn een belangrijk voedingsmiddel (vitamines B

en C, calcium), ze worden op veel verschillende manieren gebruikt;

- de wortels worden soms gegeten;
- de rode kleurstof uit de wortels wordt gebruikt in verf;
- bereiding van vele traditionele medicijnen gemaakt, onder andere tegen koorts, dysenterie en urinewegen infecties, darmwormen, oogziekte, kiespijn en zwerende wonden.

Caïlcédrat (*Kbaya senegalensis*): grote, hoge boom (tot 35 m) met een hoog en breed uitwaaierende kruin. Hij is altijd groen; de bladeren vallen af in de droge tijd waarna direct de nieuwe bladeren verschijnen. De schors is diepgrijs met schubben. Aan het einde van de droge tijd bloeit de caïlcédrat met kleine, witte bloemen in trossen, waarna hij vruchten draagt. Vooral de schors wordt als traditioneel medicijn gebruikt, onder andere tegen malaria en koorts of om aan te sterken; het wordt ook als abortusmiddel gebruikt.

Néré (*Parkia biglobosa* of *Mimosa biglobosa*): een 10 à 20 m hoge boom met een dikke, bruinachtige stam en een parasolvormige kruin. Samengestelde, donkergroene bladeren die, in het droge seizoen, nooit allemaal tegelijk afvallen. Opvallende oranjerode bollen als bloemen en lange, peulvormige vruchten. Ook deze boom wordt voor vele doeleinden gebruikt: van de zaden wordt 'sumbala' gemaakt, een maggiachtig voedingsmiddel dat aan saus wordt toegevoegd. Ook de vruchten, met een hoog suikergehalte, worden gegeten. Bladeren, schors, wortels en schil van de vrucht worden als medicijn gebruikt bij brandwonden, bronchitis, onvruchtbaarheid en dysenterie.

Tamarinde (*Tamarindus indica*): een grote boom met een relatief korte, grijze stam en een breed uitwaaierende kruin. Fijne, diepgroene, geveerde bladeren en trosvormige, geel-achtige bloemen. De boom is vooral bekend om zijn vruchten waarvan men een verfrissende drank maakt, die een zowel versterkende werking heeft als een laxerende. De schors van de tamarinde daarentegen wordt tegen diarree gebruikt; de bladeren worden gegeten en hebben tevens een medicinale werking bij darmwormen en wondverzorging.

Neem: (*Azadirachta indica*): een 5 à 25 m hoge boom met blijvend loof en een radvormige kruin. De bloemen in trossen zijn wit of crèmekleurig; de steenvruchten zijn klein en geel. De neem wordt soms rond huizen geplant vanwege zijn relatief snelle groei. Deze boom komt oorspronkelijk uit India, alwaar men van de zaden insecticide en zeep maakt en waar de neem-olie als haarolie wordt gebruikt tegen onder andere hoofdluis. In West-Afrika kent men de medicinale werking van de bladeren bij malaria, hypertensie en suikerziekte, en de schors bij hoest.

Karité (*Butyrosperum parkii* of *Vitellaria paradoxa*): een korte, gedrongen boom met dicht loof. De schors is diep gekloofd (krokodillenhuid); donkergroene, afvallende bladeren en trosvormige, groenachtige bloemen tussen december en april. De vlezige, groene vruchten hebben een harde noot en zijn rijp in mei-juni. Van deze noot wordt karitéboter gemaakt, waarmee van ouds gekookt wordt. Verder maakt men zeep van de noot, en een lichaamsverzorgende zalf. In sommige plaatsen gebruikt men de karité nog als brandstof voor verlichting. Karitéboter is een belangrijk handelsproduct.

Securinega vénéneux (*Securinega virosa*): een kleine, tot de Euphorbia-familie behorende boom of struik; met verspreid staande, afvallende bladeren van verschillende grootte. Zeer kleine, geelgroene en geurende bloemen – kleine witte besjes. De takken worden wel gebruikt om afrasteringen te maken. Deze kleine boom of struik heeft vele medicinale eigenschappen onder andere bij abcessen, longontsteking, geslachtsziekten, buikklachten, constipatie.

Erythrine du Sénégal (*Erythrina senegalensis*): een kleine boom of struik met samengestelde bladeren op een doornige stengel. In de droge tijd verliest de boom zijn blad waardoor de trossen van rode bloemen goed zichtbaar zijn. De schors is dik en kurk-achtig. De rode zaden zitten in sterk gekromde peulen en worden gebruikt om sieraden van te maken. Deze *Erythrine* heeft (met name in Senegal) een reputatie als een goed traditioneel medicijn tegen buikklachten. Verder worden de bladeren gebruikt bij verwondingen en de schors tegen koorts.

De auteur, Jacqueline Gondwe (Kouwenhoven), in het Malinese dorp Béléko samen met een plaatselijke bewoner, 1990.

www.ingramcontent.com/pod-product-compliance
Lightning Source LLC
Chambersburg PA
CBHW060026030426
42334CB00019B/2201